温泉からの思考

温泉文化と地域の再生のために

合田純人
森繁哉

新泉社

温泉からの思考

温泉文化と地域の再生のために

目次

III

原点としての温泉

IV 温泉の未来像をさぐる

V 温泉からの復興

装画……武田修二郎
ブックデザイン……藤田美咲
註作成協力……星憲一朗
編集協力……松村知紗

＊特記なき写真は、健康と温泉フォーラム提供
または新泉社編集部撮影

＊対談日
Ⅰ～Ⅳ章……二〇一〇年一二月一八～一九日
健康と温泉フォーラム事務所
Ⅴ章……二〇一一年五月三一日
肘折温泉「葉山館」

I 温泉的思考をめぐって

肘折温泉（山形県大蔵村）の
湯治宿「葉山館」の浴場．

個人史としての温泉

森 おはようございます。今日は対談ということになっているのですが、合田さんへのインタビューが中心になってくるのかな、とも思っています。温泉について二人で語り合っていくということは、私が自分の個人史の中で温泉というものをどのように受容してきたのかということを反芻して語る機会を与えてもらったというふうに感じています。それで、私の個人史としての温泉と、NPO法人「健康と温泉フォーラム」[1]という温泉が社会的なものとして成立していくところに直接関わっておられる合田さんの個人史とがクロスしていくと、温泉の新しい風景というものが見えてくるのではないかと思って、今日はとても楽しみにしてきました。

それでまず、温泉というものを考える時に、今言ったように自分の一つの出来事からしか考えられないなと思えてきました。私は山形県大蔵村[2]の肘折温泉[3]の近くで生まれました。幼い頃、父親や母親が温泉地に行っているということが、とても恐怖であると同時に憧れであったりしました。母がお産の後に肘折温泉に湯治[4]に行くと、子どもが母から置き去りにされたような恐怖感を味わう。でも、「湯見舞[5]に行くよ」ということで父親に連れられて母のもとに行く。そこで見た温泉地の風景というものが、子ども心に日常とは別の何か、つまり自分の生活とはまったく別の空間に来たというたいへんな憧れの場所にたどり着いたような印象があってですね。幼い自分の心の中にも、温泉地というのは自分たちの生きている日常の生活空間とはまったく別の空間だという、たいへん複雑な感情が入り交じったような体験をまず最初に抱いているんです。

それから村で仕事をし、生活していく中で、今度は行政の目線で温泉と関わることになります。

❖1　**健康と温泉フォーラム**……「健康と温泉FORUM実行委員会」として一九八六年に発足。温泉医学、温泉科学、環境科学などの広範な専門家団体、観光サービス関係者、自治体、市民の意見交換を目的にした「健康と温泉FORUM」を一八年間にわたってほぼ毎年、全国各地の温泉地で開催してきた。世界の温泉関係者が集う国際温泉気候連合(FITEC)総会、アジアの温泉専門家の意見交換の場である国際温泉気候連合アジア太平洋協議会(FAPAC)を招致、開催。温泉地の潜在力や温泉の今日的課題について国際的に検討を重ね、海外の温泉保養地調査を毎年実施するなど国際交流事業を積極的に推進している。二〇〇三年よりNPO法人化し、温泉保養地環境の形成に関する調査研究や温泉地の具体的な取り組みの支援などを目的に活動を続けている。合田純人は設立時より一九九五年まで事務局長、その後は常任理事。

❖2　**大蔵村**［おおくらむら］……山形県の北部、最上郡に位置する人口約四千人の村。南部は山々に囲まれ、北部には最上川が流れる。四ヶ村《しかむら》の棚田や肘折《ひじおり》温泉などで知られる。大蔵村生まれの森繁哉は村の教育委員会勤務を経て、現在も大蔵村を生活と活動の拠点にしている。

❖3　**肘折温泉**［ひじおりおんせん］……山形県最上郡大蔵村にある温泉。八〇二(大同二)年の開湯伝説を持つ古湯。出羽三山《でわさんざん》(❖Ⅳ-2)の主峰、月山《がっさん》(❖Ⅳ-11)の麓に位置し、信仰と古いかたちの温泉の面影を残している温泉地でもある。現役で稼働し続ける古くからの湯治場として、今も人々が湯治に訪れる。炊事場を備えた自炊湯治宿が多い。雪のない四月から一一月までの季節には毎週、土地の食材をずらりと揃えた朝市が並ぶ風景が名物となっている。周辺一帯は冬の積雪量が四メートルを超える年もある日本有数の大豪雪地帯である。

❖4　**湯治**［とうじ］……温泉に長期間滞在し、心身の療養保養にあたる。病気の治療のみを指すのではなく、農閑期の農民がじっくりと心身を休める場としても使われる。日本の温泉は観光や行楽の非日常の場としてだけではなく、日常の生活の中の浴場としての温泉があったが、湯治はその両方の側面を持つといえる。東北の温泉には湯治文化が今なお色濃く存在している。

❖5　**湯見舞**［ゆみまい］……湯治に逗留している湯治客を親類や近所の人たちが訪ねること。湯治客本人にかこつけて温泉を訪ねることは東北ではよく行われていたらしく、江戸期の赤湯温泉(山形県南陽市)には上杉家の湯治をめぐり、主従が湯見舞と称して頻繁に温泉に訪れる記録が残る。

そうすると温泉地のさまざまな出来事であるとか観光客の集客とか、肘折地区が大蔵村の他のところとどういう関係があるのかなど、今度は温泉が非常に外的なものとして私の中にぶつかってくるわけです。つまり、「私」から超えたものとして私は温泉と関わるようになりました。そういうことを経た後、大学で民俗学を研究する研究者として、私は再び温泉を自分の中で内的なものとして考えていくようになったのです。今度は学問的な切り取りで、それから旅やさまざまなキーワードとして温泉をとらえていく。そういう目線が出てきました。そして、合田さんとの出会いの中で、私が個的な温泉としてとらえていたものが、社会の中でどう位置づけされ、どういう役割をもって社会とつながっていこうとしているのかを合田さんからも見せてもらったりしました。そんなふうに考えてくると、

山岳修験の聖地，
月山の麓に位置する肘折温泉郷．

私の人生というか生きてきたことと温泉というものが入れ籠《いこ》のようにですね、入り交じっている。こうしてみると、私は身体の一部としての温泉というものをやっぱり考えざるをえないのですね。

ですから対談のはじめに、まずは「個人史としての温泉」の話をしていきたいのですが、それと後でお話をしようと思っている「贈与としての温泉」と「制度としての温泉」。これは後でもう少し詰めていかないといけないんですけれど、そういう温泉の持っている様相が、合田さんとこれからセッションしていく中に見えてくるのかなというふうに思っています。

温泉との出会い

森 まず最初に、合田さんの個人史をお聞きしたいと思っているんですけれども、合田さんのお生まれの中に温泉というキーワードはあったのでしょうか。何か合田さんの幼き記憶の中にそれはあるものなのか、直接的に子ども時代に温泉と関わりを持っていたのか、そのあたりからちょっとお聞きしたいなと思っていたんですが。

合田 私は森先輩の二年後、一九四九年に香川県豊浜町（現・観音寺市）で生まれました。瀬戸内海の穏やかな海沿いで、周りはほとんど合田《ごうだ》の苗字ばかりの小さな町でした。父は公務員で、県

森繁哉

庁のある高松まで列車で毎日通っていました。父の転勤で大阪に引っ越すまでの六年間この町にいましたが、なにせ小さかったものですから、ほとんど記憶に残っているものはありません。ですが、家族が大所帯だったもので、爺さんと一番風呂に入るのですが、湯が熱くてもう拷問でした。それと、自宅のサトウキビ畑を抜けるとすぐ浜辺ですから、小魚やハマグリを毎日捕っていました。森先生にとっての原風景は山野だと思うのですが、私の場合は瀬戸内海の遠浅の美しい海でした。そういうのんびりした環境ですから、小さい頃は温泉という言葉や、その意味さえ知らなかったと思います。

大阪に移った後、父が社員旅行とかで別府温泉[6]などに行って、お土産の温泉饅頭《まんじゅう》なんかを持って帰ってくるようになりました。仕事人間の父は普段はほとんど家にいなかったですが、その旅行の記念写真を見ますと、いつも厳しい父が浴衣を着て、なんかでれっとして芸子さんと写っていたりするわけです。ですから、温泉地というのは大人の遊園地みたいなところだろうと思っていました。なので、温泉という言葉、温泉というものについては、実際のところ私がこの仕事に携わるというか、関係するようになって一から勉強したようなことなんですけれども。それゆえ、最初の入り口がパーソナルなのかパブリックなのかということで言えば、やはりパブリックな世界から入ったという感じなんですね。

「健康と温泉フォーラム」の名前は、英語では「ザ・フォーラム・オン・サーマリズム・イン・ジャパン(The Forum on Thermalism in Japan)」というんです。サーマリズム[7]という言葉はあまりお聞きになったことはないと思いますが、これこそまさにプライベートなクア(療養)に対してパブリックなもの、言い換えれば社会的温泉とその療法というようなニュアンスがあって、その名前をつけたいという、入り口はそこからでした。

合田純人

それからもう一つ、この仕事を立ち上げる時の話をしますと、私は三六歳で独立してPRの会社をやっていましたので、パブリック・リレーションという私が専門とする分野で扱う一つのアイテムとして、温泉というものを一般の人たちに正確に伝えることがこの仕事だという認識でした。私はどちらかというとクライアント事業を受ける立場の人間としてこの事業を構築し、設計し、運営してきたわけです。つまり、こ

❖6 **別府温泉**［べっぷおんせん］……大分県別府市にある温泉。湯量、源泉数ともに日本最大の温泉地の一つ。別府八湯と総称する。古い時代より湯治場として機能していたが、近代に入り大阪などの資本によって開発が進められた経緯があり、リゾートホテルが建ち並ぶ「昭和の温泉」の典型的なモデルであるともとらえられる。

❖7 **サーマリズム**……主にヨーロッパで発達した鉱泉、温泉を利用する公共サービスとしての療養。すぐれた環境の中で、療養や健康の回復を目的に温泉を利用すること全般を指す。ヨーロッパでは、医者の判断によって受けることができる包括的なサーマリズムが発達し、健康保険の対象となっている。

のフォーラムという組織は、昔は私にとってはクライアントだったわけですね。パブリック・リレーションって今は当たり前になっていますけれども、当時はインターネットなどはありませんので、本当に世の中の人に伝わるんだろうか、伝わっているんだろうかと。当時はバブル期[8]後半の単なる観光バリバリの時代でしたから、温泉療法[9]や温泉医学の振興であるとか、また温泉医学者の育成や海外との国際交流[10]であるとかは、まったく不毛というか、見向きもされていなかった時代だったわけです。

大島良雄氏（1991年，ペルーにて）．
「健康と温泉FORUM実行委員会」初代会長．

ある大手広告代理店から依頼があって、温泉にまつわる社会的な文化イベントをシリーズでやってみたいという話を持ち込まれまして、それで最初の企画の段階からいろいろと調査をした結果、大島良雄[11]という東京大学の名誉教授で当時の温泉医学の最高峰といわれる方の名前がどこからも出てきたわけです。インタビューした当時の温泉関係団体の名前を挙げますと、「日本温泉科学会[12]」、「日本温泉気候物理医学会[13]」、「日本温泉療法医会[14]」、財団法人「中央温泉研究所[15]」、厚生省、環境庁、それか

❖8　**バブル経済**……一九八五年のプラザ合意（G5の為替レート安定化に関する合意）に基づき、日米貿易摩擦解消のため円高が容認されたことにより、瞬く間に急激な円高が進行した。半年でドルの価値がほぼ半減したことによって日本経済の規模が急拡大し、三菱地所のロックフェラーセンター買収に代表される米国資産の買い漁り、株や不動産の投機ブーム、海外旅行ブームなどが沸き起こった。おおむね八〇年代後半から一九九一年初頭までの時期を指し、当時は「史上空前の好景気」と認識されていたが、「バブル経済」「バブル景気」などと広く呼ばれるよう

になったのはバブル崩壊後の九〇年代に入ってからである。当時、国内には享楽的な空気があふれ、金銭至上主義、実益至上主義的な傾向はこの頃からあからさまに世の中に広まっていった。余剰資金の運用が財テクとして煽られた結果、過剰な投機による土地価格の急激な高騰がもたらされ、強引な手法で土地の転売をくり返す地上げ屋の横行なども社会問題化した。地方では、リゾート開発にみられる過剰な土地開発が、当時から賛否両論を巻き起こしていた。

❖**9** **温泉療法**……温泉を使って行う治療。入浴や飲泉をはじめマッサージや温熱治療などの理学療法、温泉地の自然環境、その土地の旬の食事、薬物などが総合されるものとして行われる。とりわけ慢性関節リウマチ、気管支喘息《ぜんそく》、糖尿病、高血圧症、動脈硬化性血行障害、アトピー性皮膚炎、乾癬《かんせん》、心身症、ストレス性疾患など多くの慢性疾患に対し、症状の改善効果が認められている。

❖**10** **温泉医学**……温泉が人体に及ぼす影響を考察し、臨床的に適用しようとする学問。古来から行われてきた伝統的な湯治療養の概念を含むが、日本での科学的な温泉医学はベルツ博士(❖I-23)が草津温泉(❖I-43)で提唱した温泉療法に始まる。温熱や浮力、静水圧による物理的作用と液性、成分による化学的作用からなる。

❖**11** **大島良雄**[おおしまよしお、1911-2005]……東京大学名誉教授。医学博士。日本の温泉医療の第一人者で、アレルギー、リウマチ、物理療法が専門。鳥取の三朝《みささ》温泉(❖I-27)の住民が極端に癌の罹患率が少ないことに驚き、三朝温泉の放射能泉(❖I-28)について医学的に研究を始める。数々のすぐれた研究、指導、治療の業績を残す。国際温泉気候連合(FITEC)元副会長。日本温泉療法医会を設立。

❖**12** **日本温泉科学会**……大正期から昭和初期にかけて温泉を科学的に分析研究しようという動きが日本で活発化し、それを受けて発足した団体。一九四〇年に「日本温泉科学学会」として成立、翌年の講演会開催と機関誌『温泉科学』の発刊から本格的な活動が始まるものの、戦況の悪化で一九四三年には活動の中断を余儀なくされる。一九四八年より活動を再開し、翌年には『温泉科学』も復刊。一九六一年に現在の学会名に改称した。温泉をめぐるさまざまな分野の研究者や技術者、経営者などで構成される。

❖**13** **日本温泉気候物理医学会**……温泉療法、温泉気候およびその医学的応用に関する学術的研究を目的として、一九三五年に東京大学医学部内科物理療法学教室、日本温泉協会学術部を母体とし、眞鍋嘉一郎(❖I-29)、林春雄、酒井谷年らによって「日本温泉気候学会」として設立された。一九六二年に現名称に改称。毎年開催される年次総会では、温泉医療に関する最新の研究成果が報告されている。

❖**14** **日本温泉療法医会**……大島良雄の提唱によって設立。日本での温泉療法医の育成はベルツ(❖I-23)の悲願でもあった。温泉療法医は日本温泉気候物理医学会が認定する。「温泉専門医を認定するのではなく、一般医師に対し温泉治療学の啓蒙をはかるとともに、温泉療養者に対する一応の療養指導を行いうる医師の教育とその認定を目的とする」としている。

❖**15** **中央温泉研究所**……一九四九年、日本温泉協会学術部の付属機関として発足し、一九五六年に財団法人化。日本唯一の温泉科学の民間調査機関として、多くの温泉地で調査を行っている。

ら旅館の団体である社団法人「日本温泉協会」[16]などでした。結果的に一九八六年に「健康と温泉FORUM実行委員会」が組織されることになるのですが、その会長に大島良雄、常任委員にいずれも当時の肩書きですが、日本温泉協会副会長の木暮敬（金太夫）、中央温泉研究所所長の益子安、財団法人「日本健康開発財団」[17]専務理事の植田理彦、日本温泉科学会会長の村上悠紀雄、委員は毎年フォーラムを開催する温泉地の県、市、旅館組合、地元新聞社の代表という、当時の温泉関連団体連合ができあがっていくことになります。

私は最初、まずは練馬にある大島良雄先生のご自宅を訪ねまして、いろいろお話をさせていただきました。その時に大島先生はすでに七三歳になられていましたけれども、私は先生との出会いで、温泉のことだけではなくて大げさに言うと人と人のあり方みたいなものを、おこがましいですけれどもたいへん勉強させていただいた。生涯忘れられない先生ですね。わずか二日間の最初のインタビューを通して、現在に至る私の温泉への視点というか取り組む姿勢というようなものができた、指導していただいたというのが、正直な話ですね。それから組織の構成であるとか、実際の資金面などについてもご配慮いただいて、本当に順調にやりたいことをやらせていただいた時代がありました。

フォーラムは一九八六年にスタートし、時代の流れの中で組織の再編などを経ながら二五年になりますが、この仕事をする前には、家族で温泉に一カ月滞在したとかそういう経験はまったくなく、いっさい先入観のない状態で始まったのです。

森　なるほど。今、大島先生との出会いを含めてフォーラムを立ち上げていくきっかけや流れをお聞きしましたが、私はもう少し、合田さんがおっしゃったパブリックあるいはパーソナルというところにこだわってみたいと思うんです。過去のフォーラム記念誌[18]を全部通読させてもらいましたが、編集者としての合田さんが温泉に向き合っていく目線の中にですね、やはり私とは違った温泉地に対する憧れのようなもの、お父さんがお土産を買ってくるとか浴衣を着ているとかというイメージがあったと思うんです。自分の思い、父親に対する憧憬も含め、そこには非常に個人的なものが何かある。生活とは別な空間に対する合田さんの憧れや思いというようなものがあると感じました。私は東北の生まれなんですけれども、東北人とは違ったとても爽やかな、

❖16　**日本温泉協会**……一九二九年に設立された日本で唯一の温泉界統合団体。一九三〇年より社団法人化。温泉利用に関する指導、斡旋や現地調査などを行うほか、温泉の保護や適正利用に関する調査研究の実施、研究会や講演会の開催など、さまざまな事業を展開している。一九七六年より「天然温泉表示制度」を導入し、温泉法(❖Ⅱ-2)の規定により、都道府県知事の利用許可を受けた温泉利用施設の温泉が「天然温泉」であることを表す「天然温泉表示マーク」と「天然温泉表示看板」を発行。機関誌『温泉』は一九三〇年の創刊である。

❖17　**日本健康開発財団**……一九七四年設立。予防医学に力点を置き、温浴施設の開発・普及、施設を利用しての健康づくりセミナーの開催、生活習慣病の予防と早期発見のための総合健診センターの運営など、これらに関わる研究調査事業、健康増進事業、健診事業に取り組んでいる。

❖18　**フォーラム記念誌**……「健康と温泉FORUM実行委員会」が一九八六年以来、温泉保養地のさまざまな課題についてテーマを設定し、全国各地の温泉地でほぼ年一回開催してきた「健康と温泉FORUM」の内容の全記録を一四回にわたり刊行。フォーラムで発表された記念講演とパネルディスカッションの内容、研究報告、海外温泉地の視察報告などが集約されている。一九八六年の第一号より、「健康」「文化」「社会制度」「リゾート」「街づくり」「地域経済」といったさまざまなテーマを切り口に、考えうる最高の論者によるテキストを幅広い分野で網羅したその時代の問題意識の記録でもあり、温泉の知の結集といえる。

1986年以来,「健康と温泉FORUM」の内容を記録してきた記念誌.

そういう意味では非常にロゴス的なですね、さきほど言ったパブリックに内包されている「制度」というものにきちんと向き合える、そういう質の憧れの目線をフォーラム記念誌の中に編集の意図として感じるんですよ。人間の情感のようなものとはもちろん切断されてはいないんでしょうけれども、合田さんがあまりそういうものに拘束されないところで温泉というものを見ていたんだなあと、お話を聞いていてあらためて思いましたね。

合田◎ それはね、少し思いすぎ、言いすぎですよ。私がこの仕事を始めた時、こうしてやろうとか、視線とかというものは全然感じなかったです。変な話ですけれど、仕事の一つとして、大島先生が持っている情熱とか、先生のおっしゃる過去の話とかいろいろなものをどう伝えていったらいいのかと。もっと言うならば、温泉の医学会で先生方が一生懸命に温泉の効能や効果を泉質別にディスカッションされる中で、ヨーロッパでは温泉療法が公的保険の対象になっているのに、世の中の人はそんなことはわかってくれないとか、評価してくれないとかいう言葉がいっぱい出てくるわけです。だけどそうじゃないんじゃないか、それは伝えていないんじゃないかと。自分たちだけで、いわゆる象牙の塔の中で、ああでもないこうでもないとやっているうちは、やはり大衆の支持というものは得られないし、大衆が何を求めているのかということをきちんと考えてやるべきだろうと思ったんですね。だからそういう面では、最初に私の理念みたいな姿勢があって今までずっと来たというようなきれいなストーリーはないんです。

ただ、この過程の中で私が考えてきたこと、編集の中においてあえて一つだけ自分をそうだったのかなと思うのは、当時、細分化されていた温泉というものを、一般の人の目線でとらえていくということです。今でもそうですが、医学は医学、医療は医療ですね。医療もいわゆる臨床と、パブリックな政策としてのものがあります。それから旅館。いわゆる観光産業としての温泉があります。もう一つは温泉の科学的な成分。つまり地学的な、もしくは風土的、われわれはクライメトロジー(climatology)、すなわち気候学と言っていますが、そういったもののいろいろな分野がじつはあったわけなんですよ。それで、たとえば海外に視察に行くとか国内でさまざまな専門会議に参加するとかしながらも、やはり一般の人たちの視線というものが欠落していたと思うんです、そのディスカッションの場では。

私は突然に温泉の仕事を始めたものですから、自分のそういうバックグラウンドが何もないので、つねにあくまでも一般の人の目線、一般の社会の人たちがどんなふうに温泉というものをとらえていっているんだろうということを、本当に肩に力の入らない、要するに素足で下駄を履いて歩くようなその視線でずっと持っていきたいと思ってきました。建築とか医学とかの専門家はもういっぱいいるわけです。そういう人たちがディスカッションすればするほど、私は一般の人たちがどういう社会の中で温泉をどうとらえているんだろうかという視線はずっと持っていようと。つまり、温泉の専門家にはなりたくなかったということです。温泉の視察で海外は何十カ国も行きましたし、医療、建築、政策、産業、観光、それぞれの分野のいろんな人たちにフォーラムの会合に来ていただきました。ですが、私は国内外、視察先の各国の下町へ出向いて、いわゆる庶民の人たちが行くような温泉に通って、あくまでも一般の人たちが普通の感覚で温泉をどうとらえているのだろうか、どんなふうに思うんだろうかと考えてきたので、それでこんなふうな距離を持っているのかな、と。あえて言うならばですが。

それから、最初から高尚な理念があってこうしようとか、そんなつもりは全然ありませんでしたし、記念誌などの出版物の編集を通しては、今まで二十数冊出していますけれど、あくまでもみなさんのご意見を聞きながら一般の人たちがどうとらえているのかなという視線でやってきたかったということです。

森▒　もちろん、フォーラムの理念というよりも合田さんが記念誌を編集していく中に宿している一つの非常にパーソナルな側面なんですけれども、それが普遍的なものに拡大していく根っこにですね、私は合田さんの思い出や記憶、生き方みたいなものが反映されているという合田さんの位置取り、スタンスを読み取ってみたんですね。それで今、合田さんのお話の中でいろいろ出てきましたフォーラムのこともそうですけれども、東京に出てこられて、その遍歴を少し聞いたんですが、広告会社を興すとかというプロセスの中で大島先生との出会いがあり、「健康と温泉フォーラム」という一つの流れになっていく。でも、フォーラムの前史においては、そこには全然、温泉というものは介在していなかったんですか。

合田◎　私の中でですか？

森▒　ええ。

合田◎　何もありません。会社に勤めていて三六歳で独立して、当時、パブリック・リレーションというものが本当に必要とされるようになると思っていました。ですから、もっと正直に言うと、「健康と温泉フォーラム」というのはさきほど言ったとおりクライアントの一つで、テーマとしては温泉の健康づくりというものを世の中に認知してもらうというのが自分の使命。それはもちろん、ビジネスとしてもやっていました。同時にやっていたことはいろいろありましたが、たとえばユネスコの仕事でインドネシアのボロブドゥール[19]という仏教美術を日本にどう知らせていくかというふうな仕事も一年半、二年やりました。その前には海洋博[20]の広報も担当させてもらいましたし、つくば万博[21]もやったし。要するに、どちらかと言うとワンオブゼムで、その時その時に注

❖19　**ボロブドゥール**……ユネスコの世界遺産に登録されているインドネシア、ジャワ島の仏教遺跡。八世紀末、大乗仏教を国教としたシャイレーンドラ朝時代の密教遺跡と推測されている。久しく森林に埋没していたが、植民地時代、ジャワ総督ラッフルズによりジャングルの中から発見された。遺跡全体が曼荼羅を模しているといわれ、世界最大級の仏教寺院建築である。

❖20　**沖縄国際海洋博覧会**……沖縄県の本土復帰を記念し、一九七五年七月から一九七六年一月にかけて開催された博覧会。「海――その望ましい未来」をテーマとし、日本を含む三六カ国と三つの国際機関が参加した。沖縄自動車道や国道がこの博覧会の開催にあわせて整備された。「国営沖縄記念公園」と「美ら《ちゅ》海《うみ》水族館」はその跡地。

❖21　**国際科学技術博覧会**……一九八五年三月から九月にかけて茨城県つくば市(当時は筑波郡)で開催された博覧会。通称「つくば万博」「科学万博」。「人間・居住・環境と科学技術」をテーマに、日本を含む四八カ国と三七の国際機関が参加。総入場者数は当時の特別博覧会史上最高となる二〇三三万人超を記録した。バブルに向かう時代を象徴する博覧会であった。

目されるものについて、どう取り組んで一般の人に知らせていくかということです。海洋深海艇[22]「しんかい2000」なんかの仕事も来て、一般の人たちにどう伝えるかというふうなことをやっていたわけですよ。だからイスラエル政府の仕事、オーストラリア政府の仕事、そういうパブリックなところのものをPRする、パブリック・リレーションということですから、学問的な位置づけは難しいと思いますけど、そのような背景でやってきたわけです。

　ただ、私は今この年齢になって、仕事はもう全部整理しましたけれども、振り返ってみると、ライフワークと言うと大げさですけどね、最終的に温泉というテーマが自分の中でものすごく魅力的なものになっていったわけです。これは大島先生と知り合って海外のいろいろな国に行き、また国内のいろんなところに行くことによって、大島先生を通して、私は世の中の仕組みであるとか、たとえば温泉の人間的な要素であるといったことを学ばせていただいたんじゃないかなと思っています。もっと具体的に言うならいっぱいあるんですけれども、本当に大島良雄先生というのは偉ぶらない、ふつうに感謝というか評価をしてくださる。当時、こんな若造にでもね。最初に練馬のお宅に行った時、二日間真剣に話をしました。まあ、私はほとんど酔っぱらっていましたけれども。これは余談ですが、お宅にバランタイン三〇年の瓶がいっぱいあるんですよね。「じゃあ、一杯飲めよ」ということでバランタイン三〇年をストレートですからね、氷も何もないですから。紅茶が出てくるんですけど、紅茶を飲んだ後、グラスが来て、本格的に一本空くわけですよ。そうすると、何しに来たのかなって思いながら、これじゃいかんいかん、「先生また来ます」とかって言うんですけど(笑)、それからいろいろなお話をいっぱい聞きました。印象的だったのは、奥さんが亡くなられたばかりで、自分ももう引退したいというのと、若手の温泉療法医の育成が教育の現場からはほとんどできなくなったというお話。先生は本当に失意のどん底の時でした。

それから温泉というものをもう一度、観光だけでなく、さきほど言ったように健康の場にできないかという話になり、スタートしたのです。だから私は大島先生に学んだことを、自分ができる中でちょっとずつやっていったぐらいの話であって、決して大したことはやっていませんし、二十数年間続けてきたということだけだと思っています。

温泉の分断化

森 私は民俗学の研究者として温泉にも関わっているんですけれども、ツーリズム概念の流れの中で、温泉への視線が特権化していく時代になってきたのではないかと思っていました。温泉

❖22 **海洋深海艇「しんかい2000」**……海洋科学技術センター(現・海洋研究開発機構)が所有し、二〇〇四年まで運用していた三人乗りの大深度有人潜水調査船。潜水可能深度が六五〇〇メートルであった「しんかい」の後継艇として一九八一年に完成し、二〇〇〇メートルまでの潜水が可能。七〇年代までは科学技術の分野において日本は米国をはじめとする先進国を追い上げる立場にあったが、この頃から日本の科学技術が先進諸国に並び世界最高水準に達していく時代となり、「しんかい2000」も期待と注目の中、華々しいデビューを飾った。

というものをとらえていく目線がですね、どうしても同調者同士のやりとりになってしまっている。医学は医学、地域計画は地域計画、民俗学は民俗学、それから自然学は自然学、地理学は地理学という、そのさまざまな専門分野の人たちが同調しあいながら温泉をただ消費しているように私の目には映っていたんです。温泉というものが本当に市民社会にとってどうだったのかという当たり前の視点が抜け落ち、温泉が逆に見えなくなっている。私は今回の合田さんとの対談の中で、「やっぱりそうですよね」「そうだよね」という同調していく姿勢を一回突き破ってですね、対談者として、温泉のマグマのようなものとしての合田さんと向き合ってですね、合田さんがパブリックと端的におっしゃっていた「制度としての温泉」というものにきちんと向き合ってみたい。そういう視点があるんです。

合田● はい。ドッグファイトですね(笑)。

森▒ だから同調しあっていくというよりも、郷里から出てきて東京という場所で一つの業務として、つまり「制度としての温泉」というものに向き合ってきた合田さんの「個」をですね、逆な視線でどうしてもたどっていきたいというふうに思ったんです。

合田● いやぁ、困りましたね(笑)。

森▒ 仕事上のいきさつ的に温泉というものにたどり着いたのかもしれませんけれども、大島先生との出会いによって、「健康と温泉」という一つのイメージが合田さんの中に生まれてきた、そのプロセスまでを聞かせてもらったと思うんですよ。それで、その時に「健康」という概念を出されてきたわけですけれども、なぜ「健康」に行ったんですか？　それは何か、市民社会が健康を欲しているとか、そういう時代だったのですか。

合田◎　結局、「温泉」というとイコール「健康」というのがあって、これは私の最初の言葉、トランプの裏表みたいなものなんですよ。理屈ではなく、「ああ、いい湯だな。体がよろこんでいるな……」の感性イメージのストレート、直球なんです。あえて理屈は必要なかった。だからそれは自然に入りました。それともう一つは、さきほど言ったように各医学界にしてもいろんな産業にしても、もう馴れ合いというか、なめ合いというか、ドッグファイトしない。ですが私は、健康ということを考えていった時にどうしても人間ということを考えてくるし、人間ということを考えてきたら結局は社会ということを考えてくるし、生活文化ということも考えてくる。たとえばヨーロッパなんかでは、貴族階級のものだった温泉を市民が権利として勝ち取った、それを市民が権利として取り入れたと、そういう歴史があるわけです。

日本では、基本的には江戸時代を含めてそういうものが非常にないというか、注目されないというか、だからPRというのは極端に言うとアジテーターになることもありえるわけです。私はさきほど非常に上品にPRの話をしましたけれども、それがちょっと変わるとアジテーターというかある種のプロパガンダにもなるのです。そういうものが必要な時代もあるわけですよ。でも私はそれをいっさい封印しました。大島先生は、決してリードするな、リーダーであるべきではない、と。だから、みなさんが必要とする時にきちんと正確な判断材料を提供するのが使命だというスタンスは今でも変わっていません。自ら旗を振ってやるつもりはありません。

ただ、私は今まで黒子に徹していましたけれど、この三、四年ぐらいの間に他の人が亡くなったり、辞められたりしていて、やっぱりこのままじゃいけないんじゃないか、自分がもう少し前に出なければいけないんじゃないかと思うようになりました。たとえば今こうやってお話をしているということ自体も、三年前の自分ではありえなかったわけです。誰かに依頼して、こういうことをお願いしますという編集ですね、記念誌はまったくそのコンセプトでやってきました。なので私が直接書いたものはほとんどありません。編集でいろいろやってきましたけれども、自分の意見を直接出すようになったのは、この二、三年の話です。それは、ある意味では焦りも非常にありますが、やはり、みなさんが馴れ合ってきたというとおこがましいけれども、社会の流れの中で、このままでは温泉医学や温泉療養というものがどうなっていってしまうんだろうということと、健康というのは結局のところ人間ということを深く調べていくことになるわけですよね。

調べるというか、感じることになるわけですけど、温泉というとローカル。地方というのはどういうことかというと、人々、風土。これが日本の独特の風土であり、日本の制度であり、文化であるということがまとまっていくんだろうと思うんですね。私は今、また原点に戻ってきているわけで、だから先進性の温泉とはどうあるべきか、社会制度としてどうあるべきかということは一連のものとして考え、それをまとめていきたい。大げさに言うと、それをフォーラムの二五周年記念の一里塚じゃないですけれども、私なんかがそんなことを言うのは本当はおこがましい

と思うんだけれども、そういう立場にも複眼的にいることができるのかなと考えたわけです。

森▒　合田さんがおっしゃるように、温泉はさまざまな専門的な領域に閉じ込められていたということが、現在も引き継がれているというか、温泉をめぐる状況として現在もあると私は思うんですね。これはもう少し考えないといけないと思うんですが、日本の社会において温泉というものがこれほど重要視され、歴史的にも潜在化し、そして庶民の人たちが親しみ、生活の中に溶け込ませているんではあるのだけれども、「産業としての温泉」と言った時にはたいへん手をこまねいていてですね、それは一個人の鋭意努力や研究、あるいは個人の一つの温泉観に任されてしまっている。どうしても、日本の社会の中で温泉というものをトータルに、つまり公に開かれたものとして認識されたことがなかったのではないかと思えるんですね。温泉は一見とても華やかに花開いているんですけれども、やはり温泉自体がさきほど言った「個としての温泉」から発想されたり、その発展型としての産業観に結びついていないような感じを受けるんです。

　それで、合田さんが「健康と温泉」ということを二五年前にいち早くちゃんとつかみ取っていた、その契機をもう少し知りたいと思っているんですが、それは大島先生との出会いという偶然のきっかけかもし

伊香保温泉でラドンを測定する石谷伝一郎(左)，眞鍋嘉一郎両教授(1909年).

れないですけれども、当時、大島先生の中には「健康と温泉」という概念はすでにあったんですか。

合田◎ 大島先生は医学者ですが、やはり温泉医学というものを代表する方だったんですよね。じつは日本の温泉医学はたいへん進んでいるんです。ベルツ[23]さんを含めてですね、東北大の黒[24]川先生、東大の大島良雄先生、岡山大の森[25]永先生、九州大の矢[26]永先生というそれぞれ本当に双璧の研究をされている立派な論文がすでにあって、それが世界に通用するものなわけです。海外に行った時に私も知りましたが、大島先生が三[27]朝温泉の放[28]能泉について書かれた論文は、ヨーロッパで高い評価を受けていて、みなさんそれを教科書の一つにしていらっしゃるわけですよ。

少し各論になってしまいますが、日本温泉気候物理医学会という温泉と気候と治療を考える学会があります。つまり、クライメトロジー(気候学)という自然環境全体の中で人間の健康をどうつくっていくか、さらに言うなら疾病予防、それから疾病の療養、つまり回復と治療ですね、これをどうしていくかという問題が大きなテーマだったわけなんです。明治以降、いわゆる西洋医学の導入により、日本の伝統的温泉療法が臨床医学から忘れ去られようとした時期がありました。しかし、一部医学者の熱心な呼びかけで温泉医学の必要が叫ばれ、一九三一(昭和六)年に九州大学に温泉治療学研究所が設置され、続いて全国の国立大学六校にも温泉治療研究所が設けられました。一九三五（昭和一〇）年にはベルツ教授、眞鍋嘉一郎[❖29]、三澤敬義[❖30]、大島良雄と引き継が

❖23 **エルヴィン・フォン・ベルツ**［Erwin von Bälz, 1849–1913］……ドイツのビーティヒ・ハイムに生まれる。いわゆる「お雇い外国人」として一八七六（明治九）年に来日し、東京医学校（現・東京大学医学部）（❖I–38）の教育に二七年間にわたって携わり、明治初期の日本の医学の発展に多大な功績を残した。一八八〇（明治一三）年に『日本鉱泉論』を著し、多くの温泉がある日本では温泉療法、温泉治療を指導する機関が創設されるべきだと説いた。草津温泉を再発見し、世界に紹介した人物としても知られる。草津温泉には日本で最良の山の空気と理想的な飲料水があると評し、私費を投じて六千坪の土地を購入して温泉を引き、クアハウス（❖I–54）を創設した。日本通の彼が記した日記や手紙を編集した『ベルツの日記』は、明治初期の日本社会の様子が詳細に描写された歴史資料として知られており、西洋文明を無批判かつ表層的に受容しようとする当時の日本人に対する真摯な批判も見られる。

❖24 **黒川利雄**［くろかわとしお、1897–1988］……臨床医学研究者。東北大学医学部で教授、学部長を務めた。主に癌の化学療法について業績を残す。ドイツから米国に西洋医学の範が切り替わるにつれ、温泉医療が軽視されるようになる中で、その風潮に真っ向から反論した。現在、直系の弟子である小笠原達氏らが秋田の大湯温泉などで活躍している。

❖25 **森永寛**［もりながひろし、1920–2009］……岡山大学附属病院三朝分院長。三朝温泉の放射能泉の研究を大島良雄より受け継ぎ、温泉の泉質と医学的関連性の研究に心血を注ぐ。不眠症の権威でもある。

❖26 **矢永尚士**［やながたかし、1930–］……九州大学温泉治療学研究所（現・生体防御医学研究所）で約四〇年にわたり温泉療法を研究。循環器内科。別府の仁泉会畑病院にて温泉療法医として活躍している。著書に『温泉研究と私』（悠飛社、二〇一〇年）。

❖27 **三朝温泉**［みささおんせん］……鳥取県東伯郡三朝町にある八百数十年前に開湯された温泉。その昔、源氏の家臣であった大久保左馬之祐が、主家再興の祈願をするため三徳山《みとくさん》に参詣する途中で白狼を助け、そのお礼として源泉を教えられたというエピソードがある。一九世紀末にキュリー夫人によるラジウムの発見後、各地の温泉水中のラジウム・エマナチオンが測定されるようになったが、一九一四（大正三）年に三朝温泉の水中に含まれる放射性物質が、ラジウムの娘に相当するラドンの含有量世界一であることが判明し、いわゆる「ラジウム泉」として有名になった。

❖28 **放射能泉**……ラドンを一定量以上含む温泉。放射能泉のうち、ラジウム含有量が多いものをとくに「ラジウム泉」と呼ぶ。定義としては温泉水一キログラム中にラドンを三ナノキュリー（＝八・二五マッヘ単位）以上含有。ラドンには血管を拡張したり神経を鎮静する効果があるとされる。含放射能泉五〇マッヘ単位／kg以上を単純放射能泉としている。代表的な温泉が三朝温泉であり、ラドン含有量六八三・三マッヘは世界有数である。秋田県の秘湯、玉川温泉（❖V–35）の岩盤浴も有名。

れた東京大学医学部内科物理療法学教室と日本温泉協会学術部が母体となり、日本温泉気候学会（一九六二年に「日本温泉気候物理医学会」と名称変更）が設立され、日本医学会の分科会として活動を始めた輝かしい歴史がありました。ところが近年、この温泉医学の研究拠点である大学所属研究所が次々に廃止され、現在かろうじて残っているのが岡山大学病院三朝医療センターのみとなってしまいました。国の政策によるものですが、日本の医学が細分化されるのとあわせて、温泉療養、

本格的な療養温泉として知られる三朝温泉.

三朝温泉の温泉街にある医療施設.
上：岡山大学病院三朝医療センター
下：三朝温泉病院

温泉医学をバックアップしてくれていた臨床の研究者が、リウマチ学会、生気象学会、アレルギー学会、リハビリテーション学会などの学会に吸収され、本来の温泉保養地医学としてのトータルで学際的な研究が衰退する結果となったのです。現在はその反省に立ち、総合的な人間再生理論として温泉保養地医学がもう一度見直されつつあるのですが。

つまり、それまで温泉療養、温泉医学をバックアップしてくれていた学会組織が細分化していく方向になっちゃったわけです。これはどういうことかというと、みなさんご存じないかと思いますのでお話ししますが、その時は生気象学、リウマチ、アレルギー、今でいうリハビリテーション等々、要するに感染性疾病ではないもの、すなわち非感染性疾病のほとんどの分野というのが、その温泉気候物理医学会に入っていたんです。ですから、片側に西洋医学という明治からずっと入ってきている流れを持っている一つの分野と、裏腹にそれでは解決できない問題のすべてをこの一つの学会で討議し、研究し、統括していったんですね。ところが、生気象学会というのがさらに細分化していきますので、独立します。リウマチ学会もリハビリテーション学会も独

❖29 **眞鍋嘉一郎**［まなべかいちろう、1878–1941］……日本における物理療法（理学療法）、レントゲン学、温泉療法の先駆者。東京帝国大学医学部でベルツに学び、伊香保《いかほ》温泉（❖Ⅰ–41）にて温泉療法の研究にあたる。その後、飯坂《いいざか》温泉（福島）、城崎《きのさき》温泉（❖Ⅲ–16）の放射線値を測定し、飯坂温泉にて日本で初めてラジウムの存在を確認した。一九三五年に日本温泉気候学会（現・日本温泉気候物理医学会）を設立。

❖30 **三澤敬義**［みさわたかよし、1894–1971］……東京大学物療内科で光線や紫外線の研究をしていた。ベルツから草津温泉の温泉療法の科学的な検証の流れを受け継ぎ、一九三四年、草津温泉の強力な殺菌作用を大腸菌で証明。高温だった草津温泉で最適な入浴温度の上限を四二度とした。本格的な温泉研究所の設立を目指すが、戦争で挫折した。

立します。そういうふうに、どんどん要素が抜けていきました。

結果的に現在どうなっているかというと、いわゆる温水治療、つまり温泉に入った場合に体にどういう変化があるか、体が反応していくかということと、[31]フィジオセラピー（physiotherapy）、これはマッサージ、鍼《はり》・灸《きゅう》、按摩《あんま》を含めてですが、その二つの医療系のものが残っているにすぎないんです。どういうことかといえば、われわれが[32]クアオルトと言っている温泉保養地における保養地医学は、やはり人間がその保養地の自然環境の中でどういうふうに治癒し、どういうふうなプロセスで元気になっていくのかをトータルに考えるというのが基本です。温泉に入ったから、何をしたからという単品の寄せ集めのプログラムではなく、人間が回復するためのプロセスとしてトータルなものなんですね。それが学会的に細分化してしまうことによって、全部を見きれない。これは、その問題だけじゃなくて、日本の医学の現状というのはまさにそうなんですよ。トータルなものとして見るということがないわけです。流れとしては結局、そういうことが制度的になってきた。

バブル景気の時期に、それを本当に研究するところがどんどん潰れていったのは、まさに横の結束がなかったからです。理論、医学的な経験、治験等々について最終的なパワーとしてまとまらなかった。だから、それまであった九州大学の温泉治療学研究所、北海道大学登別温泉研究所、慶應大学の伊豆の研究所、群馬大学の草津の研究所、これらのうち九大は生体防御医学研究所になりましたが、全部廃止されました。さきほども申し上げたとおり、現在、大学の研究基盤としては岡山大学の三朝医療センターというところが唯一残っているだけです。しかも廃止も検討されている危機的状況です。理論的にも抵抗できなかったわけですね。だから文部省は次々と切っちゃったわけです。温泉医療、つまりクアオルトロジー（温泉保養地学）全体の理論武装ができないということと、そういった制度的なものをうまく跳ね返す力がなかったということです。たとえば漢方という大きな分野がありますが、漢方医学は現在、保険適用されていますよね。これは一時、非常に力をもって取り組んだ結果です。もちろん、漢方というものは一つの体系としてあるし、それをきちんと継続し、現在において再評価されているわけです。統合医療として。

森▒　なるほど。

合田●　現実的な問題として、そういう積み重ねの原因があって現状に至っているわけです。ヨーロッパで保険適用できているというのは、そういう医療のトータルな面をきちんと理論武装できていて、政府にも提言ができ、社会制度として取り入れられているからです。医療費が厳しいところで期間も短くなってきていて、コンパクトクア[❖33]といって、三週間が一〇日になったり、一年

❖**31**　**フィジオセラピー**……理学療法。運動療法と温熱療法やマッサージ、電気療法などの物理療法からなる。

❖**32**　**クアオルト**……クアは療養、オルトは地域。ドイツで温泉療養地の全体を指す言葉。クアミッテルハウス（❖I−55）と呼ばれる温泉治療施設、スポーツ施設や集会場にカフェや文化施設といった周辺施設、ハイキングなどに適した自然施設からなり、療養と静養をあわせた複合的な湯治生活を送ることができるようになっている。治療には、水中体操・気泡浴、マッサージ、ファンゴパック（温泉成分を含んだ泥パック）、電気治療などさまざまな種類があり、湯治客は医師に指導されたクアオルトにやってきて三〜四週間滞在し、処方箋に基づいた療養生活を送る。

に一回だったのが三年に一回になったりしていますけれども、このものだという本質はやはり変わらない。それから国民が、われわれには享受する権利があるんだということで、とくにドイツ、フランス、イタリアがそうですけれども、きちんと健康保険の適用対象になっているということですね。市民感覚として、日本人はヨーロッパと比べて、社会的な流れとしても民族性としても権利意識が薄いというか、お上からという思想がベースにあるんじゃないかと思います。それから長期的な医学の方向性というものは、やはりその時代時代の判断でやりますから、今に至るその分断のプロセスというか、いわゆる温泉医療、伝統医療というものを理論武装できない構造的な問題が見すえられなかったということがあります。

大島良雄先生は東大の病院長までやった人ですが、ベルツからの直系の温泉学の医学者です。

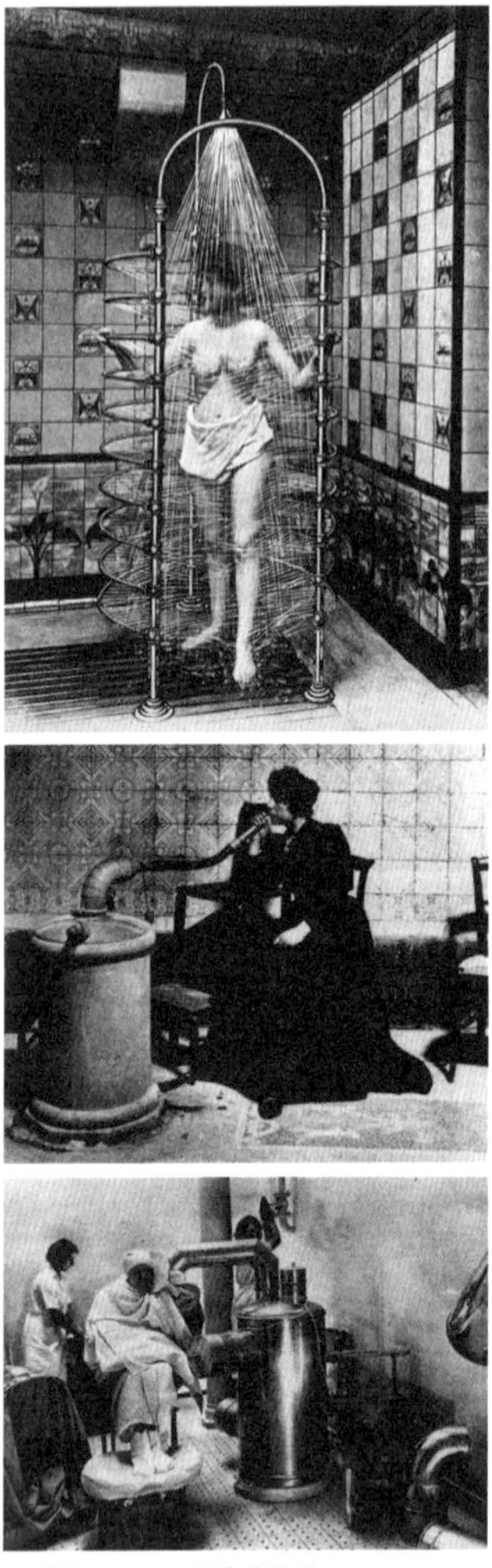

19世紀フランスの温泉療養地
エクス・レ・バンの様子.
喘息やリウマチなどの治療施設がある.
ヨーロッパのクアオルトでは
古くから医療施設が整備されてきた.
（出典：Institut Français d'Architecture,
Les villes d'eaux en France,
Editions Fernand Hazan, 1995.）

浴衣でくつろぐ「お雇い外国人」たちの記録.
左から3番目がベルツ博士，その右隣がスクリバ博士（❖I−39）.

ベルツ、眞鍋、三澤、大島ですよ。黒川先生も森永先生も、みなさん派閥意識なしで取り組まれた本当にすばらしい方です。一九八六年当時、大島先生もさきほど言った背景や問題で温泉医学存続の危機的状況の中、半分もう引退しようとしていた時期だったと思うんです。そこにこの若造が来てですね、落ち込んでないでやってみてもいいかなと思うようなタイミングがたまたまあったんだと思うんです。

森▒　私もフォーラム記念誌の第一号（「温泉と現代社会」一九八六年）の大島先生の論文（「温泉と文化」）でそのことを発見したんですよね。お話を聞いていてさもありなんと思ったんですけれども、やっぱりさきほど私がちょっと言ったように、温泉というものをとらえる目線が分断されてしまっている。温泉は現実には活況を呈しているんですけれども、温泉そのものを素通りし

❖33　**コンパクトクア**……滞在ではなく外来を目的とした療養施設。本格的な療養というよりは、ストレス解消など日常的、予防的に利用される。近年はドイツでも本格的な療養湯治に代わり、コンパクトクアの利用が増えている。

て、専門性や学説の探求性みたいなものの中に温泉自体が消費されてしまっている。それと、研究も含めて細分化され、分断され、分類された中に温泉が一つの要素として取り込まれてしまった。でも本来、温泉というものはもっと総合的で、非常に広やかに人間に関わってきたものでもあったわけですよね。それで、健康という概念につながっていたかどうかは別として、大島先生の論文は、もっとゆるやかに、それこそ文化として温泉をとらえるという文脈ですね。合田さんもそこでは、フォーラムの基本は文化、人間学だよ、というふうにおっしゃっていた。二五年前の当時、そういう目線を大島先生と合田さんの中で確認しあっていたということはとても大きなことだと思います。やはり、温泉をめぐる一つの状況や思考も、目線をそこにきちんと置いていかないと、温泉が空中分解してしまうのではないかと思いました。

合田● それができるためには、温泉という分野を通して今の日本の社会、制度、価値観、あるいは生命観、それを含めたかたちを見るということでしかお話しできないです。さきほど森先生がおっしゃったような流れの中で、やはり温泉それだけを見るということではなく、その裏にはじつはいろんな時代背景があり、人々の考え方の変遷、つまりライフスタイルや社会環境の変化、高齢化といったようなことを含めた総合的なものを見る。そして、その変化は今後さらに進んでいくだろう、加速するだろうというのはもう明らかな状況だと認識しています。この今の状況というものが今後、二五年先にどのようなかたちになるのかということにもう一度軸足を置いて見つめた時に、われわれが今、感じているところを見直すということは私はものすごく大事なことだと思うし、まさにそれがこの本を通して、私たちがお伝えしたいものではないかなと思っているんですね。

温泉医学と日本人

森▒ もう少し大島先生とのやりとりについてお聞きしたいんですけれど、大島先生は医学者ですから、病を治し、そして健康であるということの全人間的な目線をもって、人間をトータルにとらえていた医学者としての立場から健康というものを考えていたと思うんです。その温泉と健康の結びつきについて、専門的なものとしてというよりも、文化や人間学としての大島先生の目線はどのようなものだったのでしょうか。

合田◉ もちろん理事長としての意見はあれこれあったんですけれども、まず第一に、温泉は本当に人間の体を回復する力があるということです。それから、エビデンス(臨床結果に基づいた医療)うんぬん以前の問題として、やはり人間は温泉の恩恵を今まできちんと享受し、具体的な治療の場でも治ってきているという、そういう考え方を先生ははっきりと持っていました。しかも、それまでの研究データがないということはなく、たくさんありました。非常にたくさんあって、当時の研究の努力には本当に頭が下がる思いがします。ただし、それは現代の医学の視点でのエビデンスというものとは基準が全然違います。先生が七三歳の時、今後を見すえていったいどういうことをしたらいいんだということに関して、いずれ人々がわかってくれる時期がかならず来る、そのためにわれわれは準備していこうという視点と判断があった。つまり、ある意味では絶望から生まれているものだったんじゃないかなと思います。先生ははっきりと見すえていらっしゃったし、それが再評価される時代がかならず来るんだと、また、来ないといけなんだと。みなさんは科学データがないじゃないかということをおっしゃるが、論理的根拠というのはそれぞれが一部のパーツであって、統合したもの、たとえば総合的な人間のメカニズムといったものを解明できないわけです。今の現代医学でもそうですよね。だからそこのところに、温泉というものをどうとらえていくかということに関しては、先生も絶望から出てきた期待というものはあったと思いますけれども、かなりシビアな状況だったんじゃないかなと思います。

森▒　シビアというのは、要するに専門分野としての医学の中で、温泉というものが認知されることがなかなか困難だったということでしょうか。

合田●　西洋医学のメッカであるヨーロッパでさえ、温泉医学というものはきちんと確立しているわけですよ。それが日本ではできなかったのは、医学者それぞれの欠点とかということではなくて、やはり一般の人々の中でそういうふうなものをアピールできなかったということです。つまり、こういうふうにしたい、こういうふうにすべきだという大衆の意見を汲み上げられなかったということじゃないかと思います。個別に言うならば、本当に温泉医学で治った人はたくさんいるわけですから、そういった人たちの意見をどう取り入れていくか、ということです。ですから、旅館の人たちにお願いして、「臨床的にどういう結果になりましたか」「一週間温泉に行ってどうなりましたか」とレポートしてほしいということを先生は頼んだんです。ですが当時、私たちには温泉旅館とのリレーションは全然ありませんでしたから、レポートは全然来なかったですし、そういう視点もなかった。

一九八六年に第一回のフォーラムを道後温泉[34]で開催しました(「健康と温泉FORUM」一九八六年度「温泉と現代社会」愛媛県松山市)。三〇〇名近い人が来られたわけですが、温泉旅館の方は四名だけでした。その当時は、そんな偉い先生たちが医学がどうのこうのとおっしゃっても自分たちには関係ない、というのが旅館の、また一般の方たちも一部を除いてそういう認識だったということですね。

森▒ そこには、温泉というものを日本人がどのように受容してきたのかということが横たわっていると思います。日本人の温泉の受容の仕方というのは、温泉が体に効くとかという直接的な効用ということよりも、むしろ生活の全体の中に温泉があるということです。温泉に入るという楽しみ方も含めて、たとえば農閑期であるとか、さまざまな生活の細部に必然的に温泉が組み込

❖34 **道後温泉**［どうごおんせん］……愛媛県松山市にある温泉。「伊予国風土記」にもその名の見える日本最古の温泉の一つであり、有馬温泉(❖I－42)、白浜温泉(❖II－9)とともに日本三大古湯に数えられる。夏目漱石の『坊ちゃん』に登場することでも有名な道後温泉本館は、日本を代表する温泉建築の一つ。湯玉が温泉のシンボルマークとなっている。夏目漱石や正岡子規とのゆかりをうまく生かして、明治の文豪が若き日を過ごした温泉街としての世界観を醸し出し、観光客に対してアピールしている。

まれているがゆえに、それが体にいいとか体を治すとかというような認識をする以前のこととして温泉が受容されていたと思うんですね。しかし、合田さんたちがフォーラムを立ち上げられたこの時代には、すなわち近代を経て市民社会が成熟する時代にあっては、もうそれだけではすまされない、温泉が体にきちんと効用を与えるんだと明確にしないといけない。そういうプロセスを経てちゃんと人々の中に入り込まないと、温泉が明確に現れてこないというような時代にちょうど差しかかっていたように今お話を聞いていて思ったんですよね。

そこでやはり、医学者としての絶望とおっしゃった大島先生の苦悶や無念さのようなものがあって、そこに若い合田さんが入っていった。日本の民俗社会の中に伝統的に横たわっていた温泉というものが、近代の市民社会の中でまさしく「制度としての温泉」として出現した瞬間だと思います。もう少しそこをお聞きしたいんですが、大島先生は医学者としてベルツから始まった温泉医学を学問や研究の対象としてきちんと持っておられたわけですよね。その「ベルツから始まる」という言葉があるように、大島先生は医学というものを西洋医学として認識していたと思うんですけれども、ベルツの温泉医学療法の直系として、大島先生はこの野太く存在する日本の温泉にベルツ博士が伝えようとした温泉医学をどういうふうに結びつけようと考えておられたんでしょうか。

合田●ベルツ発という考え方は間違っていると私は思うんですね。話の中でちょっと抜けていましたけれども、じつは漢方というものがその中に入っているわけです。大島先生は漢方にも非常にくわしい方です。

森▒　なるほど。

合田●　江戸時代にさかのぼって後藤艮山[35]、貝原益軒[36]、宇田川榕菴[37]も含めて、その系譜はちゃんと押さえられています。温泉医学についてはすでに日本の中にある程度の知見はあったわけですね。

ただし、温泉の分析ということに関しては、ベルツ博士が明治政府の招聘によって一八七六(明治九)年に来日されて、今の東大医学部ですけれども、小石川に近代的な医学校である東京医学校[38]ができる。それと同時に病院

明治期以降，日本各地の温泉地では
ヨーロッパの「制度」を模倣しながら
取り入れていった．
上：湯河原温泉（神奈川県）
下：エクス・レ・バン（フランス）
（出典：Institut Français d'Architecture,
Les villes d'eaux en France,
Editions Fernand Hazan, 1995.）

ベルツ博士(左)とスクリバ博士の胸像(東京大学構内).

ができてくるんですが、ベルツ教授はドイツの温泉医療におくわしい人で、その方が内科教授として来日されたわけです。外科ではもう一人、スクリバ[39]教授という方がいらっしゃったんですが、日本の温泉のすばらしさにものすごく感激されていろいろと書かれたということがあります。そういう面ではクアオルト、つまり保養地医学的な志向をベルツさんが持ってきた。そして制度的なものとして、クアタックス[40]、今でいう入湯税を導入する。これはタックス(税)というよりは治療するため、つまり保養地の中に人間が滞在し回復していく、すなわち生命再生の場としての保養地というものを、滞在費を取って環境整備していこうということです。なので僕は入湯税という言葉は間違っていると思っていますが。

つまり、そういう制度的なものも、気候療法といったようなものも含めて統合的に見ないといけないんだというクアオルトロジーを導入したのがまさにベルツさんだったわけです。だから伊香保[41]にしても高地にあり、か

❖35 後藤艮山［ごとうこんざん、1659–1733］……江戸時代の医師。日本における科学的な温泉療法の創始者とされる。古医方をきわめ、養生の大切さ、お灸、熊胆《ゆうたん》、温泉の効能を説き、病は気の滞留により生じるとして滞った気を正しくめぐらすことが治病の基本であるとする「一気留滞説」を唱えた。日本初の温泉医学書を著した弟子の香川修庵《かがわしゅうあん》（1683–1755）とともに城崎温泉（❖Ⅲ–16）に滞在し、浴法、飲泉法を明らかにしたが、同温泉の「一の湯」は療養に一番の温泉という意味で名づけられたものである。

❖36 貝原益軒［かいばらえきけん、1630–1714］……一七世紀、江戸前期の本草学者。七〇代から多くの著作を発表し、『養生訓』で知られる。書物からの知識のみに頼ることをよしとせず、実証による著作を多く残した。益軒は『養生訓』で、善を楽しむこと、健康を楽しむこと、長寿を楽しむことを「三楽」とし、名誉や富よりも尊いものとしている。欲を内敵、風寒暑湿を外敵ととらえて、内敵には勇、外敵には畏れをもって養生し、気を病ませないことが養生の基本と考える。同書において温泉に多くの頁を割いており、益軒自身は八四歳まで生きている。

❖37 宇田川榕菴［うだがわようあん、1798–1846］……日本における近代科学の確立に多大な貢献を果たした江戸後期の蘭学者。「常水」と「鉱泉」、「冷泉」と「温泉」など、西洋流の温泉分析法によって日本各地の温泉地の泉質を分析し、温泉医学の発展にも大きく貢献した。西洋植物学、西洋音楽理論など蘭学研究の範囲は広く、コーヒーを「珈琲」の当て字で日本に紹介した人物でもある。

❖38 東京医学校……現在の東京大学医学部の前身。明治初期、東京府に設立された官立の医学教育機関。一八六一年一一月（文久一年一月）に設立された幕府直轄の西洋医学校「医学所」を接収した「医学校」として発足。長崎派の蘭方医学の流れにあったこともあり、明治政府が導入しようとした臨床と病院に重点を置くイギリス医学よりも研究と大学に重点を置くドイツ医学が採用されることとなり、ベルツら「お雇い外国人」のドイツ人が招致された。

❖39 ユリウス・カルル・スクリバ［Julius Karl Scriba, 1848–1905］……ハイデルベルク大学、ベルリン大学で医学を学び、一八八一（明治一四）年、東京医学校の外科教師として来日。後に聖路加病院外科主任となる。ベルツとは無二の親友で、ともに草津温泉を科学的に研究した。町民には無料で診察を施し、深く親しまれたという。「内科にベルツ、外科にスクリバあり」といわれ、東京大学構内と草津温泉には両博士の胸像が並んで置かれている。

❖40 クアタックス……日本では「入湯税」と呼ばれるが、「保養税」と訳し分けて区別することもある。宿泊する観光客に支払いが義務づけられ、支払いの代償として多くの施設で割引が得られる仕組みになっている。バーデン・バーデン（❖Ⅰ–56）では、ホテルのチェックイン時に入手できるクアカードを使えば、博物館、図書館、レンタサイクルなどの施設をはじめ、カジノまでが割引料金で利用できる。

❖41 伊香保温泉［いかほおんせん］……群馬県渋川市にある温泉。源泉ドームから湧き出る鉄分を多く含んだ露天風呂と、情緒ある石段の街並みが有名。首都圏から近距離の温泉地として多くの文人が逗留し、戦後は歓楽街としても栄えた。眞鍋嘉一郎が温泉療法の研究拠点を置いた。

つ温泉の泉質、自然環境というものをまず中心に据えて考えられている。この温泉が良いからということから始まっているわけではない。有馬[42]、伊香保、草津[43]、それから全国をずっと回られましたけれど、それは保養地としての可能性が非常に高いところです。だから一番評価されたのが草津温泉ですよね。高原地帯の空気の清浄なところで、気圧もある程度高い中であれだけの強酸性泉。ヨーロッパではほとんどないような温泉ですよ。その療法をなぜもっと使っていかないのか、ということでいろいろおやりになられたわけです。失意のもとに帰国されましたけれども、結局、そこのところは単にベルツ発ではないということですね。

「上州草津温泉の図」(江戸後期).

森▒　ベルツの本を読んでも、やはり温泉というものはもっと広がりをもってさまざまな視点からとらえないといけないよ、というような啓蒙的な内容ですよね。

合田●　そうですね。今はやりのホリスティック[44]という言葉で言うのは簡単なんですが、その「全体的に見る」ということについては、逆にベルツさんは日本を見ながらある程度の確信が持てたのではないでしょうか。日本人は今、輸入物として統合医療とか言っていますけれど、本来、日本人が持っている心の綾みたいなもの、根っこのアニミズム[❖45]を含めたものの中にそれはあると思うんです。それを逆に感化したと思うんです。だからそういう面では、日本がそういったものに発信できた力、素養、文化はとてもすぐれたものだと私は考えています。

❖42　**有馬温泉**［ありまおんせん］……兵庫県神戸市郊外にある温泉。湯の町としての歴史は古く、中世の湯治の記録も多く残る。含鉄強食塩泉、ラジウム泉、炭酸泉の三種がある。空気に触れて着色する含鉄強食塩泉は「金泉《きんせん》」と呼ばれ、日本有数の濃度を誇る。それ以外の透明な温泉は「銀泉《ぎんせん》」と呼ばれ、炭酸泉からは炭酸せんべいやサイダーがつくられる。関西の奥座敷として近畿圏を代表する温泉であり、歓楽地としても発展した。

❖43　**草津温泉**［くさつおんせん］……群馬県吾妻郡草津町にある温泉地。源頼朝の開湯伝説を持つ中世以来の日本を代表する温泉の一つであり、湯畑（❖I－60）を囲む温泉情緒あふれる温泉旅館の街並みと共同浴場で知られる。草津温泉の湯畑は日本最大の湧出量を誇る源泉である。一二〇〇メートルの高原にあり、日本ではこのレベルの高地にある温泉としては最大の温泉地。ベルツ博士はここをチェコのカルルスバード（❖III－21）にも匹敵する好条件の保養地になると評した。全国有数の強酸性泉でもある。

❖44　**ホリスティック**……細部だけでなく全体像を重視する考え方。部分を精密に解明したものを積み上げても、世界の全体像はとらえられないとする。ギリシャ哲学に始まる西欧近代の還元主義とは相反する発想であり、一九二六年にジャン・スマッツにより提唱された。ギリシャ語のholos（全体）を語源とし、東洋的な包括的思考に近い用語として「全体」「関連」「つながり」「バランス」などと解される。この考え方から、主に米国でホリスティック医学などの研究体系が発展していった。ホリスティック医学は「全人的医療」「包括的医療」などと訳され、端的に言うと「人間をまるごと全体的にみる医学」。健康の定義を「病気ではない状態」と消極的にとらえるのではなく、精神・身体・環境の調和を重視している。

❖45　**アニミズム**……自然の生命、さらには生命のみならず世界を取り巻くあらゆるものに神性が宿りうると考える宗教観。石や山などが信仰の対象となる。日本人の宗教観や自然観にも太古のアニミズムが強く影響している。

さらに言うならば、リハビリテーションというのが日本の今の医学界で席捲していますよね。あれは字で書くと「更生」、刑務所から更生しますということになるんですが、結局、日本とヨーロッパにはリハビリテーションというのは育たなかったんです。それはなぜかと言うと、温泉医学があったからです。古代ローマの時代から温泉医学というものがきちんとあるから、あらためてリハビリテーションというのは必要なかったんですよ。ところが、ラスク[46]さんというアメリカの軍医が銃[47]創の治療法をいろいろ研究した時に、現実には水を使った場合に非常に回復が早いということに着目して、新たな概念でリハビリテーションというものの考え方を構築されたわけです。それが日本にまた逆輸入されまして、リハビリテーションにはウエットとドライがあって、今でいうフィジオセラピー、つまり物理的に体を動かすことによって筋肉を元に戻すドライと、お風呂もしくは水に入って水中療法でやるウエットというトータルなものとして入ってきた。それをまた日本の医学界は新しいものとして取り入れて、「これからはリハビリテーションだ」という時代になっているわけです。それで、「温泉に浸かったらさらにいいんじゃないか」と。冗談じゃないですよね(笑)。日本の伝統、日本に本来あったものはいったいどうなっているんだ?と思います。

　要するに、戦後の日本人の自信のなさとでも言うんでしょうか、日本人の一つの基準というもの、生活文化というものが戦後に分断された結果として、そういうことが起こってくるのです。それは何も温泉のことだけではなくて、たとえば千葉の九十九里で埋め立てをするとして、テトラポットを三〇〇基入れます。砂がどんどん流されていく状況を見て、じゃあどうしようか、テトラポットで一つ流れを変えましょうとか、いろいろあるんですけど、三〇キロ、四〇キロ先に新しい堤防ができてその海流が変わることによって、砂が損失していって本当にみすぼらしい海岸線になってしまう。結局、自然というものはそのくらいナイーブなものなんですよ。三〇キロ先の堤防が変わることによって海流が変わり、砂がなくなっていくんですけど、西洋医学の

対症療法というのはまさにテトラポットを積んでそれを止めようとすることなんです。無理なんです。自然にちょっと手を入れることによってそれだけの影響が出る。それを対症療法的にやってもたかが知れているんだということは、温泉や健康をめぐることと同じなんですよ。ある時、私もそういうことにはっと気づくことがあって、それはわれわれが学んでいる温泉というのは単にそういう問題だけじゃなくて、現代社会の中での人間のあり方そのものを問う問題にも行き着くんじゃないかなと思っているところです。

❖46 **ハワード・ラスク**［Howard Rusk, 1901–1989］……第二次世界大戦での軍医としての経験から、「全人間的復権」という包括的なリハビリテーション理念を確立。リハビリテーション医学の父とされる。

❖47 **銃創**［じゅうそう］……銃弾による創傷《そうしょう》。火薬やガスなどの作用も関与する。医学用語では射創《しゃそう》と呼ばれる。

「消費」と「養」

森▒　今、ベルツ博士の話を聞いていて思いました。日本古来の自然のとらえ方といったもの、そこに横たわっているアニミズム的な生と死を包含していく日本の文化にヨーロッパ人の目で触れてはじめて、そこに対症療法的なものではない保養地としての温泉という広がりにベルツは気づいたのではないかと。むしろ、リハビリテーションという概念はそこに積極的なものとして現れているという、卓見のベルツの論文が出ていくわけですね。そこには今言ったような彼の視点が書かれていますよね。まさしく大島先生も、漢方やさまざまな東洋医学の系譜をたどりながら、温泉は文化なんだということを言い続けていたと思うんです。合田さんとの出会いの中で再確認していく大島先生の「文化」という言葉は、今言ったことに尽きてくると思うんですが。

合田●　やはり先生は、ヨーロッパのいろいろなところに行って交流された本当の国際人だし、国際的な人になるためにこそ日本のこともよく知らないといけないという当たり前のことなんですが、先生は明治、大正、昭和、そして平成にも生きられた方で、戦後の日本をずっと見てこられたわけですよね。だから達観している目であったし、それからこれからの日本というものを見すえた時に、いろんなものをもって考えていらっしゃったんじゃないかと思いますよ。最終的に彼のやさしさというか、出てくる人間性というものは、ある意味でヨーロッパのことも考えた時に、人間は自然と対峙するものじゃなくて自然と一体になった中のものなんだという、そういう信念がずっと根っこのところにあったんじゃないでしょうか。

本当に自由な人だし、こだわらないし、自分が偉いだなんて一つも思っていないし、自立しているし、私は旅行にずっとお供させてもらいましたが、クレームを言われたことは一つもないですよ。笑い話ですけれど、もうだいぶお年になってスイスのバーデン[48]という温泉地で学会があった時、同級生で女医さんがいるから一緒に連れて行く。みんな心配するわけですが、逆に先生は女医さんの面倒をみているんです（笑）。明治の人にありがちだけど、齋藤幾久次郎[49]もそうですけど、人間としての、個としての完成度がすばらしい。人にお世話になるくらいなら行かない。どんな粗食でも文句は言わない。ペルーの山の中に行った時も、ひとことも文句は言わない。僕はそういう人間になりたいなと思いますし、それが出てきた風土というのは日本だけど、それは本当に国際的に評価されるわけですよ。そこが僕は日本人の自信だと思います。本当に日本人はもっと自信を持っていい。自信というのは何かと言うと、自己満足とか権利を振り回すとかいうことではなくて、本当に自分の原点に持っている良さみたいなものを大事にするというか、やは

❖48　**バーデン**［Baden］……スイス、チューリヒ近郊の温泉地。チューリヒから流れるリマット川沿いにある古都。硫黄泉で有名で、痛風やリウマチに効果があるとされている。古代ローマの歴史家タキトゥスによっても記述されているとおり、紀元前からその効能が知られている。主な鉱泉場はリマット川近くの旧市街北側に位置している。

❖49　**齋藤幾久次郎**［さいとうきくじろう、1914–］……中伊豆温泉病院名誉院長。温泉医学を専門とする。日本温泉療法医会会長。一九九二年より「健康と温泉ＦＯＲＵＭ実行委員会」会長を務めた。

り一つの心のよりどころにするということが大事なんじゃないでしょうか。

森▒　大島先生は大学者で、明治の気骨ある大人物。でもやはり、日本の伝統や日本の心というものを、たいへんピュアなかたちで持ちつつ世界に向き合っていた人で、そういう大島先生の考え方や学問観が温泉につながっていったというのがすごくよくわかります。まさしく温泉の現状を考える時に、個があまりにも消費にさらされる中で、温泉もまた消費し尽くす個の目線にさらされてしまっていて、私たちの底流に流れているさまざまな温泉の受容の仕方がなかなかとらえられない。そして同時に、認識としての温泉、個が拠って立つ基盤としての温泉をもなかなかとらえられなくて、ただただ一方的に消費されていく。そこでは学問も分断し、非常に細分化していく。そういう状況に陥っている温泉を、あの当時、大島先生が非常に広やかな視点で、個的なものとしてとらえていった中にフォーラムが立ち上がってきたということが、非常によくわかってきました。

それで、今度はもう少し「制度としての温泉」という、さきほど言ったパブリックなものを含めて、合田さんが大島先生との出会いの中で否応なく温泉というものに、それから健康という概念に出会っていった足取りを追ってみたいと思うのですが。

合田●　ちょっとそこで止まっていただきたいんですが、消費という言葉をよく使われていて、私もそれを感じてはいるんですけれども、消費型社会あるいは消費社会というものが今、一般的に産業として成り立っていますよね。原産地表示であるとか賞味期限であるとかということは当然出てくるし、輸送というものがあり、それがまた世の中を変えてきているわけですよね。ただ、その消費というコンセプトだけでは社会というものは成り立つものではないし、流通産業で成り立つものでもないと思うんです。

つまり、もっと大事なことは消費ではない概念を積み上げていくこと、つまり賞味期限ではない、原産地表示が必要ない、そういうコンセプトとは何かということを逆に考えていくことです。貝原益軒を含めて日本の「養《よう》」という概念、教養の養、養育の養、養生の養、もしくは栄養の養、休養・保養の養、それは消費型からは出てこない概念、日本人が持っている概念だと私は思います。ある意味では儒教、道教から入ってきている考えだと思いますけど、それだって輸入した考えを日本人はきちんととらえて、それが教養になったりと、原点ですよね、「養う」という。この概念がどこかに行ってしまっているんじゃないかと思います。だから、消費とまったく反対という意味で、時間軸というものをどうとらえていくかというのが大事なポイントだと思うんですよ。

僕はフォーラムのその後のあり方というものをもちろんお話ししないといけないんですが、結局、八〇年代後半から九〇年代にかけてという時期は、日本の社会もずいぶん変わったし、それこそ、『東北からの思考』[50]――地域の再生、日本の再生、そして新たなる協働へ』（入澤美時・森繁哉著、新泉社、

❖50 **『東北からの思考』**……森繁哉が編集者の入澤美時と山形県最上地方の隅々を歩きながら対談し、変わりゆく東北の姿を見つめ、過疎化や経済的疲弊、伝統文化の喪失など地域社会が抱える難題の処方箋を語り合う。

二〇〇八年）で言われていたように、流通の革命であるとか、家庭内の分業とかいろんな面で消費というものが前面に出てきているわけですよね、産業として。当然、それはそれでいいし、消費というものがどのような社会をつくっていくかという概念的なものがある。旅というものも消費の中に入れ込まれてしまったわけです。時間的な消費、体力的な消費、こういうふうに考えるような旅というものが商品化されたわけです。

森▒ 健康だってそうですよね。

合田◉ 旅行会社の人たちは消費型とか言って、どうやってこれを消費させようかとか、そういう発想しか出てきません。そこで、消費せずに養ってやっていくという逆転の発想がないわけですよ。だからもう、商品という概念でしか成長しないわけです。そこに逆の考え方、視点を持ち込むことによって、温泉というものへの評価がまた変わってくるはずです。そのための温泉なんですから。

もともとの温泉というのはそういうことなんですよね。身を浸し、養うことですよ。自分の力で自ら再生していくことですよ。ここが、消費のコンセプトからは決して出てこないというわけです。

一九八六年から出してきたフォーラムの記念誌にいろいろな周辺のことをずっと書いていますけれども、結局はそういう価値観をどう変えていくかということをテーマに、ある意味ではまちづくりのあり方、考え方、それから社会のあり方を提言してきたんじゃないかなと思うんです。

森▒　ただ一九八六年というと、まさしく日本の市民社会が消費構造の新たな段階に突入していくような時代、バブル経済の真っ最中ですよね。今、消費社会への反省とか、さまざまな問われ方がありますけれども、依然としてそうしたサイクルの中で温泉というものをとらえてしまわざるをえない。そしてこの圧倒的な流れに、それこそさきほど医学の学会の現状を言われたことに象徴されるようにですね、健康という概念も置かれてしまっている。

合田●　さきほども話に出たように、健康も消費なんですよね。そういう考え方じゃないものですよね、本来は……。

トータルな人間学としての温泉

森▒　そういうことを含めて、温泉はトータルに人間に向き合うものだという視線が大島先生の中にあったと思うんですよ。合田さんもたまたま偶然なのかもしれないけれど、温泉と健康というテーマに突き当たって、そこで大島先生という方との出会いがあって、そして温泉の周辺のさまざまな事情を巻き込みながらフォーラムがスタートしていった。ところが、最初のうちのフォーラムには旅館の人たちは出てこなかった、「なぜ、健康と温泉なの?」と。今さら温泉をそんなふうにとらえる必要があるのか、というような空気の中で、フォーラムを立ち上げていった頃のお話をもう少しお聞きしたいんですけれども。

さきほど申し上げたように、フォーラム記念誌第一号の大島先生の文章を私も読ませていただいているんですが、ほかにも非常に画期的ないろいろな論文が並んでいましたよね。つまり啓蒙活動としても立ち上がっていったんですか？　大島先生の中ではどういうことだったんでしょうか。

合田●　どこかターニングポイントにしたいという考えだったんですね。だから、一年目のテーマは「温泉と現代社会」でした。現代社会の中での温泉という、まずはそこから立ち上げようと。現在から温泉を考えてみようと。それで大島先生は最初に「文化としての温泉」という文章を書かれたわけなんですね。そこにもう一つ入れたいのが、❖51ウエルネスというコンセプトです。ウエルネスという言葉は、当時はほとんど使われていないです。カタカナ文字は好きではないですが、オーストラリアのグループの活動に共感できるものがあって、ウエルネスという考え方、つまりトータルに見るというコンセプトに行くわけです。今でこそ当たり前ですけれども、健康、社会、家族生活も含めて、そういったものが近代社会でこれから望まれる一つの指針になるんじゃないかと。そういうものも含めながら、やはり啓蒙、普及というか、考え方をみなさんにご理解いただきたい、発信していこうというのが趣旨だったんですよね。

　最初から大きな方針があったということで成功例みたいに言うつもりはないし、そうではなかったと思いますが、少なくとも最初の五年間のテーマは決めていました。一九八六年の「温泉と現代社会」に始まり、「温泉と環境」「温泉と社会制度」「温泉とリゾート開発」「温泉と健康づくり」。このシリーズが第一期です。その次からは、いわゆるまちづくりとか、そういう各論に入っていくんです。

森▒ 二五年前というと、年代から言えばつい最近ではあるわけですけれど、この二五年間の経過はたいへんなものですね。フォーラム立ち上げ時のテーマの中にあった温泉のとらえ方には、市民社会の中で温泉が制度としてどのように受容されればよいのかということが明確に出てきていたと思うんです。でも、その二五年間のもう一つの経過ですが、やはり非常に消費のリズムが早くなってですね、逆に温泉が分断されて見えなくなっているところもあります。フォーラムを立ち上げた当時、フォーラムを開催していく中で共感を示す賛同者は多かったんでしょうか。

合田● われわれもじつは賛同者のレスポンスというものをそこまで拾える余裕がなかった。正直に言って、なんらかのアクションを起こして賛同者をつくり、それをどうやるかというところまで、われわれは余裕がなかったんです。年一回のフォーラムは、こういうことを発信しないといけない、こういうことをみなさんに考えていただきたいというテーマで一生懸命、それぞれの人たちが一年間研究してそれを発表する場なわけですけれども、ある人に言わせると、ある意味で言いっぱなし、やりっぱなし、フォローなし、というのが一つの評価でもあるわけですね。全部

❖51 **ウエルネス**……米国の公衆衛生学者ハンベルト・L・ダン博士が提唱。肉体、メンタル、栄養、環境、人間関係のすべてが健康を維持していると考える。WHO憲章における健康の定義(Well-being)をさらに発展的に解釈し、提唱した考え方。一九六一年のダンの著作『高度なウエルネス』が初出。健康維持のためのライフスタイルと生活リズムを重視する。

のことをいいとか悪いとかは思いません。客観的に見るのが仕事だと思っているので、やはりやりっぱなしだったという反省も正直なところあります。鋭い質問なんですけど、じゃあそれをどうフォローしていくのかという戦略はなかったです。余裕がない。本来はそれを次の展開としてつなげていく計画、何かの仕組みがあったほうがよかったと思いますけれども、次年度は違うテーマでいきますから。

ただ一つだけ言えるのは、温泉というものはトータルに見て考えていかなきゃいけないんだという方向性があったことです。産業だけじゃない、まちづくりだけじゃない、医学だけではない、いろんな人が混じり合うことによって、つまり温泉を普通の社会文化の中で見ていく、そういう一つの視点が出てきたと思うんです。その意味では、賛同者というとおかしいですけど、そういうものはあったと思います。どんな人が来ているかということは統計を取るんですけれども、テーマによってやはりずいぶん振れてきます。ただし、完全にそれぞれの分野の人ばかりではない。つまり、おもしろいことに医学者もいれば、行政の人、産業の人、町の人たちもいるし、文化人もいるという、そういう場がフォーラムで明確になってきたのです。

森▒　そういう横のネットワークをつないでいたフォーラムの役割というのはたいへん大きいと私は思っています。専門分野とか学者の人たちが研究していくという場所ではなくてですね、さまざまな分野でさまざまな個によって自立的に活動していた人たちをつなぎ、トータルな人間学としての温泉を提示した。それから大島先生が言っていたように、文化としての、社会的な存在としての温泉というものをもう少し認識しなければいけない。そこには健康という概念もあり、保養という概念もあり、そして人間をきちんと底支えするものの存在として温泉があった。そういうもろもろをつないでいった役割として、やはりフォーラムの存在は非常に大きかったと思うんですよ。

合田◉ 森先生との出会いもそうじゃないですか？

森▒ そうですよね。私は行政にいましたからね。

合田◉ 大蔵村の教育委員会におられた時ですよね。普通だったら絶対ありえない出会いですよね。いつお会いしましたっけ、山形でフォーラムを開いた時？

森▒ そうそう、天童でやった時。論文出していたんですよ。

合田◉ 天童は一九九一年ですね。六回目のフォーラムです（「健康と温泉FORUM」一九九一年度「温泉とスポーツ・街づくり」山形県天童市）。あれは僕にとってみれば、一つのターニングポイントでもあったと思います。まちづくりという地域のことをとらえたフォーラム。つまり、旅館だけの問題ではなく、温泉街を中核とする中堅都市が衰退していく。いろんな行きづまりが出てきて、バブル経済が崩壊していく過程でお客さんがどんどん減っていって、その危機感というものがあるし、だけどそれに代わるべき概念のマーケットをとらえきれていない一つの地滑り的なもの。それが地域の危機としてあったんですよね。そういう時代をやはり反映しているところだったと思うんですけど。

地域づくりとドイツ詣で

森 一九九一年に「温泉と地域づくり」というコンセプトがもう出ていたということには非常に意味があると感じているのですが、一九八六年のフォーラムの立ち上げについてももう少し話をしておきたいと思います。「温泉と現代社会」とか、それこそさきほど言ったように、温泉が市民社会の中に制度としてきちんと取り沙汰されてくることをまさしくフォーラムは先取りしながら、さまざまなテーマをもってそこに関わっている人たちを横断的につなごうとした。そうした啓蒙性があったと思うんですけれども、その当時、温泉の側の認識はどうだったんでしょうか？ もちろん個人的なものとしては私もありますよ。温泉地の地域づくりというものにも関わっていましたし、そこでも論文を出していたものですから、そういう関わりはあるんですけれども、もう少しトータルに市民社会の中で、温泉は地域づくりをしなければいけないよ、という共通認識はどの程度共有されていたんですか。

合田 九一年ですよね。その前に準備をして一年間は研究しているわけですから、八〇年代後半にはすでに地域という意識を持ちながらやっていたことになります。だけど、その前の八六年、八七年、八八年という時代の中で、「フォーラム」と名づけたとおり、それぞれの分野でやっていったんではダメなんだということで、総合的に温泉というものを文化としてどう定着させていくかという問題意識でやっていたわけです。ですから、組織的にもある意味では大連合ですよ。つまりどういうことかと言うと、当時の理事を見ると、温泉科学会、温泉医学、温泉協会、旅館の代表、それから役所。要するに中央官庁と地方の県、市、温泉地、町。トータルに大連合で、それぞれのトップが全部入っているという状況が五年間続きました。それが前提だったんですよ。だから、フォーラムの名前でもある「温泉と健康づくり」（一九九〇年）というのが五年間の最後のテーマになったんです。そういう意味においては、われわれの最初のテーマはこれでいったん終わっているんですよ。そしてその後、より細分化したテーマとして、地域づくりの話が出てきているわけです。

森▒ それとですね、非常に象徴的なこととして、日本の行政がドイツ詣でをするようになったんですね。そのきっかけをフォーラムがつくっている。私は、それはたいへんに大事なことというか、今の日本の地域の温泉を考えた時に、とても外してはいけないテーマがそこに入っていると思うんです。行政の人たちはフォーラムのさまざまなテーマに触発されてですね、ドイツ詣でをしてドイツ仕様の温泉地をつくったり、ドイツ仕様のまちづくりをしたり、ドイツ仕様の環境哲学を学んだりして、それこそ笑い話じゃないけど「ドイツ村」ができるまで（笑）、ドイツ、ドイツと。ヨーロッパのある一カ所の自然観や死生観、知性というものが、伝統ということへの考慮なしにダイレクトに日本の社会にどーっと来てしまった。そうしたドイツ詣での水先をつくった当時のフォーラムの考え方や様子を、やはりお聞きしておきたいです。

合田◎ それは簡単なんですよ。当時、われわれも行っていましたからね。ロシアから始まって、後半はペルーとか、いわゆるキリスト教文化じゃないところに行ってみようとか、そういうチャレンジをするわけです。それまではヨーロッパだったわけですが、それはローマ文化を基本とするものです。なぜドイツを取り上げたかというと、ターニングポイントとしてちょうど地域づくりという大きなテーマがあったからです。街があるからということで、医療本体をやっているわけではないんです。もちろんそれもやりますけれど、これからは本体はやはりまちづくりで、旅館は旅館、病院は病院じゃなくて、トータルにそれを考えていこう、つまりクアオルトロジー（温泉保養地学）の延長線上に突き抜けるわけです。ドイツのバード[52]というクアオルト（保養地）の概念は明確なんです。ドイツのクアオルトって、何も温泉だけじゃないんです。空気のきれいなところで、いわゆるクナイプ療法[53]というもの、つまり一九世紀にクナイプ神父がやった熱いものと冷たいものの交互浴ですね。クナイプさんは自分の虚弱体質をそれで克服した。ドイツではクナイプ療法もちゃんと認められていて、クナイプのやり方をとるこれは保養地であると。空気がいいところのものはここでやって、山岳の高地のところのものも保養地。これはそれぞれ適応症があるから、それぞれ保養が決まるわけです。その中にバードという温泉保養地があって、とくに関節リウマチのような症状にやるわけですが、それにあわせたまちづくりをするわけです。

ドイツの温泉はクアハウス[54]、それから治療するものがクアミッテルハウス[55]。クアハウスというのは、日本で使われている言葉は違っていて、これはカジノがあったりレストランがあったり社交場なんです。その周りはクアパークという保養公園です。だいたい真ん中に川があって、遊歩道があって、その周りにクアホテル、クアペンションといった階級にあわせたアコモデーションがあり、その全体が条例で騒音規制、緑化規制、車の規制などがある。そして、さらにその周りにゴルフ場などのスポーツエリアがあるという形態です。機能分散型というんですけれども、完全な一つの保養地としての理想型のまちづくりだったんです。日本の温泉街というのは自然発生的にだいたい二キロから三キロくらいの範囲です。昔は関所があったんですが、旅館があって郵

❖52 **バード**……ドイツでは、クアオルトとして認定されると、地域名の頭に「バード・○○」と冠される。クアオルトと認定されるためには、自然環境や治療施設などはもちろん、地元産の食物の提供、騒音や公害がないこと、ゴミ処理やリサイクル、環境や街並みを阻害しない建築であることなど、地域全体の環境設備と品質確保が厳しい法律で決められた基準を満たす必要がある。

❖53 **クナイプ療法**……ドイツのカトリック司祭セバスチャン・クナイプ(1821–1897)が提唱した自然療法で、ドイツでは広く普及している。ドナウ川の冷たい水に短時間水浴することで結核を自ら治療したクナイプは、水と薬草の治療効果の研究に精力的に取り組み、「水」「植物(ハーブ)」「運動」「栄養」「規則正しい生活」の五つの要素を一体的(ホリスティック)にみなす生活構想を打ち立てた。ハーブから抽出したエッセンシャルオイルとフィトンチッドと呼ばれる植物が出す殺菌性の物質を含むバスソルトを使用する。

❖54 **クアハウス**……ドイツ語で「療養の家」を意味し、温泉を利用した療養、保養、健康増進施設を指す。カジノやレストランを備え、長期間滞在できる湯治施設として発達した。バーデン・バーデン(❖I–56)はリウマチ、カルロビ・バリー(❖III–21)は消化器と肝臓、バート・ナオハイム(❖I–57)は心臓といった具合に、温泉地の特徴にあわせて専門医がいるのが特徴。日本でも療養目的を主眼に置いた温泉施設に対して「クアハウス」の呼称が用いられるが、バブル期には数多く存在していたそれらは減少傾向にある。

❖55 **クアミッテルハウス**……「ミッテル」とはドイツ語で治療に使用する材料を指す。「クアハウス」は温泉地のカジノや劇場、コンサートホール、喫茶店なども含む概念であり、実際の温泉治療で使用する診療所、温泉浴室、吸入治療室、屋内プール、マッサージ室、電気治療室、サウナ、各種運動室など、ドイツの温泉の中核を占める施設を「クアミッテルハウス」と呼ぶ。

便局ができて町役場ができてとなって、公共スペースが全然ない、公園もない。要するに日本の場合、自然発生的なものなわけです。住民も住んでいながら、その中にぽつんぽつんと旅館がある。そこのところで限界を感じたから、やはり温泉地全体の都市計画が必要だということで大きなウエイトを占めたのがドイツだったわけです。わかりやすかったんですよ。

それでまた、「今度は[56]バーデン・バーデンだ」と。われわれも「バーデン・バーデンだ」「[57]バート・ナオハイムだ」と言って、見に行きました。やはり当時、一番日本人好みのところがバーデン・バー

クアハウス(バーデン・バーデン).

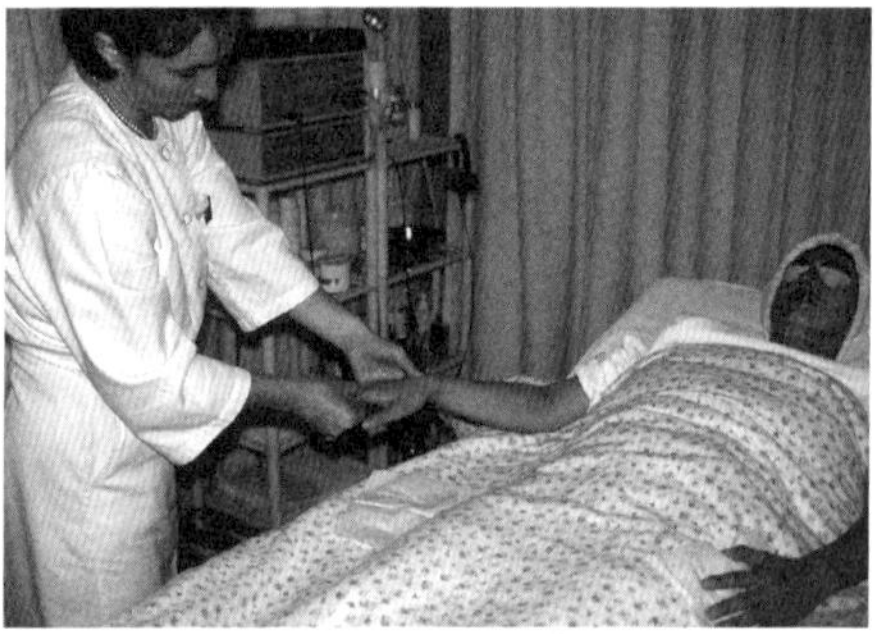
クアミッテルハウス内の治療室(バーデン・バーデン).

クアパーク(バーデン・バーデン).

デンだったんです。つまりは高級だった。ドイツにも当時いろいろあって、バーデン・バーデンというのは歴史的には単なるクアホテルなんですが、どちらかというと高級路線のいわゆるシャトー[58]という貴族のものがあるじゃないですか。療養地もいろいろあるんですから。そこが日本人好みなわけです。

森 なるほど。フォーラム記念誌を読んでいくと、ヨーロッパ型のエリア思考に基づいた温泉地計画、温泉地形成の論文がたくさんありますよね。

合田 ヨーロッパ型をつくろうということでバート・ナオハイム。バート・ナオハイムというのはものすごく地味なところで、鉄泉でいろいろ効能があるんです、心臓系、循環系で。周りは本当のヴィレッジみたいなかたちで、高級なシャトーがあるところではないです。

❖56 **バーデン・バーデン**[Baden-Baden]……ドイツのバーデン地方にある温泉地。バーデン・ヴュルテンベルク州とバーデン・バーデン市が折半出資する温泉保養局が保養地運営にあたっている。年間予算にはクアタックス収入のほか、カジノの収益金も含まれる。高級療養地としても有名で、ドイツ全土はもとよりヨーロッパを代表する温泉地である。ローマ時代には軍馬、兵士、皇帝のための三つの湯が存在し、王侯貴族や上流階級のための湯治場として発達した。「バーデン」は風呂、入浴の意味で、古代から入浴場があったことからこの地名となるが、「バーデンの湯に入る」という通称「**barden in Barden**」が短縮されて地名になった。

❖57 **バート・ナオハイム**[Bad Nauheim]……フランクフルト郊外、タウヌス山地の麓にあるドイツ最大の温泉。炭酸泉。一九世紀半ばにヘッセン州の大公が保養地として開発し、一般の人が気軽に利用できる温泉地として保養公園などが整備されてきた。治療施設は一九世紀からつくられ、シンボルである「噴泉」を中心に研究、治療、指導の機能が揃っている。森林に囲まれた温暖な地で、とりわけ心臓病、循環器系疾患、リウマチに効果がみられる。

❖58 **シャトー**……ヨーロッパ旧貴族層である荘園領主の館、王城。とりわけフランス語圏の田園地帯に建てられる王城を指す。近代以降も旧侯家に伝わる設備や技術を生かしてワイン醸造所や宿泊施設として活用され、ヨーロッパ上流階級の象徴としての意味合いを持つ。

森▒　大島先生はベルツ博士の思想も踏襲しながら、健康という概念を含めてですね、そこには理想郷のようなものを発見していたんですか？

合田●　理想郷は中[59]沢晃三さんの「中沢ヴィレッジ」です。なぜかというと、草津は和風旅館が湯畑[60]の前にあっただけでしょ。ところが、あそこから上のだいたい八〇〇メートル越えたところに草津高原がある。ベルツさんはここがいいと言ったんです。

森▒　外周のところですね。

草津温泉の湯畑.

「中沢ヴィレッジ」の温泉施設テルメテルメ.

テルメテルメの屋内プール.

合田◉　湯畑の周りは、昔の草津の図を見ると和風旅館、つまり昔の温泉宿があっただけなんですよ。そのまま自然に流れている温泉ですが、ベルツさんの考え方でいくとそれはやはり保養地ではないわけなんです。ちょっと上の高原、高度差でいくと四〇〇〜五〇〇メートルあるんですけど、標高一二〇〇〜一五〇〇メートルくらいのところに広大な自然がある。そこに新しくつくろうということになった。一つの課題は源泉から強酸性泉をどうやって運ぶのかということで、強酸性泉に強いモーター、ポンプをつくるという技術的な開発もした。それでやっと理想郷になった、日本で最初のクアオルトです。

❖59　**中沢晁三**［なかざわちょうぞう、1921–2004］……草津温泉の「ベルツの森」に一九六七年にオープンした総合クアパークリゾート「中沢ヴィレッジ」元社長（当時は副社長）。ドイツ視察のために訪れたウィースパーデンでペンションに宿泊し、帰国後に日本第一号のペンションを中沢ヴィレッジに建設した。草津温泉の森に囲まれた総合保養地（クアオルト）をつくるのはベルツ博士の夢でもあった。草津温泉協会会長、草津町観光協会会長、草津ベルツ協会会長などを歴任。郷土史家として、共編著『ベルツ博士と群馬の温泉』（上毛新聞社、一九九〇年）などを上梓している。なお、「中沢ヴィレッジ」は草津を代表する企業に成長し、バブル期には積極的な設備投資による拡大路線を続けたものの、バブル崩壊後に債務超過に陥り、二〇〇九年には民事再生法の適用を申請する事態に至った。

❖60　**湯畑**［ゆばたけ］……源泉の温度が高すぎる場合、湯畑に湯を溜めていったん適温まで冷ましてから配湯する。水で薄めず、そのままの濃度の温泉が楽しめる利点がある。湯畑からもうもうと湯気が立ち上る風景は温泉情緒を醸し出す役割も持っており、その性質上、そこが温泉のシンボルとなる。湯畑で沈殿した不溶性成分は「湯の花」といい、入浴剤などの用途で採取され、格好のお土産品として販売される。湧出量日本一の温泉である草津温泉は日本最大の湯畑を持っている。

保養地形成と温泉の商品化

森 私も民俗学の立場から、東北のリゾート形成の歴史を追っていたことがあるんですけども、花巻温泉[61]の整備に宮沢賢治[62]なんかも関わっているんですよね。当時、理想郷を形成しようという動きが日本人の中にあって、いわゆる市民社会が成熟していくその勃興期に保養という概念が社会の中に浸透してきて、そして保養地というものをつくっていく。その保養地はヨーロッパ型の理想の都市なんだと、パラダイスでもあると。花巻温泉の歴史を見てみるとですね、宮沢賢治だって理想の場所だからこそ花壇[63]設計をしていて、そこから生み出されている童話も多いんですよ。そういう意味で、市民社会が形成されていくプロセスの中にいわゆる理想郷としての温泉が入り込んでいるんですね。

さきほどの話のように、フォーラムやさまざまな人たちの触発を受け、日本の各地の人たちがドイツ詣でをして、いわゆるパラダイスという一つのイメージを投影し

大正末期，花巻温泉の屋外遊技場を走る小型電気自動車．
地元では「花巻温泉遊園地」として親しまれた．
宮沢賢治は奥に見える山の斜面に花壇を設計した．

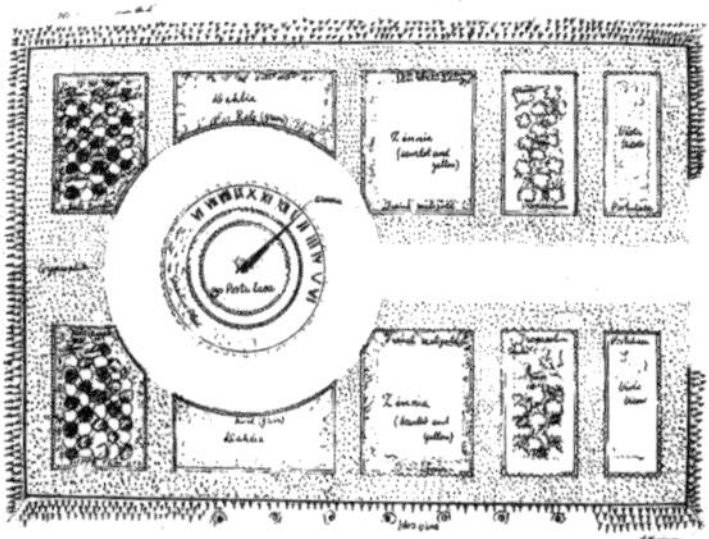
賢治本人による花巻温泉の日時計花壇の設計図.

花巻温泉に向かう軽便電車.

てそこに地域づくりをしようとした。これは一九八六年よりも後になるのか、そのへんもお聞きしたいんですけれども。それと、そういうことの中に、大島先生が人間の全体性をトータルに回復する理想の地が温泉なんだというイメージを描いておられたのかどうか。やはりそこは近代の検証として(笑)、どうしても合田さんに聞いておきたかったことの一つです。なぜドイツだったのかということを含めて。

❖61 **花巻温泉**［はなまきおんせん］……岩手県花巻市にある温泉郷。旅館を主軸とする花巻温泉郷と、豊沢川沿いに点在する湯治場（花巻南温泉郷とも呼ばれる）の二つの顔を持つ。花巻温泉は一九二三（大正一二）年、他の湯治場とはまったく異質の近代的な温泉リゾート地として、台《だい》温泉からの引湯で開湯。花巻電鉄を経営していた盛岡電気工業の一大プロジェクトとして開発された。

❖62 **宮沢賢治**［みやざわけんじ、1896–1933］……岩手県稗貫《ひえぬき》郡里川口村（現・花巻市）出身の詩人、童話作家、思想家。農学校教師、農業技師として農民生活の向上に尽くすかたわら、東北の自然と生活を題材にした多くの詩や童話を残した。郷土を深く愛し、作品中にくり返し登場する架空の理想郷の名「イーハトーブ」（❖V–20）は、岩手県を語源に命名されたものとみられている。童話「風の又三郎」「銀河鉄道の夜」、メモ「雨ニモマケズ」などが著名であるが、その評価は没後に高まったものであり、生前に刊行された作品は詩集『春と修羅』、童話集『注文の多い料理店』（❖V–23）のみであった。教え子が花巻温泉に勤務していた関係もあり、荒れ地を開墾したばかりの同温泉の土壌改良や樹木の植栽、花壇の設計にも関わった。

❖63 **花壇の設計**……大正期にオープンした花巻温泉は、盛岡電気工業が開発計画を担い、電気の設備はもちろん、植物園、プール、電気鉄道などを備え、当時としては異例の先進性を備えていた。ユートピア思想に刺激されていた宮沢賢治も日時計を備えた花壇を設計し、整備計画に積極的に関わっていた。

カラカラテルメ（バーデン・バーデン）.

フリードリッヒ浴場（バーデン・バーデン）.

合田◎　後の反省事項も含めてですが、そこに光を当てたということは私たちの貢献だったかもしれない。ドイツのバーデン・バーデンに行かないと温泉地の人が勉強[64]にならないとか。当時はカラカラテルメというものはまだなくて、[65]フリードリッヒ浴場といういわゆる古代ローマ式の回遊型のものがあったわけです。あくまでも療養型で長期滞在をするという考え方です。ところが、日本の温泉をドイツ人が見て、カラカラテルメをつくった。交流がありますから。

森▒　そうなんですか。

合田◎　日帰りで観光客がやってきて、風呂に入るなんてことはありえないですよ、ドイツでは。だから、日本の日帰り温泉を見て、しかも露天風呂なんかも見て、すばらしいなということでつくったのがカラカラテルメなんです。

森▒ なるほど。

合田● それもオープンプール[66]でしょう。水着を着るものも、上は着ないのもありますけど、それを日本人が見て、「これはいい！」と言って導入するわけですよ。「カラカラがいい、カラカラをつくろう」と。だから、われわれがフォローできなかったところで、交流の結果としてそういう日本の文化をまた持ってきたのです。

「テルメ」[67]という言葉を日本に導入したのはフォーラムなんです。ラテン語の「熱」です。テルマ[68]リズムから取っている。それは何かと言うと、ドイツの人たちが日本の温泉に感銘を受けて、露天風呂を含めたかたちで和風につくったところがあるわけです。向こうにとってみれば、ちょっ

❖64 **カラカラテルメ**……一九八五年、ドイツのバーデン・バーデンにオープンした巨大温泉施設。広大な建物の外観はガラス張りで、ヨーロッパ最大の浴槽面積を持つ温泉プール、流水プール、ジェット水流、ジャグジー風呂、ハーブ吸入浴場、温水と冷水の人工滝(打たせ湯)や洞窟、ワールプール(渦流浴槽)、多種類のサウナ、日焼けサロンなどを配置している。療養目的のフリードリッヒ浴場とは対照的に娯楽的要素を前面に押し出し、バーデン・バーデンのシンボル的存在の温泉施設となった。名称は、古代ローマの時代にカラカラ帝が建設した大社交場「カラカラ浴場」(❖Ⅳ-13)に由来している。男女混浴だが、入浴時には水着の着用が必要。

❖65 **フリードリッヒ浴場**……バーデン・バーデンにある、一八七七年完成の本格的なローマ・アイリッシュ様式の浴場施設。バーデン・バーデンの温泉水を用いた灌水浴や熱蒸気浴、体操浴などを指定の順路でたどっていく。当時の最新の温泉療法を取り入れた集約的な温泉療養施設であり、古代ローマ人の湯治文化とアイルランドの伝統が融合する個性的な浴場で、ヨーロッパ屈指の豪華さを誇り、バーデン・バーデンの名物となっている。

❖66 **オープンプール**……屋外に設けられたプール、浴槽。ここでは露天風呂のこと。

健康と温泉FORUM実行委員会が
発行していた雑誌「Therme（テルメ）」.
一般向けの健康と温泉の手引書として，
1988年から1990年にかけて4号まで刊行された.

モンティカティーニ（イタリア）の飲泉施設.

とエキゾチックな感じがするものです。ところが、それとそっくりに日本でもつくったわけです。日本人も慣れていなかったということと、諸外国のもので形から見るものはやはり入りやすいでしょう。制度も何も整理しないままに「これ、いいよ」って取り入れて、それが席捲するんです。

森 ですから、さきほどフォーラムの啓蒙性ということを聞きたかったのはそこなんですけれども、受け入れるほうも、ある危機感を持っていたんじゃないかと思うんですよね。伝統的な温泉と言うけれども、ただ湯に浸かって「いいな」ということ、それが伝統として続いていることはよくわかるものの、近代の市民社会が熟成していく中では、それだけでは立ちいかない。温泉というものを概念として取り出して「制度としての温泉」というように、それこそさきほどから言っているテーマである「個としての温泉」のようなものも取り上げていかないと、温泉をなかなかトータルにとらえられないんじゃないか、と。そこで、大島先生も含めたヨーロッパの温泉の保養という概念を持った人たちの導きも含めて、光を得るようにしてですね、そこにモデルを見いだしたんじゃないかという思いがあるんです。それでドイツ詣でが行われていたりした。私はそこのところをもう少しきちんと検証しないといけないと思っています。

自分たちが日常的に関係している温泉はなぜつくられなければいけなかったのか。温泉を観光としなくてはいけなかったのか。もっと別なかたちで日本社会に浸透する保養地を形成しなければならなかったのではないか。温泉を広く知らしめていく方法にもっと日本型のスタイルがありえなかったのかどうか。そこのところを聞いておきたいんです。

合田◍ 市民の動きではなくて、いわゆる観光業者の動きがあって、つまり温泉地がだんだん違うものへと乖離していきますから、どうもおかしいということになりますよね。当時いわれていた

❖67 **テルメ**……古代ローマの時代から、公衆浴場の意で用いられている語。古代ローマのテルメは、やがて庶民向けの大衆浴場と分化していき、貴族や軍人階級の社交場として発展していった。施設は大型化し、温泉入浴のシステム化が始まった。

❖68 **テルマリズム**……フランス語で鉱泉を利用した療法、すなわち「鉱泉治療」を指す。フランスでは、鉱泉のミネラルウォーターを飲用に処方することを含めて病気治療を行う医療施設「テルマリズム・センター」が国内に百カ所以上ある。専門医のカウンセリングのもと、特殊な浴槽による水治療、プールでのエクササイズ、マッサージ、食事療法などを組み合せて病気治療を行っており、健康保険が適用される。

のは、いわゆる風俗店規制の問題で、温泉地が遊行歓楽の場となることで住民の人たちとの摩擦が当然、潜在的に出てくると。そうすると行政はそれをなんとかしないといけない。そういう方向で、どんなふうにまちづくりをしていくのかという、これは国の方針もあった。補助金の問題もありますので。それで、ドイツへ見に行ったのは主に観光業者と旅館の人たちと行政なわけですよ。だから、あくまでも旅館というものにどう反映していくかという視点でしかありえなかったわけです。それゆえ、保養という概念はそこにはないんです。その結果、サービスをいかに付加していくかとかいう視点で出てきたのが、遊歩道をつくりましょうとか、あるいは公園を使うといったことですが、基本はあくまでも旅館街の再生だったわけです。

ところが、旅館そのものはどういうことになったかというと、これも違うベクトルがあって、当時どんどん大型化していったわけですよね。大型化とはどういうことかというと、外に出さない、全部その中で完結する小ワールドをつくる。いわゆるショッピングモールなんかも含めて全部、中につくっちゃうんですよ。街に出るわけがない。そこの相矛盾するベクトルが同時並行的に出てきたのです。しかも駐車場が足らないからといって、川を埋め立てて駐車場にしたりして、窓から見る景観は台無しになる。

われわれは初めに保養地という概念を提言したのだけれども、そこまで伝わらなくて、自分の都合のいいものを切り取って、それを自分の町でできる範囲のものをやったんだということなんです。具体的な地名は挙げませんが、それをやったところは今、全部ダメになってしまっています。有名になったら成功例うんぬんと言いますけれども、今人気の温泉地でも関係者の努力はたいへんなもので、民意を一本化しベクトルを統一したところからスタートしている。最初から高尚な理念とかあるべき田園構想があったわけではなく、後づけなんです。

森▒ 現実的に、本音としてそうした性急さがあったと思います。ですから今の温泉地の状況を考えた時に、保養地形成の功罪をもう一度反省してみないといけないと思うんです。同時にですね、伝統的な地域社会の温泉受容の仕方というものと、ヨーロッパ型の地域をつくるという温泉保養地形成とが非常にごちゃ混ぜになってしまっていて、これは言葉が悪いですけれども、いびつなかたちで部分的に文化の衝突のようなものができて、融合しつつも融合できないものが至るところに出てきたと思うんですよ。ましてや時代はバブルの絶頂期ですから、行政はどんどん地域再生のために温泉保養地に膨大な予算を投入していったわけですよね。至るところで地域づくりの一つの切り札として温泉が登場していき、保養も含めたリゾート地の形成を促すリゾート法[69]が整備されるようなところまで行きつくようになる。

❖69 **リゾート法**……正式名称は「総合保養地域整備法」。内需拡大政策を背景にバブル期の一九八七年に制定され、弾力的な開発許可、税制上の支援、政府系金融機関の融資などの優遇措置を与えて大型リゾート施設の建設を促進した。その結果、地域振興に悩むほとんどの道府県が名乗りを上げ、開発構想の策定を競い合い、銀行の思惑も相まってリゾートバブルの誘因となった。「宮崎・日南海岸リゾート構想(シーガイア)」(宮崎市など八市町)、「三重サンベルトゾーン構想」(三重県伊勢市など二三市町村)、「会津フレッシュリゾート構想」(福島県会津若松市など八市町村)が代表的。法成立当初より環境面などからの批判があったが、バブル崩壊後の計画の破綻や運営の行きづまりなど、バブル期のリゾート開発は地域社会に大きな禍根を残すこととなった。

そしてバブル期を経て、日本人の中にずっと受容されてきた温泉が置き去りにされていって、「消費としての温泉」がどんどんどんと……。

合田● 変貌したんですよ。置き去りじゃなくて、温泉そのものがいわゆる商品に、あって当たり前の商品になってしまった。だからそれをどうしようとかは関係ないんですね。商品のアセンブリー（組み立て）なんですよ。それはまさに、旅行会社が進めている消費型の旅という考え方のちょうどいい受け皿としての温泉地がリターンで、都合がよかったし、そういうふうに変貌していったわけです。

温泉自体はなんにも変わらないんだけれども、ところが塩素（消毒剤）をいっぱい入れる時代になるでしょう。そうすると循環[70]ができると。するとまた今度は、やっぱり源泉掛け流し[71]がいいという話になる。ところがその功罪もあるわけですよね。「塩素臭いし、これは本当の温泉か？」「本物か？　偽物か？」みたいなそんな話になってくるわけです。そこは本当はそんな話じゃないんですよね。

まず一つ言えることは、歴史を正直に一つひとつ見ていったら、みんな場当たり的なんです。保養地の概念にもはや、人間再生の場としての本当の環境づくり、命の再生の場としての温泉地という考え方がないわけですよ。住民にとってみれば、観光客が来ればそれで別にいいわけですから、コンビニエントなものを設計していく。都会から来る人は大きな旅館に行けばそれですむわけです。旅館の外に出ないから、いわゆる異次元のものですね。それを体現するために、露天風呂ブームの時に旅行会社がいっせいに露天風呂をつくったわけですよ。単価が上がるから、大風呂ではお金を取れないから。そういう設備産業的なものになってしまうわけです。そこに温泉の質は関係ないんです。時代背景としてはそういう流れがずーっと続くということですよね。ということは、塩素を入れていると二泊ぐらいしたら肌がボロボロになりますから、滞在とか長期とか、二泊、三泊ゆっくりしますよという温泉の本質的なことができないんですよね。それが問題になっていないことが現実なんですよ。もしも、私が湯治しますということで一般旅館に入っ

❖70 **循環風呂**……浴槽からあふれ出た湯を槽(ピット)に貯め、循環させて濾過し、塩素系の薬剤を入れて殺菌した後、再び浴槽に戻す給湯・排水方法。高度経済成長期に温泉地が観光地化し、実際の供給湯量に限りがある中で温泉利用の急激な量的拡大に対応するため、全国各地の観光型温泉地が循環式を取り入れざるをえなくなった。現在、約三千ある日本の温泉地のうち、温泉地全体で集中配湯管理方式(循環濾過方式)を採用しているのは約一一〇カ所と全体の三・七パーセントにすぎないが、熱海、草津、白浜、道後、修善寺、下呂、伊香保、城崎などの有名温泉地はほとんどこの方式である。集中配湯管理・循環式の採用によって大浴場や貸切露天風呂、二四時間入浴など、施設の充実を望むレジャー・ニーズに応える一方、源泉資源が枯渇しないよう保護できるようになり、また浴槽の汚濁や衛生管理の問題も格段に改善された。二〇〇〇年代に入って以降、レジオネラ菌問題や温泉偽装問題が巷間取り沙汰されるようになった結果、「源泉掛け流し」が注目され、循環風呂はその対極の〝偽物〟であるかのように誤解される傾向にあるが、いわゆる「偽温泉」とは温泉がまったく入っていない水道水や井戸水を加温し、温泉と偽っているものを指す。

❖71 **源泉掛け流し**「げんせんかけながし」……二〇〇〇年代に入ってから瞬く間に人口に膾炙した造語。浴槽からあふれ出た湯を循環させずに排水する「掛け流し」の中で、加水・加温ともに行わないものが「源泉掛け流し」とされる。源泉湧出量が豊富であるか、あるいは湯量に見合った小さな浴槽であるかのどちらかである。一般的には、湯温調整目的の加水・加温は「源泉掛け流し」に含まれる。

て一週間いたら、本当に肌がボロボロですよ。「えーっ！」というくらいにボロボロになって、クリームを塗るか梅の花を塗るかするくらいに本当にたいへんなことになるんです。それが問題化しないということは、つまり誰もそんなことはしていないんです。そういうふうに温泉に浸かっていないからですよ。時間というものを二四時間単位で消費しちゃっているという考え方なんです。

森▒　そうなんですよね……。まさしくそこまでに来ちゃっているんですよね。

II 温泉地の現在

昭和初期の長湯温泉（大分県竹田市）．
飲泉しながら「がに湯」に浸かる村人．
（提供：長湯温泉観光協会）

ツーリズムと温泉地

森　ドイツ型の保養地という考え方が日本の行政や地域に関わる人たちの中に出てきて、ドイツ型の保養地、ドイツ型の景観、ドイツ型のまちづくりをしようというドイツ詣でがさかんに行われていたというところまでお話ししたのですが、それは伝統的な日本の温泉地が「制度としての温泉」にどうたどり着いていくか、市民社会にどう浸透していくか、もう一つの温泉受容史だったと思います。そしてその受容は、バブル絶頂期にあって温泉が分断され、専門性に回収されるようになってしまったんですけれども、合田さんの目から見て、そういう兆候は当時あったと思われますか？

要するに、社会が消費社会に突入していくと同時に、温泉そのものも大島先生や合田さんが思い描いてきた総合的な温泉というものになかなか結びつかなかった、その時代の進むスピードもやはりあったと思うんですね。そのあたり、渦中にいてどういうことを思っていたんですか。

合田　同時並行的に国民保養温泉地[1]という動きがあって、温泉法[2]などの流れの中で、一部からドイツ、欧米型の保養地をつくらなければならないという話が出てきたわけです。これは、国立公園や国定公園を指定する自然公園法などでの自然環境の保護というものも含めながら変わってきたわけなんですが、その中で国民保養温泉地という指定をする。指定にあたっては、景観整備、保養に関する専門のドクターがいること、災害から安全なこと、豊富で良質の温泉があることといった項目があるんですけれど、まさに紙に書いたものになってしまう。しかしながら、そういうものを志向した時代だったんですね、逆に強制的に。ところが、たとえば温泉療法医がいないといけないというものではなくて、顧問医がいないといけないということなんです。顧問医とは何かというと、温泉療法を知らなくても内科医とか歯科医とかお医者さんが一人いれば、「この人が顧問医だ」と言えばそうなっちゃうという、そういういわゆるザル法的なところがある。今でもそうなんです。そして、良識あるところは温泉療法医を探すんですけれども、それが八〇キロくらい離れているところの顧問医だったりする。具体的に形だけ間に合うとしても、中にはそ

❖1　**国民保養温泉地**……温泉法に基づき、温泉の効果が十分期待される健全な温泉地として環境省(旧・環境庁)が指定した温泉地のこと。源泉の効能の高さと湧出量・湧出温度、温泉地としての健全性と景観、保養地としての環境、温泉を利用した医療設備とスタッフの充実、交通の便、災害に対する安全性などの条件をクリアする必要がある。一九八一年からは指定された温泉地の中からとりわけ保健的利用を促進可能な温泉地を「国民保健温泉地」として追加指定するようになり、一九九三年からは自然環境にすぐれた温泉地を「ふれあい・やすらぎ温泉地」に追加指定している。

❖2　**温泉法**……一九四八年制定。温泉の保護と災害を防止するために掘削や利用の許可、温泉成分等の表示などを規定している法律。高度経済成長からバブル崩壊と、その時代におけるニーズはさまざまに変化したはずであるが、戦後五〇年にわたり大きな改正はなかった。ちなみに一九七三年から二〇〇二年までの三〇年間で温泉の新規掘削申請は合計二万二八六八件、そのうち不許可は一五五件、じつに九九・三パーセントが許可されており、さらにその温泉の浴用利用申請は五万七三二八件で、不許可は三〇年間で一件たりともなかった。二〇〇七年の改正では、温泉偽装問題への対応として一〇年以内ごとの温泉成分の分析が義務づけられたほか、東京都渋谷区のスパリゾート施設の爆発事故を受けて土地の掘削等に係る許可基準の見直し、温泉の採取に係る許可制度の創設などの措置がとられた。

ういう問題点がいくつかあるわけですよ。また、国民保養温泉地という指定をしますが、歓楽型の施設があったりして、中には女体盛りをしているところまで混在してしまうわけです。それ全体を国民保養温泉地としているわけですよ。たとえば鳴子[3]は温泉郷全体で国民保養温泉地として指定されているんですよね。それは、そういう法的整備も十分なされていなかった、形だけだったということが、ものすごく大きいと思います。それに対してやはり是正すべきだった、法的な改正を求めていくべきだったと思うんですよ。国会審議を見ても、そういうことまでやろうという動きはあったんですが、ただそれが形式的に、全部骨抜きにされてしまった。

森　そうですね、形骸化していった。

合田　そういうことすら見逃すという社会現象が起こるのは、携わっている人たちの成熟度、本気度、問題の順番の置き方が、やはりまだまだ甘かったということでしょう。

森　非常に難しい問題ですよね。成熟度、本気度、まったくそのとおりなんですけれども、そこには合田さんも立ち会っている日本の伝統的な温泉への向き合い方も加わります。単に湯に入るとか温泉地をどうするとかといったことだけでなく、死生観などを含めた伝統性のようなものがどういうかたちできちんと本質化されていくかということに、なかなかたどり着かなかった。

合田　そうですね。法的なところを整備するイメージはあるんだけれども、実際の国の取り組みもそう。それを動かすリーダーシップを取った政治家もそう。それから国民の意識が、あくまでも国がやってくれたものをわれわれはなんとなく享受する、という立場にすぎない。「冗談じゃ

鉄道開通後の鳴子温泉名所図.

ない、温泉療法医がちゃんといないといけないでしょ」という声が、やはり最終的に政治や行政を動かしていくという西洋型の市民社会のあり方に、日本は慣れていないというか未熟です。未熟というのはちょっとおかしいですが、なぜそうなるのかと言うと、たとえば政治家一人にしても、温泉地から出る政治家は旅館のおやじさんなわけですよ。だから旅館の発想になる。つまり、どう

鳴子温泉は泉質と効能の良い湯治場として古くから栄えたが,
鳴子こけしも全国的に知られる.

❖3 **鳴子温泉**［なるこおんせん］……宮城県最北部の大崎市にある温泉地。泉質が多岐にわたり、日本の温泉の泉質一一種のうち九つがある。珍しい湯も多く、古くから湯治場として栄えた。温泉研究家の郡司勇は「西の横綱が別府なら東の横綱は鳴子」と評している。鳴子温泉はじめ東鳴子（❖V−2）、川渡《かわたび》、中山平、鬼首《おにこうべ》の五つの温泉で構成される鳴子温泉郷は東北最大の湯治場である。鳴子こけしは全国的にも有名。

いうことかと言うと、バリバリの受け手意識。一泊二日でシーツ裏返して、食事は海苔《のり》もこんなぺらっとしたものがプラスチックに入っていて、卵が置いてあって、ちょっと炙《あぶ》っただけのおかずで終わりの、前の日から用意してあるような朝食じゃないですか。毎日同じ料理で、誰も注文を聞かない、どこも同じ料理。そういう問題意識を持っていない旅館のオーナーが県会議員になり、国会議員になっていくわけでしょう。そういう人たちの意識の中に、自分たちのこの温泉地というものはやはり保養地なんだ、命を再生するための原点だ、という志向性があるかと言えば、なかった。そういうリーダーがいなかった、そういう本がなかった。

今、僕らがつくろうとしているこの本は、本当ならば一〇年、二〇年前に「これを読むように」と言えたはずです。だからこの本だっておそらく二〇年前にはできないんですよ。私たちが出会った時にそういう発想がありましたか？　やはり、ないんですよ。

森▒　なかなかそこまではいかなかったですよね。ツーリズムが社会の中にどんどん浸透し、時代の流れは一泊型の温泉、いわゆる歓楽性に一挙に向いていった。観光と名づけられた民族移動が、社会の中にすごいかたちで浸透していくわけでしょう。そうした時、温泉地の対応も、もう目先のお客さんをどうやって入れるか、どう処理していくかというところにどんどん歯車が回っていったわけですよね。「文化としての温泉」「人間の全体性を見つめる温泉」という視点はほとんどぶっ飛んでしまった。誰もそんなことは考えなかった。毎日とにかく回転することだけに精力を費やしたということが、現実的に日本のツーリズムの流れの中に発生してしまった。

観光という大切な文化装置を取り戻すためにも、そのへんのことをやはり一度検証しておきたいと思うんです。合田さんはフォーラムの活動をやりながら、日本の高度経済成長期にたいへん大きなうねりをもっていた日本の近代のツーリズムへの志向をどういうふうにとらえていたんですか。

合田●話がちょっと違うかもしれませんが、真面目な旅館ほど自殺者が多いというか……。変な話だけど、こんな話が話題にならないこと自体がおかしいんですけれども、本当に良心ある人たちが、そういうことではダメだということで一生懸命やってこられた。ただし当時、温泉旅館というのは大規模に変わりましたよね。これは社会のニーズがそうだったからですが、一〇部屋ぐらいじゃ話にならない、やっぱり最低五〇部屋、七〇部屋、八〇部屋くらいはないと効率が悪いし、団体を受けられない。大部屋は一〇〇人収容の宴会場でないと相手にされないという時代だったですよね。それは高度成長期以来、団体バスでどーんと来るというかたちが主流になったわけです。社会の風潮もあった。だけど、それをやるためには旅館は長期金利で借りるわけです。サービス業というのは設備産業ですからある程度はそれでもいいんですが、返済は三〇年、四〇年、五〇年くらい。ただ資産もあるし、それがなくとも土地はあるし、抵当権は十分設定できるからということで、どんどんどんどん建っていったんですよね。

ところがバブル崩壊以後、金融緩和というか、アメリカの金融政策と日本の銀行の貸し出しの基準が変わったわけですよ。そうなると一律ですよ、旅館も中小企業も工場も全部、これを何年で回収するのかということが銀行の使命になって、不良債権の処理はある程度やったとしても、負債の回収がだんだん早まったわけです。三〇年だったところを、たとえば一〇年で返してくれと、こうなるわけですね。それは法律的にそうなっている。ところが、旅館というのは一〇年で返すような資金繰りにはなっていないわけです。ましてや団体利用が落ちている時に、長期金利である程度返していきながら回していくというのが設備産業のありようなのに、それをリターン率どれくらいで五年で完済してくださいよという効率だけの政策で、銀行のありようが変わった。そのように変えていけなかった銀行は潰れる、あるいは吸収されていく。とくに地方銀行なんかはそうです。いわゆるアンノウン(unknown)という分野のところで地方の企業のサポート役に徹していた地銀ほど、そういうのりしろは大きいわけですよ。最終的には担保があるから、しかも地元の名士が多いから、ある程度は融通がきいていた。それがころっと変わって軒並み五年で回収となったら、それは潰れますよ。

森▒　それが現実だなあ……。

合田●　でも、一生懸命やっていた旅館のオーナーほど首つってしまったとか、そういう電話がかかってきてびっくりすることが多いわけです。真面目な人ほど。その人たちはみんなリーダーだったんですよ。それが夏祭りの準備も全部終わった後、はっと次の日の朝、首つっていたということがあって……。これはなんと表現していいものか、ご質問とはちょっと外れていますけれど、要するにツーリズムというものが旅館に濃縮されて現れてきた時には、ものすごい全体的な社会現象の一つなんだと。大きな波が全部、一軒のところに押し寄せてくる、という……。

森　そうですね、まったくそうですね。

合田　こういうことが、ある時代に、といってもごく最近ですよね、構造的に起こったということですよ。そこがポイントなんです。ですから、それは何も旅館だけではないんですよ。いろいろな金融の問題とか銀行の考え方そのもの。たとえばＩＴとか資産を持たないところで投資をして、どれだったら貸す、貸さないということで、もうある意味でゲーム性をもってきているわけですよね。以前だったら、土地はあるし名家だからある程度お金を貸してということで、建物を新しくして、だいたいどのくらい収容してどれくらいの減価償却を受けて返せるということで三〇年くらいでやるじゃないですか。それを五年、一〇年でやるのがもともと無理なんです。そういうことがわかっていながら、やった。

それでダメだから、今度は地域全体の地域再生法[4]というのをやりましょうと。つまり一軒二軒じゃダメだから、みんなまとめて潰してしまえと。そうすると経営権と資産は別々にして、三軒

[4] **地域再生法**……二〇〇五年施行。同法に基づいて地方公共団体が自主的に作成する「地域再生計画」を、国が地域再生基本方針に則って認定し、課税の特例、地域再生基盤強化交付金の交付、補助対象施設の転用手続きの簡素化・迅速化の三特例措置を講じ、地域の創意工夫を生かした地域経済の活性化、雇用機会の創出など、「地域の活力の再生」による「地域再生」を図ろうとする。地域再生事業を行う民間企業への投資に税制上の優遇措置（投資額控除、損失繰延、譲渡益圧縮）を講じ、民間資金を誘導することによって「民間の力による地域再生」を促進することが基本スキームとなっている。

は全部自分のものではないよということにして、一つ会社をつくってそこが長期金利の免除をいくらかして、そして経営は優秀なやりたい人が経営していくという、いわゆる家族経営からの脱却ということがさかんに叫ばれたわけでしょう。それは実態では動いていないわけです。

もしくはもっと言うならば、温泉地そのものがまとまっていないと、だいたいは破産するじゃないですか。すると競売にかかる。地元の人は買わないですね。そしてどうなるかというと、たとえばパチンコ屋の経営者とか余裕資金があるところ、もしくは回収率が高いところが買い叩くわけです。二〇億でやっていたのが、たとえば二億とか一億くらいで買う。そうすると料金も五八〇〇円とかになる。組合にも入らない。バスでどーんと客を運んできて、次から次へと流す。しかもチェックアウトは九時半で、バスが出るのが一一時半。その二時間、ロビーでお買い物をさせる。そういうものが今、全国にいっぱいあるじゃないですか。今度はそれによって旅館組合全体の調和が取れなくなる。全体でお祭りをしましょう、全体でこうしましょうという判断ができない。それが現実なんですよ。

森▒　まだ引きずっていますよね。

合田●　何が言いたいかというと、ツーリズムとはいったい何なのかと。旅行会社や研究所、あるいはシンクタンクが、「ヘルス・ツーリズムだ」「着地型だ」などと言っているけれども、現実的に温泉地から見た場合には、社会全体の縮図がどんと押し寄せてものすごい波動になり、個人に押し寄せている。それは結局、温泉地のあり方そのものを脅かしているというのが今の現実じゃないですか。

森▒　私もさっきから「個としての温泉」と言っているのはそこなんです。時代の状況を含めてですね、時代の持っているさまざまな病理的なものが全部、一軒の旅館に、温泉経営に被さってきてしまっているわけです。だから、地域としての共同歩調が取れなくなってきている状況が生まれてしまっているんですね。そして国は観光地に対し、リゾート法を含めてとにかく移動人口の増加を促すための政策をどんどん打ち出していった。温泉はその最も格好の標的でもあったわけです。バブル経済を含めたそうしたうねりが、温泉地をすっかり変えてしまいましたよね。その渦中にあって、「伝統的な」とか言ってみたところでどう転換していけたのか……。旅館の形態を変えたり、一泊型の温泉の波に乗っていこうとしていかざるをえなかったというところが温泉地の隘路でしたね。

シャッターが目につくJR新庄駅前の商店街．
『東北からの思考』での歩きながらの対談は，ここから始まった．

合田▒　宿命ですよね。家族経営という一つのかたちもありますよ。でも、家族経営している業種は他にもいっぱいあるじゃないですか。先生の著書『東北からの思考』にもあったように、地元の商店街がバタバタ潰れてシャッター通りになっているというのも一つの時代の考え方でしょう。コンビニができて、もしくは郊外型の大きなスーパーができて。これは利用者からみれば、そっちのほうが新しいし、安いし、食事もとれるし、子どもを遊ばせられるし、歯医者さんもあるし全部あるわけで、とうてい太刀打ちできないですよ。そういうものから考えれば。だけど、地元の商店の役割はいったい何なのかというところで努力しなかったのも事実ですよね。コンビニなんかは場合によっては地元の人の鞍替えですよね。フランチャイズだから。それに乗った人もいるけど、乗れていない人もいる。でも全然、自分のことしか考えないわけでしょう。大企業はそこのところ甘くないから。

森 そこはとても大事な視点ですよね。

温泉地の陥没

合田 それからもう一つ、この先の二五年のことを考えると、温泉地の一つのムーブメントは老人ホームですね。どういうことかというと、これは[5]山中温泉でもそうなんですが、三二軒ある昔の旅館のうちの二軒が老人ホームになっているんですよ。これがまた売りがいいんです。温泉があります、地方だから安い、空気もいいです、環境もいいです、と。この旅館は営業しているのかな、静かだなあと思って、裏から見てみると民間の老人ホームなんですね。[6]熱海なんかをちょっと調べても、ものすごい数ですよ、今。要するに、潰れた老舗旅館がどうなっているかというと、老人福祉施設といわれるところが多いです。

その前には、いわゆるリゾートマンションができたじゃないですか。ゴミだけ捨てて帰るという反発がありましたが、それも誰も使わなくなったでしょう。それもダメで、今度は老人ホーム。まさに旅館が改装されて老人ホームになっています。今、温泉地が向かっているこの方向も、いったいどうなんだと。これからもっと増えていきます。これは現在進行中の話です。

森▒　いやあ、本当にそのとおりですね。

合田●　これは、この本の主旨かどうかはわからないですけれど、現実に今、温泉地が変貌してい

❖**5　山中温泉**「やまなかおんせん」……石川県加賀市にある加賀温泉郷の温泉の一つ。一三〇〇年の歴史があるとされ、行基による開湯伝説も持つ古湯である。松尾芭蕉が訪れて重陽の節句にちなんだ菊の句を残し、それにちなんで名づけられた総湯である共同浴場「菊の湯」を中心に温泉街が形成されている。高度経済成長期には歓楽街温泉地として賑わいを見せた。

❖**6　熱海温泉**「あたみおんせん」……日本の三大温泉場の一つともいわれる著名な温泉地。静岡県熱海市にある。歴史は古く、一五〇〇年以上前の仁賢《にんけん》天皇(449–498)の時代、海中に湧く熱湯によって魚が焼け死ぬことから「熱海」と名づけられたとされている。また、天平宝字《てんぴょうほうじ》期(757–765)に箱根権現の万巻《まんがん》上人が「熱い湯」の漁業被害に苦しむ漁民たちを助けようと、祈願によって泉脈を海中から山里へ移したという伝承も残る。江戸期においては、一六〇四年に来湯した徳川家康が熱海を幕府の直轄領とし、徳川家御用達の名湯として名を馳せるようになった。東海道本線が開通した明治以降は多くの文人が訪れ、尾崎紅葉の『金色夜叉』をはじめ、この地を舞台にした多くの作品が描かれた。都心から列車一本の地の利を生かして、戦後は新婚旅行のメッカとして、また高度経済成長期には職場旅行などの大勢の団体旅行客で賑わいを見せ、数多くの大型ホテルや大型旅館がひしめく日本を代表する歓楽型の温泉地として栄華を誇った。バブル崩壊後はレジャーの多様化などから一転して斜陽化が進み、休館している旅館が目立つようになった。寂れた印象によってさらに客離れが進行するという悪循環に陥っており、二〇〇六年末には熱海市長が「財政危機宣言」を発したことが内外に衝撃を与え、波紋を広げた（イメージ悪化を危惧する観光業者などの反発から、翌年一月には「熱海市財政再建スタート宣言」に名称変更された）。

く姿を見れば……。

森▒　そこをたどっていかないと次に行けないですね。否応なくそういうふうに転換せざるをえなかった必然性みたいなものも踏まえてたどるべきだと思うんですけれども、もう少しバブル期のツーリズムといわれるものの全体像を検証しておきたいです。健康というよりもすべてが消費のサイクルで、とにかく日本中の至るところで、温泉地も食べものも何もかも消費し尽くすというような回転軸があったわけですから。でも、そこにはたしかに、合田さんが言うように踏ん張ってきた温泉地や旅館もあるわけですよね。そのあたりはどのように見ていますか？　何か一つの事例みたいなものを教えてください。

合田●　成功したところという意味ですか？

森▒　というよりも、「個としての温泉」という場所に踏ん張って持続させている事例です。

解体工事中の熱海の温泉旅館.

合田●　山中温泉にある「かよう亭」というところの話を少ししましょう。最近までインターネットのホームページすらなかった旅館です。かつては客室五〇室ほどの中堅の旅館だったんですが、それを一〇室に全面改装したわけです。全部潰して、職員も全員解雇して。当時の流れとまったく逆の方向です。

森▒　何年頃ですか？

合田◎　三二年前です。なぜ一〇室にしたのかと聞いたら、一〇室のお客さんしか目が届かないからと言う。部屋には鍵がありません。もちろん料金も高いんですが、一〇〇室分の湯量をわずか一〇室のためだけに使っています。ともかく徹底的にホスピタリティに徹し、そういったコストを見えないところに使っています。山中の本物の宿です。日本の文化を継承していきながらやっているそういうところは何軒かあるんですけれども、昔の優良な日本の温泉、心と文化を守っているところですよね。それが逆に、大型旅館でまた見直されてきていて、「ホテル・イン・ホテル」「旅館・イン・旅館」ということで、大型の中にワンフロアだけそういうしつらえをしたりと、場当たり的ではありますが、そういうムーブメントも起こってきたのは事実です。成功している旅館は何軒あるか、成功と言えるかどうか、まだまだというところもありますが、そこはリーダーが頑として健在だということと、それから中堅のところがしっかりと守っているという点でまだ救いがある。

森▒　たとえばどういうところですか？

合田◎　外資系が入りにくいということと大規模な旅館がないということ。つまり、大きくも減らないけれど、大きくも増えなかった。

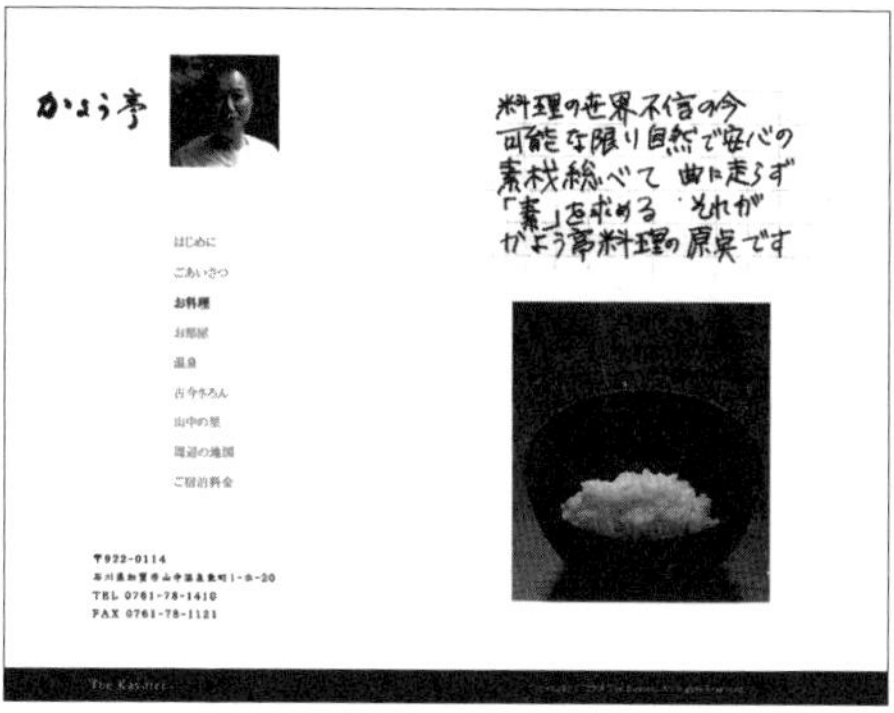

「かよう亭」ホームページの料理案内．
炊きたてのご飯茶碗の写真と亭主の言葉だけで構成されている．
「曲に走らず「素」を求める．それがかよう亭料理の原点です」．

これが生き残れる要素があるわけです。何室以上がペイできる採算ラインなのかは別にして、いわゆる[7]三ちゃんで、たとえば爺ちゃんが料理をして、旦那さんが周りを見て、女将さんがフロントに立って、叔父さんと子どもが手伝うくらいの規模であれば、絶対潰れないです。

森 そう思いますよね。やはり家族経営という……。

合田 さきほど言った家族経営の逆の面、良い面なんですよね。お米は外から買わず、自分たちで何合炊けばいいかだいたいわかる。その集合体は生き残っています。ただし、やっぱり儲からないんだけれども。儲かるところは外資系が買ってしまうわけですから、当然だけど。

森 儲かっていないんでしょうけれども……。

合田 儲かっていないから逆によかったんです。儲かるというのは、必要以上にということですよ。そこでは自殺者も出ないし。さきほど言った自殺者が出てたいへんなことになっている構造というのは大型旅館で、昔はものすごく儲かった。目をつむっていても座布団から札束がいっぱい。こんな話はいくらでもあるんですが、そういう夢を見た時代だった。銀行もどんどん金を貸して、拡張して。質問の答えにはなっていないと思うんですけど、逆に小規模なところの集合体というのは、儲からないけれども潰れもしない、と。

森 ただ、バブル期のそういう変貌の実態についてはきちんと検証されていないんですよね。実際に温泉地に行けば、あそこのホテルが外資系に買収されたとかという話を耳にするわけですが、全体として日本の温泉地がどんな流れをたどっているかといった実態は、まだわからないんです。温泉学者も、温泉に関わる人たちも、そういう負と思われるものについては言わないですし、ただこういう現状だったという統計や検証の物言いはあるかもしれませんが、その現状から始めていく道筋へつながる思考が存在したためしはないと思います。本当の実態があからさまになっていないんです。合田さんはずっと日本の温泉地を見てきて、もうほとんど虫食い的なふうになっているという実態を見ていらっしゃるんでしょうね。

合田● 残念なのは、いろいろな原因がある中で一等旅館が最初に潰れていきます。一等旅館というのは天皇陛下が泊まるようなところで、だいたいは二軒あるんですね。競合しつつ、親戚筋である場合が多いです。具体的な固有名詞は伏せますが、下呂❖8、伊香保、草津などでここだという有名旅館は軒並み外資系になってしまっています。それで何が困るかというと、要するにそこで守ってきた地元の文化、伝統、日本の格式、品格、少なくともそういったものを発信する温泉街の基地だったんですよ。

❖7 **三ちゃん農業**……高度経済成長期の農村部では、働きざかりの男性が都市へ出稼ぎに出る、あるいは勤めに出て休日のみ農業に従事するケースが急増し、主要な働き手を失った農家では「爺ちゃん」「婆ちゃん」「母ちゃん」だけの小規模の労働力で農業を賄うようになった。これを指して「三ちゃん農業」と呼ばれるようになり、一九六三年の流行語となった。そして六〇年代後半になると、「母ちゃん」のパート勤務の増加や機械化の進展などにより、「二ちゃん農業」さらには「一ちゃん農業」という言葉も出現するようになる。

❖8 **下呂温泉**［げろおんせん］……岐阜県下呂市にある温泉。アルカリ性の湯で、林羅山《はやしらざん》(1583–1657)により有馬温泉、草津温泉とともに日本三名泉に数えられる。昭和に入るまでは「湯之島」と呼ばれていた。噴泉池と呼ばれる河原の混浴露天風呂が名物であるが、二〇一〇年から水着着用が義務づけられることになり、論議を呼んだ。

森▒　文化の複合的総体が一個の旅館ですからね。

合田●　はい。唯一守っているお茶室があれば能舞台もあればという、文化を豊穣する一つの舞台であり、場所であり、スペースだったわけです。それがそういうふうに倒れることによって、歯抜けになり、リーダーシップや街を代表するものもなくなるということですね。ということは、その土地の個性、文化、郷土料理といった伝統がなくなることを意味します。そこは見えにくいけれども、ものすごく大事なところです。外資系は一律同じ食事で、大量仕入れになるので、みな同じところになっちゃうんですね。こういう問題は、一利用者の視点からは見えないんですけれども、全体を見通して、伊香保、有馬、白浜、[9]ずっと見ていくと、一番誇るべきところが全部潰れちゃっている。ということは、地域文化や風土というものが陥没し、後継者がいない。こういうことが一番恐ろしいことです。

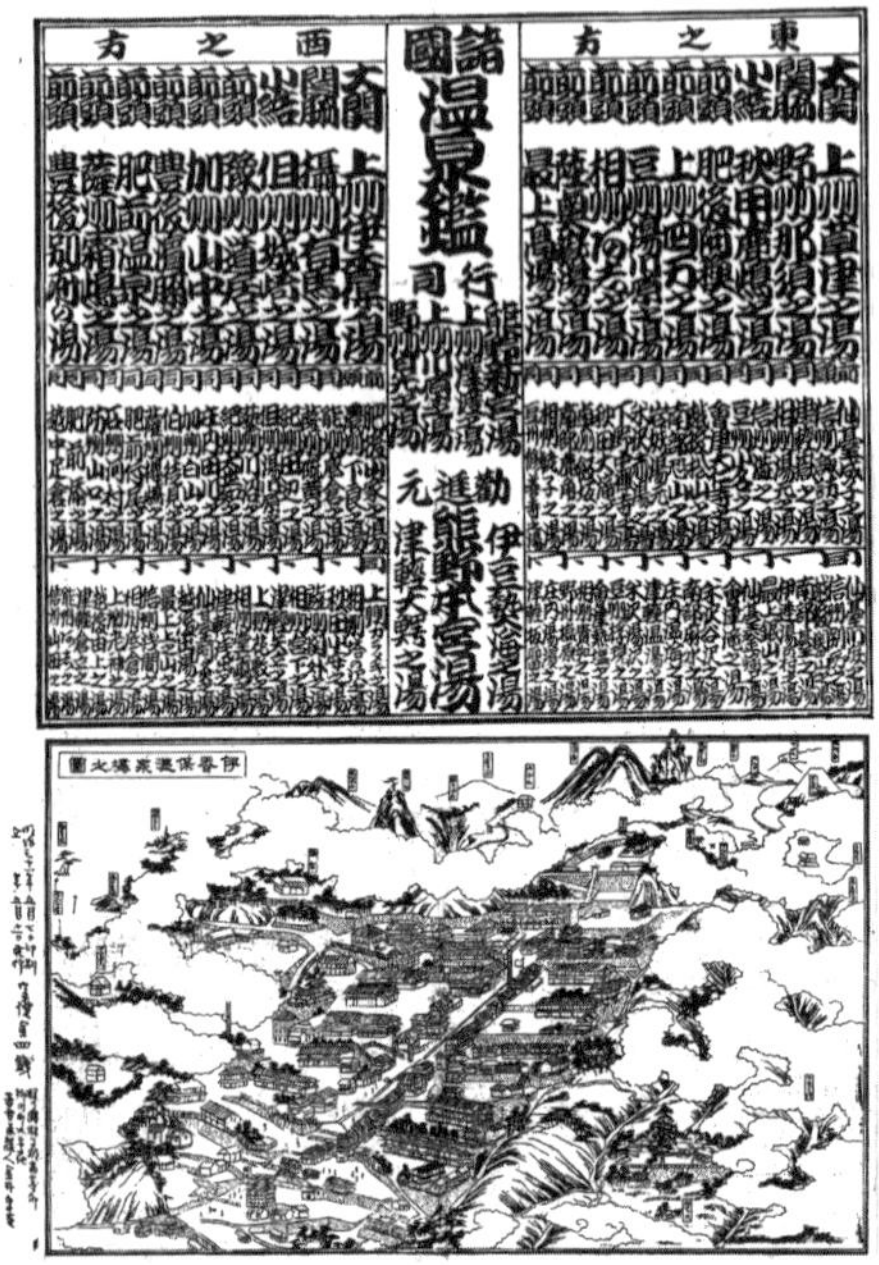

「諸国温泉鑑・伊香保温泉之図」(金井重吉作，1898年).

森▒　やはり、その誰も語らない

かたちでの崩壊、陥没があったことは事実で、それは今も進行中ですよね。そして同時に、たとえば焼き物だったり良質な野菜だったりという地域産業全体が陥没していく傾向があったわけですよね。

そこでもう一つ、逆に家族でそこそこにやっていて儲かっていなかったところが、非常に足腰の強い温泉旅館として生き残ってきたというお話がさきほどありました。これをひっくり返して言うならば、やはり家族経営というものの基本、等身大の旅館経営が強いのが当たり前なんですけれども、そういうものを含めて、大きい旅館も小さい旅館も、温泉というものはトータルに地域が関わるんだよという思想がなかなか根づかなかったのではないでしょうか。そこが一番大事なことなんです。

合田● そうですね。地元の人が自分のところの地域性を認識できるかといったら、一番しづらいと思うんです。それこそ、われわれが言う「土地の人」「土の人」というのは、自分の土地のことはわからないんじゃないかなと思うんです。

森▒ まあ、そうですね。

合田● 「風の人」というか、私のような風来坊がふわふわふわっと寅さんみたいにたまに行って、

❖9 **白浜温泉**［しらはまおんせん］……和歌山県西牟婁《にしむろ》郡白浜町にある温泉。かつては「牟婁《むろ》の湯」と呼ばれた日本三古湯の一つ。「白浜」あるいは「南紀白浜」の呼び名は観光開発が活発化する大正期以降に定着した。太平洋にせり出した湯が特徴的で、露天の岩風呂「崎の湯」が今に残っている。西日本有数のリゾート地でもある。

ぱっと何かをやったり、いろいろ言ったりすると刺激を与えられる。そういう期待をされることも多いんですよ。風の人は根っこがないわけで、一つの人生にしても一つの事業にしても、拠点というか根を張るようなものがないわけですけど、そこのところの融合はなかなか文化的にできなかった。一方で、地元の人は地元の人でわからないんです。

でも、一等館はさすがに歴史があって、自分たちなりの伝統というものを持っているわけですよ。だからご存じのように、仲居さんにしても個性があるし、呼び名も違うじゃないですか。ところが、そういったものが均質化してしまう経済構造になっています。つまり、サービスの内容、すなわち人件費や食材費が負担になるとか問題がいろいろあって、結局は一般的な都市ホテルと変わらないような経営になっちゃうわけでしょう。それで、料金を下げないとお客さんが来ないと言う。要するに、温泉旅館、温泉文化というものを自ら否定することによってしか生き残っていけないという、このめちゃくちゃな矛盾が出てきているわけです。

森▒　なるほど。ただ、そういう現実があったとしても、それをマイナス要素としてとらえているだけでは、やはり次の一手や方向性がつかめません。非常に痛みをともないながら、たとえば老人ホームに変化したり、外資系に買われて姿を変えたとしても、地域がやはりそういうものをどうやって支えていくかということを、もう一回きちんとここで考えておかないと、ただただ旅館は自己完結型の旅館に終わってしまってですね、それこそ地域還元、文化が育っていかない。保養地という考え方なんかは、ほとんど成り立たなくなってきますよね。

合田◉ そうです。今、全国一律で小手先のプロモーションばかりなんです。旅館の人たちは、客が来なくなるとかならず観光協会や役所に嘆くわけです、「なんとかしろ」と。だけど、それは訴える方向が間違えていて、人が来ないのは役所の問題ではない。観光協会は県からお金をもらっているわけですが、その役所のやることというのは二年や三年で変わっていきます。国もそうです。補助金制度があって、補助金はもらうけれども、では本当にその結果を見てやっているのか。補助金で、いわばバンドエイドみたいな一過性のイベントをやる。たとえば地産地消のフードフェアとか、単発の小手先のプロモーションばかりやっているわけです。本来、もっと本質的に、本当にどうしていくかということを真剣に考えて、長期計画でやっていく必要があるはずです。つまり、まちづくりとは、百年の計みたいなものなんです。一〇年、二〇年、三〇年、そういったスパンではできないものです。結局、小手先の生き残りのためにやっていて、これがまったく空回りしています。

だから、ここで極論を言うと、潰れるものは潰れろと。これを言ったら怒られるかもしれないけど、生き残らないものはやっぱり仕方がないんです。でも、それを意識してやっているところは重点的に応援すべきではないかな、と。それはやっぱり地元のやる気ですね。それから後継者の問題もいろいろありますが、結局、住民が決めることですね。外がとやかく言うことではない。国の補助金制度がいろいろ見直されていますけれども、やはり役所の対応は送って送ってというか、後づけ後づけになっているということだと思います。それから旅館経営者たちはいまだに夢を見続けている、「いつかまた、あの夢カムバック・アゲイン」と。これは虚構です。もう絶対ありえない夢なんですけど、現実的には一生懸命、役所から補助金をもらってという、そういう競争になっているということですね。

「新・湯治」のすすめ

森　そうすると、ちょっと結論的な言い方になるかもしれないですが、日本型ツーリズムのようなものにおいて、日本の文化、伝統をきちんとモチベーションに据えたツーリズムがなかなか根づかないままに、時代はバブル期を迎えてあまりにも急激な変化と消費にさらされていった。個人の経営に任されていたところに、それこそ黒船じゃないけれどもバブル経済が押し寄せて、検証の時間もないままに現状追認の事態をたどってしまっていたというような結果になっていると思うんです。まずは、こうしたことが現実です。

けれども、湯治のスタイルを維持していた東北の温泉なんかはとくにそうなんですけれども、生活者というか市民社会にむしろしぶとく根づいていた温泉地、温泉場のほうが生き残っているんじゃないかというふうには思うんですよ。たしかに東北の温泉でも湯治というスタイルが壊れているけれども、でもまだまだ温泉地としての健在ぶりを発揮しているところはやっぱりありますよね。それは大きい小さいは別として、そういう温泉地は何なのかと考えていくと、さきほどから言っているように、一人の旅館経営者、温泉宿の経営者が「考える地域人」であったということ、それからその周辺の人たちがそれによって潤っていたという「循環の経営」というものが息づいている温泉地は、急激な変化というものにあまりさらされていかない要素も持っていたんじゃないかな、というふうに東北の温泉を見ていて思うんですよ。ただ、新しい湯治のスタイルも非常に変わってきてはいるんですけれども。

合田◉ 僕は暗い話をするためにこういう話題を出したわけではないのです。もう一つ追加して言いますと、同時にたいへん一生懸命やっていらっしゃる旅館もたくさんあります。立派な経営指針をもって、温泉の使い方一つにしても無理のないやり方を頑なに守ってやっている人も、たくさんいらっしゃるということは付け加えておきたいんです。そういう人たちの健全なやり方は、非常に誠実で無理をしていなくて、自然というものの大きな力が演出できるような、そこにまず軸を置いている。

広い大浴場が旅館にあるじゃないですか。みなさんは大風呂も温泉だと思っていますが、実際の湯の量を考えたら大風呂は無理です。これを全部、温泉にしようと思ったら、「循環だ」「タンクに貯めて」となるわけですし、塩素を入れないといけないという問題も出てきます。そうじゃなくて沸かし湯でやっている。井戸水、川水を沸かしているのです。だけど小さい風呂は別にあって、そこは源泉そのままです、という誠意をもって、うまく両立しているところもあるんですよ。そうすると、長い間滞在する湯治客たちは源泉風呂に入ってもらい、体だけ洗って一泊二日の方は広いほうがいいならば、沸かし湯でもいいということもあるんですよね。一番大事なのはそういうふうにまじめにして、毎日お掃除をして。たいへんですよ、塩素入れていないと。でも、そういうまじめな人がまだ生き残っているところも多い、ということを付け加えておきたいわけです。さらに加えて言うならば、「それでは旅館の方々は自分の温泉のお風呂に入っていますか?」ということは聞きたいよね(笑)。単純な質問。だけど、聞くとだいたいは「入らないよ」と。地元の共同浴場に行くと言います。誰も言わないことですが、じつはとても多いんです。

もっと言うならば、こういう話がありました。私は都会の人たちが滞在できて、温泉の力を享受できるようなものができないかということで、『新・湯治のすすめ』(合田純人編、健康と温泉フォーラム、二〇〇九年)という本を出しました。昔のいわゆる湯治というものは、基本的にはお医者さんいらずと言うくらいで、お医者さんとはなんにも関係なく、悪い意味ではみな自己流で入っていたわけです。ところが、これからの「新・湯治」というものは、現代医学のいいところ、つまり検査とかいろんな数値とかを甘受しながら、あるいは薬なども併用しながら、温泉を最大限に生かして、湯治していく。それで、都会の生活環境にあわせて、たとえばトイレはウォシュレットにするとか、都会の人が入りやすい湯治のしつらえというものもある程度維持しながら、今、何カ所かで実験をやっているわけです。それは『新・湯治のすすめ』に書いてあります。

それで、じつはこの前、こんなことがありました。湯原温泉病院[10]というのが岡山にありましてね、そこにアトピーの大学生がお母様と一緒に来られたけれども、たまたま温泉療法医の院長先

湯原温泉の天然露天風呂「砂湯」．川底から湧く湯を自然石で囲ったもの．

生がいらっしゃらないから、説明も十分ではなかった。紹介状はもらっていたんですけれども。そして、その年の夏はすごく暑く、入院されると病院にはクーラーがありませんから、クーラーのある旅館に泊まって通ってくださいというようなお話があって、たまたま私の親戚の旅館にチェックインされた。一カ月くらいいることになるんですが、たいへん不安がっているし、どうしたらいいかということで宿の女将から相談があって、たまたま私がいたのでコーヒーを飲みながら話を聞くことができたのです。

そこで愕然としたのは、私たちが提唱した「新・湯治のすすめ」は、旅館と病院に通う、もしくはそういったコラボレーションという非常にきれいごとを考えていたんですが、実際にはそこに携わる人が真剣に向き合わないかぎり、その方程式はありえない。つまり、利用者の側に立ってみれば、絵に描いたようなものについては全然届かないな、ということがわかったんですよね。どういうことかと言

❖10　**湯原温泉**［ゆばらおんせん］……岡山県を代表する温泉。県北に位置する真庭《まにわ》市にある。野趣あふれる混浴の露天風呂「砂湯」が名物。入浴法などを来訪者にアドバイスする「温泉指南役」を設けるなど、地域ぐるみでのまちづくり策、活性化策に積極的に取り組んでいる。

うと、その学生さんは、アトピー以前の話として鬱状態になっているわけです。だから精神的なケアをまず第一にしないといけない。毎日の行動を前向きに持って行くというプログラムそのものもできないような状態なわけですよね。それをまず解決しないといけないというか、そこをきちんとウオッチして、適切な処置ができるようにしていかなければならない。

それからもう一つは、じつは旅館の温泉に入っていると、一挙に悪くなるケースが多い。当然ですけど、塩素が入っていますから。それで、もう自分は温泉に合わないんだと思ってやめられる方も多いわけですよ。ところが二つの要素があって、どうしたか具体的に言うと、まず一つは、その子を外に出すように「釣りに行きましょう」「滝に打たれに行きましょう」「外に出ましょう」ということで連れて行った。流しそうめんを食べて、観光も行くんだけど、滝のところに行って滝行ですよ。そこは神聖なところなんです。めちゃくちゃ寒いから「根性入れないとダメだ」と、二人で「うーっ！」とやって。それで、僕は上を脱いでやりましたけど、彼はTシャツはさすがに脱げなかった。「それでもいいよ」と言って、ともかく彼はやった。その後、お母さんも一緒に流しそうめんを食べてから、「もう一カ所行こうよ」と、僕の釣り場に連れて行ったんです。釣りは真剣にやっていると疲れるものですから、もう途中であきらめて釣り場にドボンと入ったんです。そこも結構、沢ですから。私はもうスッポンポンですよ。それで、彼はやっと上を脱いだんですよ、自発的に。

しばらくそこに入ってから帰ったんですが、その晩、ものすごく発作が出たわけですよ。それで、お母さんが驚いて来られたんですが、これは効いているんだ、と。家にいたって何も変わらないし、治すにはとにかく勇気がいるし、一週間ぐらいはボロボロボロボロしていきますよ、と。環境変化に耐えて耐えて耐えて、それから自分の体質と気持ちを変えていく。ある意味では乱暴かもしれないけれども、そうしないといけないと思う、だからびっくりしないでください、これは治るプロセスですから、と言って。それで、次の日から院長先生ともう一度きちんと面談をしてもらって、ちゃんと話をしてこうするからということになった。一カ月、毎日、自転車貸してあげるから、あの滝へ行けと。釣りの道具を全部買って、それから熊が出ますから、ナイフと鈴も全部プレゼントして。そのかわり、温泉はここの旅館のではなくて、下の共同浴場のここへ入るようにと約束させて。ちゃんと指導して、食事もこうだということをやって、一カ月いて完治です。

森▒　そりゃあ、治ります(笑)。なるほどねえ。

合田◉　何が言いたいかというと、私もそういうことに携わってきましたが、実際の課題は患者さん一人ひとりで全部違うんだけれども、その視点できちんとケアできるものがないと、いくら良い素材の温泉や自然があるとか空論を言ったって、人間の体には応えないですよ。ここも次の問題の難しさがあるんです。

森▒　やっぱり人間も自然の一部ですから、自然の中にあることによって、温泉の中にあることによって、温泉や自然に受け入れられればそれは人間の力を回復すると思うんですけれども。ただ、私たちは時代の中で、なかなか制度的にそうはできなかった。高度経済成長期を含めて、とにかく温泉をこしらえて、制度として、システムとして温泉を提供しないと、個人には到達できなかった時代を経てきたと思うんですね。そのうえで、バブル期のああいう乱暴なあり方しか私たちは選択できなかった。今立ち会っている温泉、ましてや療法というものも含めて、やはりそういう実態にならざるをえなかった。でも本来は、合田さんが今、明らかにしたように、自然の中にあることによって、自然としての人間に回復できるんだと思うんです。

合田● そうですね。

森▒ それで、そこをどう提出していけるかですよね。新しいかたちで……。

合田● そうなんです。そこがね、新しい医学にしても、エビデンスうんぬんではなくて、新しい基準とそれからやはり自然の力です。まあ、文明というものは自然を破壊し、自然を乗り越えることによって文化が出てきたという一つの大きな流れもありますけれども、だけどもう一度、われわれが人間として自然の中に身を浸し、何も求めずに自然と一体化する、そういったものに信頼して体を預けるという、そういうことによってわれわれは新しい自分の力をもう一度調整して、そして戻ってくる。つまり、人間というものは不調とか病は本来、元気で調和できるよう、それなりのプログラムが完璧なくらいにあるわけですよね。一つの完成体です。

森▒ 総合的にね。

合田● 総合的に完成体なんですよね。その完成体でいろんな疾病が出てくるというのは、やはり

どこかが痛んでいるかバランスが取れていないかなんです。これを物理的に治そう、薬的に治そうというのは対症的に一個一個出るけれど、やっぱりもっと根っこのところの生命の芯みたいなもの、そこを治すべきですが、現代医学では到達できないわけです。だからたとえばヘルニアで、具体的にちょっと切開したりして手術しますが、それを癒していって治すすばらしい力が温泉にはある。それが一つ。それからやはり、アトピーのような感染性ではない自分の内部から出てくるもの、自律神経系を含めてそういったものを治す自然の力というものは、ものすごくあると思います。温泉だけではないですし、その温泉も一つではない。われわれの仕事だと思うんだけれども、そういったものをもう少し体系化して、もう一度見直して、社会システムとしてサポートするようなもの。それから、ものすごくデリケートな問題だから、ウオッチする専門的な人が必要なわけです。ほったらかしではダメなんです。そういったものに少しでもシフトしていける状況が出て、それにある程度の知見というものがともなってくれば、医療費の問題や、これから本格的に高齢化を迎える中での日本の医療のあり方に対する根本的な提言をできるんじゃないかなと思っています。

バブル崩壊後の空白期間

森　そうですね。話も非常に核心に入ってきたと思うんですけれども、やっぱりほったらかしではダメなんですよね。温泉があるから入るというだけでは、現代社会に温泉が認知されていくプロセスにはならないと思うんですよ。だから合田さんが言うように、フォーラムでやってきたような一つの道筋を、自然の持つ回復力をどうやって取り込みながら新しいシステムでその力を回収していくかということを含めながら、温泉をほったらかしではないものにつくり変えていかなければならない。近代の温泉地、すなわち個としての立脚点をちゃんとカバーした温泉地にしていくということが、これからはどうしても必要になってきていると思うんです。それはさっき言ったようなバブル期の反省も踏まえてです。そしてその時に、さっきから話になっているキーワードとして、やはり地域だというふうにも思っているんですよ。ただ地域があるという意味ではなくて、やっぱり地域も一つの自然というふうにとらえていけば、こちらの旅館が外資に買われるよという時に、地域の人たちがそのカバーもできうるようなシステムが地域社会にはむしろあったと思うんですね。そうした共存というスタンスを温泉地としてとるということが、これからのたいへん大きなキーワードだというふうに思っています。

そしてもう一つ、フォーラムでは一九九一年から地域というものに目を向けていきましたよね。

それで、ドイツ詣でもそうですが、やはり大島先生を含めた欧米型の理想郷としての保養地、保養の場所としての風土を提供しようとした流れの中で、テーマとして地域が出てきたのか、それとも、まあ伝統的な湯治場もあるよねと、地域という下支えがあるから温泉地というものがあるよね、というような視点だったのか。そのあたり、一九九一年にフォーラムの中に地域という概念が出てきた経緯を確認しておきたいです。

合田◉今の話の流れからヒントを得て、ちょっと言い方を変えますと、地域そのものがやはり人間社会ですから変革していきます。人も施設も。だけど、その変化というものがある意味では自己再生能力、つまり地域として再生できるような中での成長もしくは進化ということがありますね。それがある程度バランスが取れているところが温泉地としてサバイバルしていっているんだと思うんです。

ところが人体でたとえると、まあ抽象的な言い方ですが、いわゆる悪性腫瘍みたいなものが入って、これが自己培養していきながらその地域の中でカバーできないような力のバランスが出てくる、そうなった時には地域はやはり崩壊するというわけですね。それで、それは新しいものを取り入れるということと、いろんなものとのバランスの問題だし、スピードの問題だし、地域の意識の問題もあると思うんです。ただ、このへんのところが、何もドイツがいいとか、これがいいとか、地元のこれがダメだとかじゃなくて、やはりそういったものがうまく調和できるようなかたちというものが一番大事じゃないかと当時考えていました。

それで、自治体から受ける依頼のほとんどが、ハコモノの新しい温泉センターをつくりたい、健康のためにドイツのような機能分担をして、というものですから、われわれもその計画づくりをずいぶん推し進めていきました。だけど、そういうかたちのものは進化のためのプロセスとしてたしかに必要な要素だったかもしれないけれども、それをやっていく全体の方針づくりみたいなものがやはり欠けていて、自分で言うのもおかしいんですが、九一年から九五年まで私がずっとやっていたのは、もう夢追い多きじゃなくて、具体的に地元で何かできるようなものをこちらが提言していったという時代だったわけです。これは自己反省も含めながら、それではその時代に機能というものが稼働しているかというと、もちろん稼働しているところもあれば、全然稼働していないところもある。理念だけが先に行っちゃって。そこが事業体がたいへん難しいところというものではないかなと思います。

九一年から九五年というのが一つの節目だったんですね。二一世紀の温泉地はどうあるべきかということを最終的にまとめたのが九五年でした。それから五年間はあまり活動できなかったんですけれども。これが私の反省、私たちの反省になります。何が言いたいかというと、[11]ふるさと創生という言葉が出てきたのも、リゾート法ができたのもバブルの時代なんですが、それがはじけた後は、ずばり言うとわれわれも何もできなかった時代だったと思います。正直な話として。

森　ええ、わかります。

合田　もう本当に反省というかそのまま素直に言うならば、九一年、九二年、九三年とやりながら九五年前後、たいへん難しい時期だったし、混迷していました。
森▒ 温泉地も混迷していたわけですよね。
合田● ブラックゾーン、もうブラックホールだと。そういうふうに思っていたのが正直なところです。
森▒ それはもう温泉地だってそうでしたよね。バブル以降、温泉経営もあらゆる温泉のシステムも変わってしまって、一泊型の温泉地になり、大量の観光客がホテルに来て、どんどん外資系が入ってきて、そこで「さて、地域形成しようか」と言ったところで、もう破綻が見えていた。どういう方向に行くのか、たとえば国民保養温泉地のあり方に救いを求めていくのか。大蔵村にも、東北の二十数カ所の温泉地にも、そういう一つの方向性もあったでしょうけれども、今あらためて振り返ってみると、それは迷いの一つでもあったと思うんです。国の施策が、合田さんや大島先生が考えていたような保養地の理念的なものがうまく大義に合致したのかということもまた、利用者から見ればお墨つきみたいなものもあるんでしょうけれども、なかなか実感として保養温泉地、ましてやそこで保養をするというところに利用者が行かなかったと思うんですよね。

❖11 **ふるさと創生事業**……正式名称は「自ら考え自ら行う地域づくり事業」。一九八八年、当時首相だった竹下登が考案し、国が各市町村に地域振興名目で使途を問わない一億円を交付した。主に観光施設の建設などの観光整備に用いられたが、無計画なハコモノ建設や無用なモニュメント製作、あるいは結局は湧出しなかった温泉のボーリング調査に無駄に費した自治体が出るなど、バブル期を象徴する無駄づかいの典型だと当時から批判された。

自立した温泉旅館の姿

森　それで、ブラックゾーンと言ったその空白の時代はたいへん大事な時期だったと感じています。その頃だと思うんですよね、温泉地がもう一回、地域というものをやっぱり考えなきゃならないという反芻の入り口に立った時に、各温泉地から地域おこしの話が出てきて、地域や温泉地をどういうふうにつくっていくのかということや、はては湯治がいいんじゃないか、と。そしてもう一回、湯治に行こうと、保養地としての温泉地にしようと、個々の旅館も温泉が持っている日本の伝統的なさまざまな文化にあらためてきちんと向き合い、見届けないといけないんじゃないか、と。バブルというものを通過してバブルがはじけたその端緒に、最も謙虚に温泉地の人たちがそれに向き合っていたということがすごくよくわかります。

ただ、施設がすでにあって、非常に総合的な問題をすでに抱えていた。いみじくも合田さんが言ったように、温泉はやはり個人の旅館が頑張っていたというようなものであるがゆえにですね、なかなかその動きが軽やかにフットワークを強くすることはできなかったと思うんですよね。温泉地もさまざまなシステムも変化してしまった中で、温泉地という地域自体がすでにズタズタになっていた。地域が抱えるその空白の期間というようなものも、たしかに存在したことも事実だと思うんですよ。行政もなかなか明確な打つ手がなかった。

そこで一つお聞きしたいのは、その中で、バブルに回収されずに細々とやってきた足腰の強い温泉旅館や温泉地は、どういう頑張り方をしたんですか。何か実例があれば教えていただければと。もちろん、今までどおりやってきたんだよ、ということはあるかもしれません。だけども、依然としてその温泉に来る人、湯に入りたいという人が多かったことの受け皿としてはどうだったんでしょうか。

合田 ちょっと構造的に整理しておきますと、いわゆる三ちゃん旅館は旅行会社をあてにしないわけです。当然ですけど。季節ごとのリズムで動ける範囲で、小回りがきくわけですけれども。旅行会社が扱うのは二〇部屋から三〇部屋以上のところ、まあ五〇部屋以上になると自分でやるよりも旅行会社任せが楽なわけです。大型旅館もそれをしないと運営できないということがあります。

森 それは、バブル当時のことですよね。

合田 はい。とにかく「露天風呂をつくれ」とか、蟹《かに》のツアーだとかという商品化、バラエティ化がどんどん発展していった時代です。それをまったく受け付けなかったのが三ちゃん旅館であったと。旅行会社をあてにせず、自分のところで送迎も宣伝も全部やるという、機能分散

別所温泉（長野県）の土産物屋街.

型じゃなくて小さいからこそできる。自分たちで迎えに行って、宿にお連れして、またそれを送り届ける。

もっと具体的に極端な例を言いますと、私の親戚のところで岡山の湯原温泉なんですが、急拡張しちゃったわけです。それで、どうしたかというと、旅館というのは基本は土日が勝負なわけですが、その営業の仕方というのは、平日にマイクロバスを借りて、「送迎は無料です」と言って迎えに行くんです。奈良や和歌山まで。老人会などで二〇名集めたら、送り迎えはタダだと。老人会の幹事の人にとってみれば、今までは交通費がかかって、バス会社を頼んだりといろいろ面倒だったのが、玄関まで迎えに来てくれるということで、えらく儲かったわけですよ。要するに平日満杯になるわけです。それがどんどん増えていって、旅館も拡張していきながら、あれよあれよで一軒買って、また二軒、三軒買ってという、そういう世界になっていくんです。それで、その人たちは正月は営業しないんですよ。普通、正月はかき入れ時なのに、「正月はやりません」と。どういうことかというと、その間に魚市場へ鰤《ぶり》と鯛《たい》を買いに行くんです。僕も手伝いました。そして、その一年間に来てくれた老人クラブの幹部の人たちとか旅行のお世話をしてくれる人のところに年末年始のご挨拶に行くんです。マイクロバスや車はいっぱいあるわけですよ。「いやあ、今年はありがとうございました。来年もよろしく」、もしくは「明けましておめでとうございます」と。それで、「鰤にしますか、鯛にしますか？」って言うんですよ（笑）。

森▒　はい（笑）。

合田● 年末年始に挨拶に来てくれるなんて、ありがたいもんですよ。「いやあ、わざわざ悪いねえ」って。「じゃあ、鰤にするか」「今日は鯛にするか」と。それで「あ、ありがとうございます。じゃあ、今年もよろしくお願いいたします。で、いつ頃でしょうか?」とか言って(爆笑)。

森▒ ははは(爆笑)。

合田● 「まあ、九月頃かな」「九月の何日にしましょう?」「それじゃあ、二〇日かな?」「はい、ありがとうございます」と。わざわざ来てもらったし、ここで決めちゃおうということで、それで全部埋まっちゃうんですよ。結局、そういうふうに、自分たちだけでやる、他に頼まない。つまり三ちゃんなんだけれども、自分たちの力でとにかくやろうという、これはやっぱり気概ですよ。自分で本当にいろいろ考えて、自分の力を信じてやるという、それはもともと別の仕事をしていた人間だからこそできたことだと思います。旅館のプロだったら絶対やらないはずです。そういう発想は出てこないでしょう。

そういう自立型でやっているところは、いわゆる現金商売ですよね。旅行会社が入るとそうはいきません。現金決済でやるのがやっぱり一番健全です。ただ、他にもそういうことをやっているところを私が知っているかというと、全然知らないです。あくまで身内の話だから知っているんですが、やはりそこは地元でも非常に優良な経営状態です。

森▒ ですよね。やっぱりその、自立というものが……。

合田● 自立。他人をあてにしないということですよ。

森▒ 家族経営をベースとしながら工夫と工面を重ねていったり、自立ですよね。こういう時代であるがゆえに、やはりそこをきちんと通過しないと日本の温泉地の再生という道筋はなかなかたどれないと、私は思っているんです。とは言うものの、三ちゃん旅館の経営だって後継者の問題などもいろいろあるかもしれません。でも、そこで細々とでもいいから、工夫や自立性の試みというものがあることによって、逆にお客さんが来る時代になってきたんだというふうに思います。温泉地はバブルの後遺症をまだまだ精神的に引きずっていると思うんですが、その吟味が必要です。私も芸術系の大学にいて実際に担当したんですが、たとえば芸術の温泉地づくりとか、いろいろな試みをやっていますよね。でも、そこに潜んでいることの大事さは、さきほどから私たちが検証していったようなことをいっさい抜きにして、そういう検証や接点のないところに、また芸術か何かをポーンと置いても事態は始まらないということです。だからバブル期の検証もないままに、ある意味ではバブルの手法を再デザイン化して、手を替え品を替え「温泉地再生」と銘打って提供してはいけないと自戒しています。芸術を取り入れた温泉地の全部がそうだとは言えないですが、そういう結果にならないように、やはりバブル期の方法論というか、それこそ時代が背負っていたブラックゾーン、空白というものはいったい何だったのか、本当に考えないといけないところまで来たんです。そこに一つのあり方として、さきほど紹介してもらっ

た自立していく経営、決して大きくはない、外資に頼らなくてもやっていける工夫と工面をやっている旅館があることも事実ですよね。ここは、やはり責任を持って検証しなければいけないと思うんです。

コンビニ文化と地域

森▒ それともう一つ、キーワードとしてあるのが地域ですよね。その時に、相互扶助などと言ってしまうと非常にわからなくなってしまうんで、そういう言い方はできないんですけれども、地域が共支えしていく温泉地というものはありうるんじゃないか、可能だというふうに思っています。具体的に言えば、たとえば農家の人たちがお米や野菜を届ける。そういう共存共栄の仕方もあるだろうし、農家がやはりそういう意味で旅館を助けていた。それで、隣の旅館は決して大きくはならない。決して大きくならない旅館が、なりわいというものをちゃんと抱えながら温泉地を下支えする、そういう共存性の温泉地というものもやっぱり見直さないといけないんじゃないかと思います。

それと、新しい湯治という入浴のスタイルだけでなく、新しい地域、新しい温泉地の形成ということ。つまり、伝統的な温泉の知恵のようなものをもう一回きちんと見直したところで、一つの旅館だけではなく、温泉地全体の新しいスタイル、方法論、目線というものが、どうしても必要なように思います。そうして、そういう視点から地域というものを考えた時にあらためて確認しておきたいのですが、フォーラムが一九九一年に地域というテーマを出した時点で、健康ということは一つのキーワードになっていたんですか。

合田◉ 厳密に言うと、九五年から九九年までブラックホールだったというのは、実際はほとんど休眠状態でした。休眠というのは、動いているんだけれども発信はできなかったんです。その時に、健康という言葉よりも、正直な話、どちらかと言うとスポーツであるとかプログラム系であるとか、そういう健康から出たもう一つの時代の流れのようなもの、要するにフィットネスとかといった方向にじつはわれわれもテーマとして流れてしまった。

森▒ なるほど。

合田◉ 健康の本質として、さきほど言ったように人間の芯を治す、要するに意識がなくても人間が本来持っている燃えているものがあります。まあ原子炉みたいなものがあるんですけど、そこに影響を与える温泉の本質についての話をせずに、むしろその外側を見た健康づくりのための手法とか、そういった方向に流れちゃったんです。これは反省も含めてお話ししますと、それでバランスが取れればよかったのですが、やはり蛇行してしまうところがあったと思うんです。そこで、その蛇行とプログラム系と地域というものを、どうしても具体的なものとして結びつけていかないことには、いくら「地域、地域」と言ったところで、人間の根幹をつかさどる新しい再生のしつらえとしての温泉などというテーマを設定したところで、地域とは相矛盾する話なんですよ。

個性がないから、つまり地域が見えないから、そんな話をしてもダメなんです。だから、ここは山岳地だから遊歩道をもっと利用して歩きましょうといったような地域的なプログラムに行ってしまったんです。今から考えたら、根幹のところがやはり……。

森▒ それはわかりますよ。

合田● でも、それを併用していけばよかったんですが、たとえば温泉の入り方の問題や、山岳なら山岳、海なら海の気候帯を使ったプログラムづくりなど、どちらかというと技術論的なものに展開していっちゃいました。

森▒ だけど時代はそこに確実に向いていましたよね。

合田● そうなんです。でも、技術論的なものをやっていかないかぎり、地域というものは見えてこなかったわけなんですよ。

森▒ ああ、なるほど。技術論の検証ですね。

合田● たとえば指宿温泉[12]であれば砂蒸し[13]の効用はどうだったとか、岳[14]温泉だったら整備された遊

❖12 **指宿温泉**［いぶすきおんせん］……鹿児島県指宿市東部にある摺ケ浜《すりがはま》温泉、弥次ケ湯《やじがゆ》温泉、二月田《にがつでん》温泉などの温泉群の総称。摺ケ浜温泉は、温泉で加熱された砂浜の高温部で砂に埋まって温まる「砂蒸し風呂」が有名。大正期以降、農業や製塩、養殖などへの温泉の産業利用もさかんに行われた。高度経済成長期にはハネムーンブームの中で「東洋のハワイ」と称されて賑わいを見せ、大規模な観光開発が進行した。

❖13 **砂蒸し**［すなむし］……摺ケ浜温泉の名物。温泉で加熱された砂浜の高温部で砂に埋まって温まる入浴法。血行の循環促進と栄養分の供給により、通常の温泉の三〜四倍の効果があるとされる。一九八五年には鹿児島大学によって医学的調査が行われた。温泉が地下を海岸に向かって流れ出しており、潮が引いていく時には湯煙が立ち上がり、幻想的な光景が広がる。

歩道を歩くということはどうなんだとかです。ところが、そのあたりのところにテクニカル論的なものが入ってしまった。時代が時代でそういったものを望んで、そこに付帯的な産業が出てくるわけです。フィットネスクラブや岩盤浴[15]、それは何かというと、温泉地ができないことを都会でやろうという、これもまたコンビニエント化というか。それで、都会の人が手軽に模擬体験ができるようなものということで、いろんなものが発展してきたわけです。

　これは、ある意味では健康産業といわれるものが出てきているわけですよね。だからその時代、われわれの組織もやはりそこに流されていった。この軸のところの完成型が将来また出てくるわけですが、そこではあまりにも地方というものを表現するのは難しかったということです。やっ

指宿温泉の砂蒸し.

岳温泉のウォーキング・プログラム.

ていた当事者としてわかります。

森▒　おっしゃるとおりですよね。それに時代も、なつかしい感情やふるさと回顧の方向で地域に向き合っていて、自然回帰のようなものが出てきて、温泉もやっぱりそういうものにさらされていたということも事実ですね。

合田●　はい。

森▒　でも、温泉はそれだけでは成り立たないものですから、技術的な行為に流れていかざるをえなかった時代背景はたしかにあるんですよね。そこはとても端的に。それで、その時代というのは五、六年ぐらい続いたんですか。

❖**14**　**岳温泉**［だけおんせん］……福島県二本松市の活火山、安達太良山《あだたらやま》の中腹にある温泉。酸性泉で、慢性皮膚病、切り傷、神経痛などに効能があるといわれる。安達太良山麓から温泉街まで八キロの距離を引湯管を用いて源泉を引いているが、これは江戸時代中期に土石流によって当時の温泉街が埋まったことに始まる。標高六〇〇メートルに位置し、温泉保養地として理想的な自然環境にあるため、健康増進目的のウォーキング・プログラムの開発などを行っている。一九八二年の東北新幹線開通によって、在来線駅しかない二本松に流入する観光客の大幅減少が見込まれたことから、強い危機意識をもって地域振興策に取り組み、ミニ独立国「ニコニコ共和国」として独立、開国。観光協会事務所を国会議事堂と呼ぶなど、ユーモアある取り組みは当時、話題を呼んだ。

❖**15**　**岩盤浴**［がんばんよく］……温めた天然の鉱石の上で横になって汗をかくサウナ形式の風呂。発汗作用により新陳代謝の活発化が図れるとされる。秋田の玉川温泉（❖V−35）などには天然のラジウム岩盤浴場が古くからあったが、人工の岩盤浴が急激に流行したのは二〇〇〇年代に入ってからのことである。二〇〇一年に宮城県気仙沼市に登場して以降、東北、北海道、九州各地に広まり、地方でのブームが都市部に上陸するかたちで、二〇〇〇年代半ばには大都市圏でも女性専用を中心に岩盤浴専門店の乱立が見られるようになった。しかし、衛生問題を告発する週刊誌の特集記事などの影響もあってブームは急速に衰え、岩盤浴専門店の数は急速に減少し、現在ではいわゆるスーパー銭湯やフィットネスクラブ内に併設されるかたちで定着している。

合田◉　いえ、九六年、九七年、九八年の三年間です。九九年に山梨でフォーラムをやった時は、いわゆる地域の経済理論がテーマでした（「健康と温泉FORUM」一九九九年度「温泉地と地域経済――その活性化をさぐる」山梨県石和町）。山梨は農産物がとても豊かで、果物も豊富だしワインもあるという、いろんな分野で意外とローカルな地場産業的なもの、特徴あるものが残っているわけです。これに温泉というものをどう付け加えて、都会の人たちの再生の場としての展開ができるのかということを統合的にやったのが九九年です。

森◉　けれども、現象的に秘湯ブーム[16]が起きてくるのもその時期だと思うんですよ。ですから秘湯ブームがあって、源泉掛け流しの兆候が出てきてですね、やっぱりそれは温泉の志向性が自然回帰へと、またまた消費サイクルの中から姿を現してきた時期だと思うんです。そういうことから言えば、合田さんたちのやっていた健康に向き合う技術論というのは、非常に庶民的な大衆性を持っていたものとして、とても興味深い。むしろ、温泉が秘湯ブームや源泉掛け流しにさらされていったことのほうが、たいへん危険なことだなというふうにあの当時も思っていました。やはり、それはすごく感じていました。

温泉文化の歴史をたどる

合田◉　そして、その反動が二〇〇〇年に来るんです。反動というか、人口や産業の規模が整っている静岡県を舞台にして取り組んだテーマが文化だったんです(「健康と温泉FORUM」二〇〇〇年度「二一世紀、やすらぎの温泉地をめざして」静岡県伊豆長岡町)。ちょうど西暦二〇〇〇年ですから、二千年前の温泉文化を考えるということで、エジプトの水浴の図から始まって、水文化とは何かと。そこから一応、われわれの中で整理が始まったんです。それはやはり、かなりの整理ですよ。いわゆるレジャー論、温泉、それから産業論というものを分けながらやる。それはある意味では、大島先生が言った文化というものの一つの集大成です。

森▒ 二〇〇〇年に、もう一つの文化というものに目線を向けなければいけないよ、というような意図はあったわけですね。

合田● 外的にあったんですよ。つまり、二〇〇〇年というミレニアム、一つのエポックメイキングな年ですよね。それを記念して、われわれも一緒に同時代的に生きていくためには、やはり二〇〇〇年ということをけじめとしてどうとらえていくかということを考えました。また、バックアップしてくれた静岡県の意向とわれわれの目的が合致しまして、温泉ミュージアム(「世界温泉ミュージアム&メッセ」二〇〇〇年二月二四~二七日)をつくり、会場は伊豆半島のど真ん中の山の中[17]だったにもかかわらず、わずか四日間で二万八千人も入ったんです。それがある意味での集大成

❖16 **秘湯ブーム**……実際には一九八〇年前後から起きていた現象。観光地化されていない山間部の一軒宿を訪ねることが流行となった。高度経済成長期以降、温泉地の観光地化、歓楽街化が進んだことにより、その喧騒を避けて「本物」の「素朴」な「秘湯」を求める傾向が出てきたもの。しかし、ここでもテレビの紹介の結果、一般客が大量に押しかけるといったコマーシャリズムが先行した側面が強い。

だったんです。

森▒ なるほど。

合田● [18]新天城ドームという山の中にある大きなスペースでやらなければいけないので、世界の温泉文化についてのいろいろな展示物を用意しました。たとえばイギリスの[19]バースというところの[20]ローマ式浴場。現存しているんです。唯一、良好な状態で残っているその当時のお風呂を実寸で再現しました。キュレーター（学芸員）を呼んできて、現地と提携してそっくりにつくりました。それで二千年前の浴場文化、温泉文化を再現しようと。全部で六千万円かかったんです。

森▒ 今もまだあるんですか？

新天城ドームで開催された「世界温泉ミュージアム＆メッセ」
（伊豆新世紀創造祭全体実行委員会主催，2000年2月）.

合田● 展示が終わると潰しました。キリスト教文化、ローマ文化、それから[21]インカ文化、それぞれの文化における温泉ということで展示したんです。ミュージアムっぽく、温浴と温泉に関する写真であるとか近代のアールデコ、アールヌーボーの時の現物のポスターといったものと、日本にある昔の絵や風呂桶とかを並べてみたわけですよ。

入口を入ると、太古の地球ができるところの鉱物が集まってきて、水が宇宙から来ているところから始まるんです。そこから一歩ずつトンネルの中を進んでいくと、ギリシャ文化が出てきて、ギリシャからローマへと。それから宗教と泉信仰[22]について今まで僕が海外で取材した素材なんか

❖17 **伊豆半島**……火山帯の真上に位置する伊豆半島は、熱海温泉をはじめ、伊東、熱川、稲取、伊豆長岡、修善寺などの温泉があり、日本を代表する温泉の集中地域の一つである。東京から一泊二日の旅程と絶好な立地から、高度経済成長期には温泉観光の代名詞的存在であった。

❖18 **新天城ドーム**［しんあまぎどーむ］……一九九七年に静岡県天城湯ヶ島町（現・伊豆市）に建設された開閉式ドームを持つ多目的スポーツ施設。愛称は「Big Sun（ビッグサン）」。スポーツ総合公園「スポーツバルト遊ＹＯＵ天城」内にある全天候型グラウンド。修善寺駅からバスで二〇分ほどの山間部に立地する。

❖19 **バース**［Bath］……港町ブリストル近郊にある英国有数の観光地。ローマ式浴場が残る「ローマン・バス・ミュージアム」が有名で、ほぼ完全な一八世紀の景観を残している英国最大の都市保全地区である。ローマ帝国時代からの温泉の記録にあり、源泉はケルト人の信仰の対象ともなっていた。ローマ遠征軍に発見されて以来、中世には巡礼者の宿泊の需要があった。エリザベス一世（1533–1603）の時代に温泉地として復活し、貴族階級の保養地として開発された。一八世紀には湯治が大流行し、「国の病院」と呼ばれて賑わった。一九四二年にナチスドイツの空襲で徹底的に破壊されたが、戦後に再建された。一九七八年に温泉が閉鎖されて以来、温泉施設跡を見ることしかできなかったが、再生プロジェクトが施された。別府と姉妹都市提携を結ぶ。

❖20 **ローマ式浴場**……基本的には高温浴室、暖温浴室、冷温浴室を備えたもの。低温〜暖温〜高温〜暖温〜冷温と、徐々に冷熱をくり返す入浴法をとり、浴場はマッサージのついた温浴室、温水浴槽、冷水浴槽と休息室からなっている。ギリシャのギムナジウムの流れを汲む公衆浴場バルナエが出現し、紀元前後には水浴場が巨大化した大きなプールを持つ大浴場テルマエへと進化した。

❖21 **インカ帝国**……スペイン人の来航前、南米に存在した帝国。アンデス文明の最後に存在した国家であり、一五七二年にスペイン人との戦闘により滅亡した。ペルー北部の都市カハマルカ（❖II–31）の近くには、インカの王が利用したといわれる風呂も残っている。タンボと呼ばれる宿泊所が整備されていたが、これらは温泉近くの発掘調査によって明らかになった。

❖22 **泉信仰**……ヨーロッパにはキリスト教（とりわけカトリック）にまつわる聖泉の伝説が存在するが、ここでは古代ギリシャの泉信仰のこと。ギリシャには数多くの泉が神々と関連づけられて語られている。最初の泉の神はヘラクレスであり、多くの泉はヘラクレスに捧げられた。また、よく知られたものにはゼウスの妻ヘラが沐浴するごとに若さと処女性を取り戻すというカナトスの泉（❖IV–7）の神話がある。

も全部使って、一連のストーリーをつくっていった。全部で一億五千万円かかりました。

森▒　うわあ！　博覧会で見せていったんですか。訴え方としては相当に局所的ですが、時代が要請したんでしょうね。

ドーム内に原寸大で再現された古代ローマ式浴場.

合田● クレオパトラ[23]の時代、シンボルとして美というものが初めて意識された、それも健康美というものが。それで、フランスのルーブル博物館の文献を読んで、アイシャドウとはいったい何かということを追求しました。古代エジプトは前期と後期があるんですが、クレオパトラの時代のアイシャドウはどういうものだったのか、イスラエルのネゲブ砂漠[24]まで孔雀石[25]を採取に行って、フラスコに残っていたものと匂いもそっくりにつくりましたよ。孔雀石を砕いて羊の脂と一緒に煮てつくるんです。これは直射日光の問題とかいろんな眼病の予防も含めてこの色なんです。また、日本でいうと美の神様、ヘレナ[26]は、現地に行って調べてもヘレナ、ハイジアで、衛生の神様。つまりクリーンで、美などという価値観は後づけなんです。そのハイジアというものについて、一つのシンボル化されている像の本物そっくりのレプリカをミュージアムから運びました。それ

❖23 **クレオパトラ七世**[BC70?–BC30]……プトレマイオス朝エジプト最後の女王。プトレマイオス朝はギリシャ／マケドニア系の王朝で、代々のプトレマイオス王と女王とがエジプトを統治していた。強大化するローマの統治者と次々と関係を結び、ユリウス・カエサルとの子をプトレマイオス一五世として王位に就けたが、ローマの権力闘争の中でクレオパトラは自殺しエジプトは滅ぼされる。ドラマチックな人生から絶世の美女とされる。

❖24 **ネゲブ砂漠**……イスラエル南部に広がる砂漠。「ネゲブ」は古典ヘブライ語で「南」の意。マクテシムと呼ばれるこの地域特有の巨大なクレーターを持ち、死海はこの砂漠のエリアにある。

❖25 **孔雀石**[くじゃくせき]……マラカイト。銅の二次鉱物でロシア、南アフリカを主な産地とし、古代オリエントではシナイ半島を主な供給源とした。日本では秋田県の荒川銅山などで産出された。粉末は顔料として使用されている。日本でも青丹として古来から使用されていた。

❖26 **ヘレナ**……ギリシャ神話の健康の女神ヒュギエイアであり、医学医療の女神とされる。医学の神アスクレピオスの娘で、ローマのトレヴィの泉をはじめ、泉にハイジアの像が置かれる例が見られる。

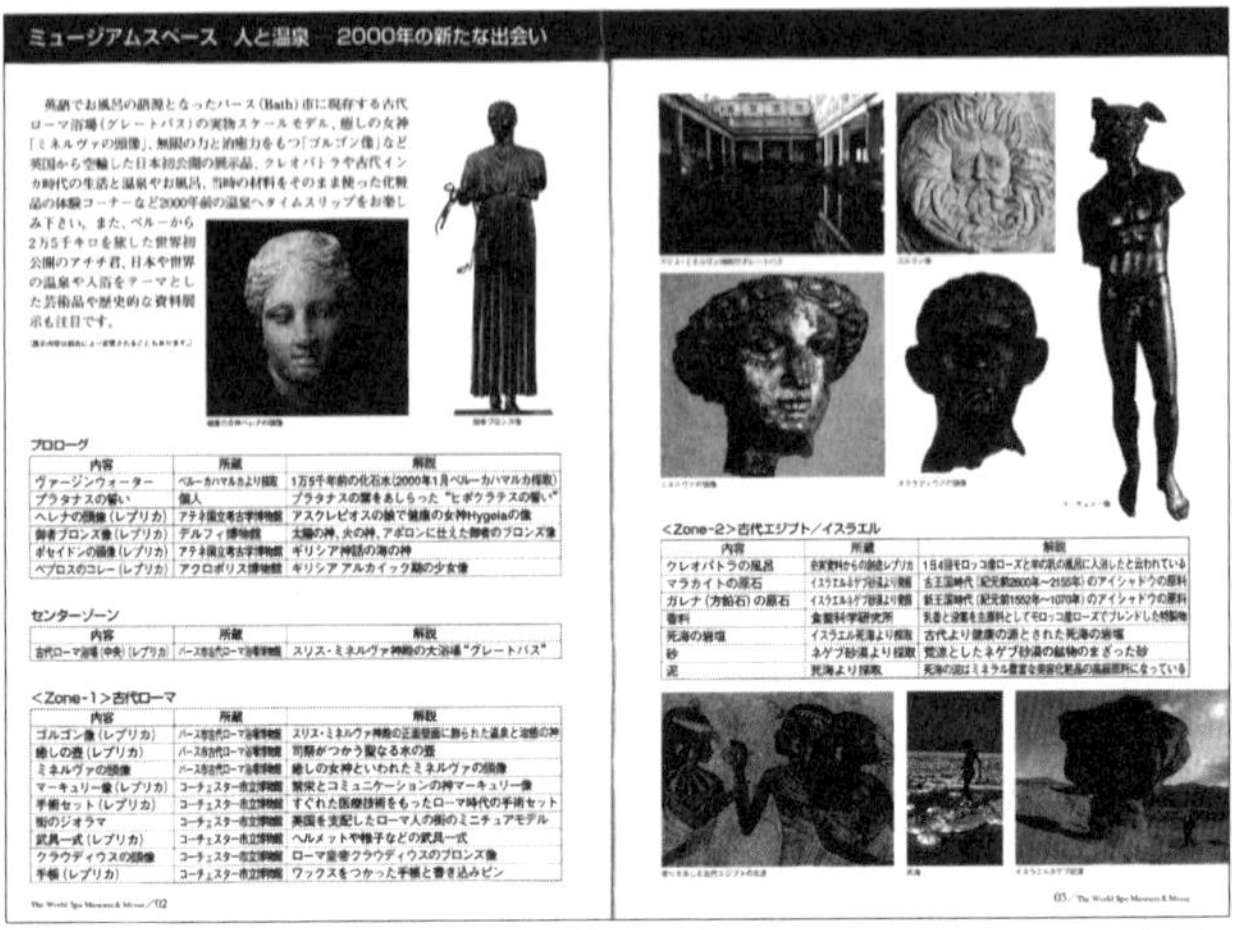

ミュージアムスペース　人と温泉　2000年の新たな出会い

英語でお風呂の語源となったバース(Bath)市に現存する古代ローマ浴場(グレートバス)の実物スケールモデル、癒しの女神「ミネルヴァの頭像」、無限の力と治癒力をもつ「ゴルゴン像」など英国から空輸した日本初公開の展示品、クレオパトラや古代インカ時代の生活と温泉やお風呂、当時の材料をそのまま使った化粧品の体験コーナーなど2000年前の温泉へタイムスリップをお楽しみ下さい。また、ペルーから2万5千キロを旅した世界初公開のアチチ君、日本や世界の温泉や入浴をテーマとした芸術品や歴史的な資料展示も注目です。

プロローグ

内容	所蔵	解説
ヴァージンウォーター	ペルーカハマルカより採取	1万5千年前の化石水(2000年1月ペルーカハマルカ採取)
プラタナスの誓い	個人	プラタナスの葉をあしらった"ヒポクラテスの誓い"
ヘレナの頭像(レプリカ)	アテネ国立考古学博物館	アスクレピオスの娘で健康の女神Hygeiaの像
御者ブロンズ像(レプリカ)	デルフィ博物館	太陽の神、火の神、アポロンに仕えた御者のブロンズ像
ポセイドンの頭像(レプリカ)	アテネ国立考古学博物館	ギリシア神話の海の神
ペプロスのコレー(レプリカ)	アクロポリス博物館	ギリシア アルカイック期の少女像

センターゾーン

内容	所蔵	解説
古代ローマ浴場(中央)(レプリカ)	バース市古代ローマ浴場博物館	スリス・ミネルヴァ神殿の大浴場"グレートバス"

<Zone-1>古代ローマ

内容	所蔵	解説
ゴルゴン像(レプリカ)	バース市古代ローマ浴場博物館	スリス・ミネルヴァ神殿の正面壁面に飾られた温泉と治癒の神
癒しの壺(レプリカ)	バース市古代ローマ浴場博物館	司祭がつかう聖なる水の壺
ミネルヴァの頭像	バース市古代ローマ浴場博物館	癒しの女神といわれたミネルヴァの頭像
マーキュリー像(レプリカ)	コーチェスター市立博物館	繁栄とコミュニケーションの神マーキュリー像
手術セット(レプリカ)	コーチェスター市立博物館	すぐれた医療技術をもったローマ時代の手術セット
街のジオラマ	コーチェスター市立博物館	英国を支配したローマ人の街のミニチュアモデル
武具一式(レプリカ)	コーチェスター市立博物館	ヘルメットや帽子などの武具一式
クラウディウスの頭像	コーチェスター市立博物館	ローマ皇帝クラウディウスのブロンズ像
手帳(レプリカ)	コーチェスター市立博物館	ワックスをつかった手帳と書き込みピン

The World Spa Museum & Messe／02

<Zone-2>古代エジプト／イスラエル

内容	所蔵	解説
クレオパトラの風呂	史実資料からの創造レプリカ	1日4回モロッコ産ローズと羊の乳の風呂に入浴したと言われている
マラカイトの原石	イスラエルネゲブ砂漠より採掘	古王国時代(紀元前2600年〜2150年)のアイシャドウの原料
ガレナ(方鉛石)の原石	イスラエルネゲブ砂漠より採掘	新王国時代(紀元前1552年〜1070年)のアイシャドウの原料
香料	食糧科学研究所	乳香と没薬を主原料としてモロッコ産ローズでブレンドした特製物
死海の岩塩	イスラエル死海より採取	古代より健康の源とされた死海の岩塩
砂	ネゲブ砂漠より採取	荒涼としたネゲブ砂漠の鉱物のまざった砂
泥	死海より採取	死海の泥はミネラル豊富な美容化粧品の高級原料になっている

03／The World Spa Museum & Messe

「世界温泉ミュージアム＆メッセ」パンフレットより.

から、モロッコ産のバラと何日か経った羊のお乳とを混ぜてクレオパトラがお風呂に入っていたという文献が残っていますので、それはアレクサンドリア[27]から海が見える、ここに入っているんだと、資料がないので想像でお風呂の形態を再現しました。一生懸命にそういったコンセプトを考えたり、裸の文化というのはどういうものかと検証したりと、楽しく取り組みました(笑)。

史実からの想像で再現したクレオパトラの風呂.
クレオパトラ役は，親善大使として来日した
イスラエル人モデルのケレン・レビィさん.

森▒　いやあ、すごい！

合田◉ ほかにも、ローマ式の高床[28]の蒸し風呂、ハンマーム[29]も展示しました。レンガを積んで薪《まき》をくべて、要するに蒸気浴[30]なんです。これは現物の何分の一かのレプリカです。後は、インカの王様のお風呂もつくりましたね。カハマルカ[31]にあるんですが、現地に行って再現したんです。そうやって遊ばせてもらいながら、いろいろと勉強させていただきましたが、そのプロセスで結構、いわゆる庶民の感覚で体感的に「やっぱり温泉というのはすごい歴史を持っているんだな」という

❖**27 アレクサンドリア**……カイロに次ぐエジプト第二の都市。マケドニア王アレクサンドロス(BC356?–BC323)が大遠征の途上で自身の名を冠して各地に建設したギリシャ風都市アレクサンドリアの一つ。ギリシャとエジプトを結ぶ結節点となり、その後も交易都市として発展し、現在も国際的な商業都市として栄えている。

❖**28 ローマ式の高床**……ローマ式浴場で暖をとるための部屋であるテピダリウムに使用されている石の高床。ハイポコーストと呼ばれる床暖房システムで、床面をこの高床で地面から持ち上げ、壁の中にも空間を残しておき、炉から床下や壁に熱気を送り込み、屋根へ排気する。火を管理するには多数の使用人の労働力が必要であり、帝国の衰退とともに使用されなくなった。英国のバースの浴場遺跡に残されている。

❖**29 ハンマーム(ハマーム)**……イスラム圏で広く利用されている公衆用の蒸し風呂。銭湯のような気軽さで定着している。蒸し風呂と垢《あか》すり、喫茶室のサービスを基本とし、庶民の憩いの場、社交の場として機能してきた。浴場が上流階級のものであったヨーロッパからの旅行者は、一般の庶民や女性が上流階級との区別なくハンマームへ通う姿を見て、その驚きを記録している。

❖**30 蒸気浴**……蒸気を発生させて蒸気を満たした部屋などで行う入浴法。温熱療法として、神経痛、関節痛、筋痛、脱脂療法などに利用することもある。体温が上昇して大量に発汗しても、汗が気化しにくいので体温が下がらず、汗が次々と出てくる。汗をかいた後、冷水で身体を引き締め、温めと引き締めをくり返すことで高い美容効果や健康効果を得ることができるとされる。歴史的にも古くから活用され、豊富な水が得られない地域をはじめ、世界各地でこの方式の入浴法が広く見られる。

❖**31 カハマルカ**[Cajamarca]……ペルー北部の都市。標高二七五〇メートル。山に囲まれた盆地にあり、インカ帝国最後の皇帝アタワルパ(1502?–1533)がフランシスコ・ピサロによって幽閉され最期を迎えた地としても知られる。街並みは植民地時代の面影を濃く残し、アタワルパが愛用していたという温泉「バーニョス・デル・インカ(Baños del Inca インカの温泉)」がある。

ことをあらためて感じました。

森▒ これだけのことをやって、人がいっぱい集まって。企画としては大成功じゃないですか。温泉地を含めて、いろいろ名湯があるからということで静岡でやったんですか？

合田● 静岡県の二〇〇〇年記念イベントで、伊豆の観光復権を目的とした「伊豆新世紀創造祭」[32]というのがあったんです。本当に大成功でした。燃え尽きましたね(笑)。

森▒ 芸術なんかもそこに参加したと思いますが、そうした行為が何を生んできたのかも、やはりこれから検証していかなければならないですね。庶民感覚の弾けも観光の一つの要素ですが、次につながるものを見きわめる何かを生み出したのであれば、それが本来の成功ですよね。

32 伊豆新世紀創造祭……西暦二〇〇〇年のミレニアムを記念し、二〇〇〇年の丸一年間、静岡県が主体となって伊豆の観光復権を目指した活性化事業。「チェンジ伊豆2000！」をキャッチフレーズに、伊豆二一市町村と共同で「全国一の観光リゾート地」を目指してさまざまなイベントや観光システムの実験などに取り組んだ。

III

原点としての温泉

紀元前400年頃,
ヒポクラテスは「入浴は健康に効果がある」と説いた.
彼の生誕地コス島(ギリシャ)は
温泉医学発祥の地と呼ばれている.

世界の温泉文化史

森▒　静岡で取り組んだ温泉ミュージアムのお話をうかがいましたが、もう一度、文化を検証するということで、今度は外国の温泉地の話をお聞きしていきたいと思います。合田さんは世界中の本当にいろいろな温泉地を見聞し、温泉地開発にも関わってこられました。二〇〇〇年に静岡で開催した温泉ミュージアムでは、世界の温泉文化をいろいろと歴史をたどって紹介されたわけですが、それはやはり、本当に総合的な文化として温泉が世界で許容されていたという、温泉文化の見聞が根底にあったということでしょうか。

合田●　そうですね、それまでにもう主要なところはほとんど行きましたから、辺鄙《へんぴ》なところを含めて。それも、一回行って旅行記事みたいなことを書くんじゃなくて、何回も行っています。イタリアは二二回くらい、イスラエル、死海が一七回、ドイツはもっと行っています。そういう定点観測も含めて、モロッコからチュニジア、エジプト、アルジェリア、シリア、イラン、トルコと行っているわけです。文化圏で大きく分けると、キリスト教文化と全然違う国はどうなのかということでは、イスラム系とインカ文化ですね。ニュージーランドに行った時は、先住民族マオ❖リのものをまずは見たかった。

もう一つは、社会がその地域の温泉文化を変えていきます。インカにはすばらしい温泉文化がありました。たとえば、子どもを一人産んだら産休をもらって温泉に行く。双子だったら旦那さんも産休になるわけです。

森▒　インカですか。

ペルーのカハマルカにて，マイヨーロ博士（左）とともに実地調査をする大島良雄博士（中央）.

合田◎　プレ・インカです。プレ・インカの時代の文献が残っていないし、文書もなかったんですが、ペルー地理学会会長のアントネス・エリザベス・マイヨーロ博士と一緒に実地調査して見つけてきました。それで、何が言いたいかというと、インカがスペインによって占領された後のペルーの時代になると、その人たちの温泉文化がやっぱり変貌するんですよ。調査するうえでのテーマは、温泉というものはその社会制度、社会の支配層によって変質していく、あるいは進化していくということです。だから、イスラエルはユダヤ、キリスト教に転化していくところ、イランは王朝時代の温泉とイスラム化された後のもの、ということで定点で調査をやるんです。

社会によって、すなわち世代世代の大きな社会制度とか、征服者と

❖1　**マオリ**……ニュージーランドの先住民族。ポリネシア系の言語を話し、神話伝説や言語の特徴からハワイなど赤道近くの島嶼《とうしょ》文化と共通点があり、ポリネシア人の航海技術によりナウルやトンガ方面から移動してきたと考えられている。

か、文化の変転によって温泉の利用というものはころっと変わってくる。ものの見事に変わってくるということがあって、それが断絶なんですよね。プレ・インカの時代にあれだけ温泉を重宝し、健康についてのすばらしい伝統があったにもかかわらず、スペインが持ち込んだいろいろな感染病、あるいは馬なんかもそうですが、そういったものによって温泉文化が変わってしまうということなんですね。

森▒　だけれども、温泉というものに対する受容の伝統は脈々と流れているわけでしょう。それは信仰も含めて。

合田●　それがインカの場合には断絶してしまうんです。キリスト教は、新しく清潔にするとか

世界遺産マチュピチュの麓にある温泉の町，アグアス・カリエンテス（ペルー）．古代インカの時代から温泉が利用されている．町の名はスペイン語で「熱い水」，すなわち温泉を意味する．

温泉川で洗濯するペルーの先住民族の人々（バーニョス・デル・インカ）．

という時代ではなかったんですね。どちらかというと、いわゆる禁欲的なものがあるでしょう。シャワーだって、きれいにするとかということはしなかった。ペルーではいまだにあるんですよ、その習慣が。スペイン人が来る前は、清潔ほど美だったんですけれどもね。それが大事で、温泉の使い方、けじめ、それから死んだ後も七日、ひとめぐりの月のところになってから、そこではきちんと清めをする。そういう文化は、基本的には日本のものと変わらない、同じようなものということですよ。

ギリシャの場合には泉信仰という泉に対する一つの生命回復の力、処女性の回復、それからいろんな意味のものが神話としてあるじゃないですか。それがずっと発展していって、カトリックでいうルルド[2]の泉の不思議な水というようなものが出てくる。たとえばヒンドゥーでもそうです。そういう流れの清めとしての水というものは、大きく見てみると共通項です。私はある意味では、二〇〇〇年という契機に、それをどう進化していくかといったようなものを表現したかったのです。

❖2　**ルルドの泉**……フランスのピレネー県ルルド(Lourdes)にある泉。その水を飲めば病気を治癒する効果があると信じられている。一九世紀に村の少女ベルダネットがマッサビエルの洞窟のそばで白衣の貴婦人に泉の存在を教えられ、掘ると泉が湧出した。この泉には病気を治す奇跡の報告が相次ぎ、白衣の貴婦人は聖母マリアであると意味づけられた。ベルダネットはヌヴェール愛徳修道院に入り、シスター・マリー・ベルナールとなったが、没後も遺体が腐敗せず、現在も安置されていることも奇跡の論拠と考えられている。カトリック教会の巡礼地となり、泉の湧出したマッサビエルの洞窟には大聖堂が建てられた。フランスでこうした泉に対する巡礼が発生する土壌には、キリスト教以前のケルトの聖泉信仰が深層にあると考えることができる。

日本の温泉の原点とは

森　続いてお聞きしたいのですが、そういう外国の温泉地を俯瞰しながら、同時に伝統的な日本型の温泉地というものをどのように考えておられましたか。

合田　逆に日本で見られなかった、感じられなかったことが見えてきますよね。現代ヨーロッパはほとんどローマ式ですよね、古代ローマが原点になっていますから。それまで貴族の専有物だったものが、国によっては二〇世紀に入り、ポピュラリゼーション、大衆化していった。

大勢の礼拝者が訪れるフランスのルルドの泉.

森▒ ちょっとすいません、もう一回、ヨーロッパを見る中で日本の伝統的なものが……。
合田● いえいえ、私は海外に行って、いろんな文化とか温泉の位置づけについて社会の人たちがどう取り組んでいるか、どう距離感を置いているか、どんなふうな思想で見ているかというような風習、習慣も含めて見ることによって、日本のことが逆にわかってきたんです。現在の日本の温泉を考えるためには、温泉の歴史の幅を見ておく必要があります。

今、お話ししているのは、ヨーロッパというのは、チュニジアやアルジェリアあたりまでも含めて、これはローマ式だということでだいたい統一できるわけです。それはウエット系です。要するに湯に浸かるという。一方、ハマームというものがあって、これはドライ系ですね、蒸気浴。今のアゼルバイジャンあたりから来ているようなんですけど、それがトルコのハマムになり、エジプトにも伝わる。エジプトではそれが融合して、どちらかというと肉感的、官能的なものになった。アロマ浴[3]、今でいう芳香のようなセクシャルなものです。それがローマに入って、ギリシャの堅い、どちらかというと哲学的というか禁欲的なスポーツ選手と貴族しか使えなかったよ

❖3 アロマ浴……「アロマ」とはフランス語で「芳香」のこと。古代エジプトでは日常にさまざまな香を焚くことが儀式化されており、入浴の際にもアロマを使用することが多かった。これは乾燥から皮膚を守る作用もあったと考えられている。バラノス油、乳香、没薬などが入ったメンデシウムや、サクディと呼ばれる香油が珍重されていた。大英博物館には紀元前二〇〇〇年代の香水入れが展示されている。ヨーロッパでは中世以来、修道院によって栽培された植物成分の芳香をアルコールで抽出して民間療法として用いられてきた。イスラム圏では一一世紀にイブン・シーナーが蒸留による精油の製法を確立し、医学に応用した。

うなものが、クレオパトラも含めて官能的、気持ちがいいというものと融合して大衆化し、テルメとして古代ローマの時代に急拡張するわけですね。それがヨーロッパの覇権というかローマが占領することによって、広い範囲にひろがっていく。これが第一次の波です。そして一九〇〇年代に、貴族だけのものだったのが、医療として社会制度の中で市民の権利として入ってくる。第二次ポピュラリゼーションです。それは、医療としての切り口で入っていったわけです。

そういった流れを踏まえながら日本のことを見てみると、日本の原点はやはり室[4]というハマームなのだと思います。最初は室で、蒸気浴だということがわかり、こんなに美しい日本の風土、季節感の中で、豊富な湯量、豊かな火山の温泉がやっぱり進化していったんだと気づきます。それが江戸時代の銭湯は、そういう辺鄙な地方まで行かなくてもやろうということで、入浴の習慣ができたわけですよ。室町時代からその流れはずっとあったわけですが、ただそれも貴族的なもの、要するに禊[5]的なもの、宗教的なもので、これはどちらかというと関西エリアですね。東北については少し違う分野から発展していくわけでしょう。だから日本の原点を見ると、仏教と一緒にした山岳信仰[6]以前のアニミズムがあるわけですけれども、出雲の話から始まって、アニミズムというものがやっぱり日本の温浴文化の原点だったということです。これが日本の温泉観というものを築き上げていきます。それが逆に今、スウェーデンやドイツなどで見直されてきているわけですよ。これも本当にもっと自信を持っていいわけです。対外的に言うとそういう流れなわけです。

だからこそ、日本の温泉というものは日本人こそ知らない、日本人こそ距離感がわからなくなってしまっているんです。日本人が日本にもともとあった本当の自然なつきあい方をしていけば、その方向に還っていくんですよ。それが温泉の価値をもう一度認めるということです。歓楽型の、ぱっと湯に入ってぱっとビールを飲むという接点しかなかったものが、温泉というものは自然と一体化していくというふうなもっと価値のあるものとして位置づけていく。これは日本の伝統だから、そこを再考していくということが、やはりわれわれの一つの使命だと思います。

スウェーデンにあるホテル
「和（Yasuragi）ハッセルウッデン」の露天風呂.
日本の旅館をイメージし,
浴衣や布団など日本文化が随所に取り入れられており,
人気のヒーリング・スポットとなっている.

❖4　**室**［むろ］……「窟《いわや》」や「岩室《いわむろ》」の意味。蒸し風呂。薬草を煎じた蒸気を満たし、土で覆いをし、蓆《むしろ》で区切ったかま風呂に入る。法華寺には光明皇后が貧困層の入浴治療を目的に建設したといわれる浴堂が残っている。「風呂」そのものの語源にもなったと考えられ、日本では元来、「風呂」とは室を指し、浴槽を持つものは「湯殿」「湯屋」（❖III－12）と呼ばれていた。

❖5　**禊**［みそぎ］……水に入ることで罪や穢《けが》れを落とすことができるとする日本の信仰。神事の前に滝や川、海などで身を清める。仏教では水垢離《みずごり》と呼ばれる。

❖6　**山岳信仰**……日本には仏教伝来以前から、山岳で肉体的、精神的修養を行うシャーマンなどの呪術的修行者やアニミズム的な自然観をもつ精神文化が発達していたと考えられている。山岳での修行を通して「自然智」を獲得していく精神文化は、仏教伝来後に仏教の理論と結合して山岳仏教として発達した。最澄や空海などの宗教的天才が比叡山や高野山へ向かったのはこのためと考えられる。

贈与としての温泉

森 私もそう思います。ただし、健康という概念も病気という概念もそうなんですが、ヨーロッパをはじめとする海外の温泉受容と、日本の脈々と流れてきた伝統的な温泉受容のあり方はやはり違うし、庶民生活の中での健康という概念も非常に違っていると思うんです。

合田 はい。

森 ただ、古来から始まって、玉造温泉[7]が紹介されてというようなことから始まる日本人の温泉受容の中には、とりたてて健康になりたいとか、健康になるための何かというような、何か声をあらげて言う概念はあまりなかったように私は思っているんですよね。

合田 そうですね。

森 それは非常に自然に、ある意味では自然に浴するというようなものではないでしょうか。それこそ人間の生死ということについての向き合い方のようなことですね、何か原始的なアニミズムのようなものが存在して、温泉そのものにも浴するんだと。つまり、私たちはやはり自然の力に浴し、そこからさまざまな力を得る。そこには「贈与としての温泉」というような概念が端的にあったと私は思うんですよ。それが今、見直されているというようなことを含めて、人類が自然に浴し、どのように自然を受容するかということの問いにさらされていますね。ですから日本人が養ってきたそういう自然観というものを、いろいろな意味で見直さなければいけないんじゃないかと思います。健康観というようなものが近代に発生してきたとすれば、もう少し日本人は自然の中で生きながらえていくという態度が強いように私は思っているんです。

合田● さきほど言ったギリシャにしても、いわゆるパブリック・ヘルス[8]という概念が、やはり後で出てくるわけです。ペストだとか、ネズミなんかもそうですが、一番忌み嫌われるものをどうするか。そういった環境整備を結構厳しくやっていて、美とか健康というものはやっぱり後から出てきています。それに比べて日本は、自然も含めてものすごく豊かです。水もいっぱいあります。四季折々があります。それから気候風土もマイルドですよ。本当にやさしいものなんです。

森▒ たおやかですよね。

合田● 自然に湧き上がってくる一体感みたいなものは、たとえば温泉にしても禊にしても、ヒンドゥーとかの禊とは違うわけで、ヨルダン川でキリスト教をやるのとは違うんですよね。つまり、一体になるということは自然に還るということでもあり、「帰属の儀式としての温泉」と言えるよ

❖7 **玉造温泉**［たまつくりおんせん］……島根県松江市にある温泉。奈良時代の開湯といわれる古湯で、出雲風土記にも記述がある。青瑪瑙《めのう》から勾玉《まがたま》をつくる玉造部《たまつくりべ》が置かれたことから「玉造」の地名がついた。玉《たま》作湯《つくりゆ》神社にも櫛明玉命《くしあかるたまのみこと》が祀られている。

❖8 **パブリック・ヘルス**……公衆衛生。一四世紀のペストの流行によって、ルネサンス期に北部イタリアの都市で公衆衛生局が設立されたことに始まる。当時のイタリアでは食料、ワイン、水の売買、下水道、病院、路上生活者、売春婦、共同墓地、宿屋、ユダヤ人共同体など、市民行政の多岐にわたる分野が管轄下に置かれた。

うなものがある。そういったものが根底にあって、山岳信仰的な命の再生がある。一度死んでみて、それをもう一度再生していく。これは情感的に言うとギリシャなどにもつながっていくものですが、日本独特のものとしては、この豊かな自然や疫病が比較的少ないといった恵まれた風土から生まれてきているやさしい心があると思います。荒々しい風土からは出てこないと思うんですよね。ここが、もっともっと日本人が追求していかないといけないことだし、このありがたみというものを、体感というか感覚的にわかってもらわないと進まないんですよ。

森▒ 日本人の温泉受容というものは、いわゆる多神教ですから、何もかにもありがたい、何もかにもの恩恵に浴する、何もかにもから贈与を受けている、贈与を受ける個人が浴するものが温泉なんだ、というような思考なわけです。だから、明確な目的を持って何かを鍛えなければいけない、健康というものを守らなければいけないという闘いのような視線で温泉を受容した歴史はやっぱりないわけですね。

合田● ないですね、薄いです。療養としてはあります。

森▒ ええ。ただし、それは近代に入ってから、制度として……。

合田● 古代ローマでもそうですけれども、切り傷や打撲、それから戦争の場合は弓や刀の切り傷、これらについて温泉の効能として抜群の回復力があると、自然発生的に広まっていくわけですよね。疲労回復の効能などについても、古代ローマでもどこでもいわれてきました。精神性といったものについては古代ローマでもさまざまです。たとえば、お風呂の語源になったイギリスの

The Baths
The great Roman bathing establishment, fed by the curative mineral waters was, and indeed still is, one of the wonders of Roman Britain. Much of it can be seen today six metres below the present street level.

バース（イギリス）の古代ローマ式浴場復元図.

バースというところに僕も何度も行きました。そこには神様がいて、地元の宗教とうまく融合しているわけです。古代ローマは多神教です。特定のものはありません。地元で起こっている信仰を決して否定せず、それとうまく一体化するんですね。取り込んじゃう。だから古代ローマの神様、ローマのシンボルはなんとなく現地風の顔になっていて、それらと一体化していく。そして結局、温泉場が祈りの場で、コインとか宝石とかいろんなものが投げ込まれているわけです。そこは祈りの場であると同時に医術の場。ただし、それは自然というものではないんですよ。ヨーロッパ独特の、あくまでも自然にはないものなんですよね。

森 なるほど。形なんですよね、摂取する行為としての形。

合田 はい。それで、それが分離したキリスト教というのは一神教で、ともかく全能の神様がいて、世界をつくった。人の体から全部つくったといわれるわけですよね。磔《はりつけ》になることによって神になったのがキリスト。マホメットと違うところは、あくまでも人間。イスラムでは空間ですよね。何もないですよ、モスクに行っても。そこの感性はわりと日本に近いでしょう、無というものがあって。そこにうまく入ってきているのが[9]ゾロアスター教。

原始的なものですけど、風と水と空気と火というもの、これもまた日本に近づく。日本ほど、水と風と緑と山といった自然に対して命というものを感じるのはやっぱり独特ですよ。

生命の記憶としての温泉

合田 吉田集而[10]さんの『風呂とエクスタシー――入浴の文化人類学』（平凡社、一九九五年）という本があります。吉田さんは、本のタイトルに「エクスタシー」と入れていますが、人間が気持ちいいと感じる時に、肉感から出てくるものというのはやっぱり日本の風土なんです。ドライ文化圏でお風呂に入るのとは違う。もっと自然の中で、ふわーっとして「極楽、極楽」というね、あの再生理論というか、その自然との一体化みたいなものはやっぱり日本独特。世界を見ても独特です。

森 ああ、そうですか。

合田 僕は認知症の人を裸湯と温泉に入れる調査をしたことがあるんです。そうしたら、みなさんだいたい失禁するんですが、温泉のほうが失禁率が断然高かったんです。自分で考えなくても無意識のうちに心臓がぱくぱくするのは自律神経の作用ですが、これを活性化するんです。エクスタシーなんです。気持ちいいんです。だから失禁しちゃうんです。これはどういうことかと言うと、単なる温熱、熱の作用ではなくて、温泉は意識しない生命の根っこのところに作用するんです。そこはやっぱり日本人が感覚的に持っているものです。

森▒　今、感覚的とおっしゃったんですけど、エクスタシーという行為はやっぱり非常に根源的なもので、何と何が結びついたから作用になったというものではなく、もっと根源的な人間の生命層に寄り添ったものですよね。湯に入ることによるエクスタシー、それはつまり「あぁ、気持ちいいな」という入り方、安堵する場所、そういう入浴のスタイルは非常に日本独特なものですよね。

それからもう一つ、私はぜひ考えたいと思うのは、制度としての浴場のことです。やはりそこでは人間の生理を解き放つと同時に、具体的に人間の性というものをおおらかに包む役割をもって発達した浴する場のことですね。巫女の原型にもなるんですけれども、湯女❖11という人たちは自然と一つになるための媒介者だというとらえ方をされているわけですが、湯に浴するということは、一つは非常に神でもあるのですが自然に近くなる。神の恩恵。さきほど言った贈与、何かを授かるということの最も近いところにいて、神を媒介するために女性が介在していく。そこに湯

❖9　**ゾロアスター教**……イスラム教以前からペルシャ(イラン)に存在する宗教。拝火教とも呼ばれる。世界は光と闇、善悪の戦いという二元論でできていて、最終的には善神アフラマズダが勝利すると考える世界観を持つ。ササーン朝(226–651)にて国教とされた。ゾロアスター教が一神教であるイスラム教を受容する下地を準備したといえる。

❖10　**吉田集而**[よしだしゅうじ、1943–2004]……薬学博士、文化人類学者。元国立民族学博物館教授。ニューギニアをフィールドに、酒造りや入浴を人類学の見地から研究した。

❖11　**湯女**[ゆな]……中世より存在し、浴場で髪梳《かみす》きや垢《あか》すりなどのサービスを提供した女性。江戸初期には都市の風呂屋などでも「流し」のサービスを提供した。山東京山《さんとうきょうざん》(1769–1858)が著した『歴世女装考』(一八四七年)によると、寛永年間頃より次第に遊女化し、元禄から明暦年間以降は吉原遊郭以外での湯女は幕府によって禁止された。幕府の禁令以降は、三助と呼ばれる「流し」がサービスを行うようになる。

江戸の湯屋（山東京伝作『賢愚湊銭湯新話』）.

という要素があって、湯屋[12]で性の交歓が行われていたということは、非常に本質的な人間の生命層に通じてくるというふうに思っているんですけれども。宗教性を帯びた通過の途中に湯を位置づけていった場のことを、制度、儀礼の踏襲として考えてみたいです。

合田◉ まさに私もそこはずっと追求していまして、なぜ母、つまり女性は入浴を媒介として神と一体化する一つの意識なのかということを考えていくと、私は羊水だろうと思うんです。十月十日《とつきとおか》の期間、お母さんのおなかの中で成長を守っていただくものは塩化ナトリウム単純泉。温泉の用語で言うと、真水ではなくてまさにいわゆる温泉なんです。われわれは産まれてくる前の意識というものをDNAの中に持っているように私は思うんですが、その十月十日の経験値はわれわれの記憶の中のどこかにある。それは覚えられない、つまり学習できない、表現できない記憶ではあるけれども、確実に体の中に埋め込まれている記憶として羊水体験というものがあると思うんですね。温泉に入るということは、まさにその体験の追憶ではないかと。

森▒　まったくそうですね。

合田●　それからたとえば、それが山岳信仰でいうところの母、胎内という、さきほど言ったようなものとまったく類似の発想が出てくるのも無理のないことではないか、というのが一つ。それからもう一つは、人間の平衡《へいこう》感覚をつかさどる三半規管《さんはんきかん》です。普通、動物学的にいくと、揺れるところというのは不快な状況になると思うんですけれど、赤ちゃんでも高齢者でも、ロッキングチェアにしても、やはりある程度の心地良さというのは浮遊している状態で、それはまさに羊水の中でわれわれの生命が浮遊していたという羊水体験から入ってくるだろうし。固定化されるものに快感は感じないわけですよね。そのへんは推測ですけれども、まさにそういう原体験みたいなものが影響しているのではないかと思います。

森▒　まさしく、その生命記憶というものと温水が直接つながっているところが非常にあると思うんですよね。それはやはり、生命はお母さんの羊水と同じ成分を持ったものから発生してくると同時に、そうした生命の記憶が私たちの誕生を寿《ことほ》ぐようなかたちでですね、自分自身もそこに

❖12　**湯屋**［ゆや］……近世には、公衆浴場のことを関西では「風呂」、江戸では「湯屋」と呼んでいた。喜田川守貞《きたがわもりさだ》(1810-?)による『守貞謾稿《もりさだまんこう》』（一八三七年）に「江戸の湯屋、おほむね一町一戸なるべし」とあるとおり、湯屋は「〇〇の湯」と町名をつけて呼ばれていた。東日本の温泉地の共同浴場の呼び名にも見られる。

たゆたうということが湯に入ることなのだということですね。ただ、そのことは制度的に考えないといけないと思っています。人間の根源的なこと、母胎を女性の中に発見し、それを信仰に高めていく制度。私たちの生命の起源が宗教として発生していくプロセスに水への信仰を取り込み、日本の場合はまさしく湯女という女性が、それは近世に入ってからだと思うんですけれども、人と自然、神をつなぐ存在として登場した。それは生命儀礼の行為、信仰行為でもあったわけですね。そこに湯が介在しているのがたいへん象徴的で、エクスタシーといった安堵、それから贈与を受ける、そして神と一体となるというプロセスまでも全部含めてですね、受容と自然に浴していくことの感謝も含めて、こんなにも生命の記憶に根源的に直接つながる温泉に入っていく民族は、やはりいないのかなと思います。

合田● そういうことは日本人同士だから素直に話せると思うんです。この特異なすばらしい環境の中に育まれた日本独特の自然観の中に入る温泉の位置づけと生命の感謝、そういったものが日本風の温泉文化とでも言いましょうか、やはり韓国にも中国にもないんですから。環境が違いますから。だからそこが日本が誇るべきものではないかなと、そうあってほしいなと思います。

森▒ ですから日本人の温泉の受容の仕方は、今言ったような意味で自然、生命記憶に直接触れてくる非常に生々しいかたちのものに触れていく行為であったということは、まぎれもない事実だと思うんですよね。治療という概念や病気という概念を含めて発展してきた欧米のロゴスや技術の成果が一方ではあって、それが発展していって医学というものの成立をみていくわけですけれども、そこに自身が治る、回復するという近代の個が立ち上がっていく。この両者のクロスというものを、どうしても温泉という磁場において実現していかなければならない時代にやっぱり来たように思うわけです。「健康と温泉フォーラム」の果たした役割は、まさしくそこなんじゃないかな、と。この対談の中でフォーラムの沿革史を長く聞いたんですけれども、その交差点をフォーラムはたしかに体現していたと思うんです。

共同浴場（コミュニティ・バス）と日本人

森▒　生命記憶としての温泉の受容の仕方というお話が出る中で、合田さんにぜひお聞きしたいと思ったのは、世界の温泉地をいろいろ回り、それぞれの固有性を見てこられた中で、もう一度、ヨーロッパから見た日本の温泉地ということについて少し言及してもらいたいんです。さきほど言ったように、保養地はヨーロッパのロゴス空間なので、エリア志向や計画性はたいへん強いものがあったと思うんですよね。やはり空間としての都市と都市文化をつくっていくわけですから。でも、日本の温泉地は地域住民というか、その土地の人たちがむしろ自然発生的につくり出したものですよね。そうした内発性がありますし、地域の内部規律もそこから生まれてくるでしょう。ですからその交差点として、ヨーロッパの温泉、あるいは温泉地の形成という視点から、日本の特殊性や固有性は逆に見えてくるのでしょうか。

合田◎ヨーロッパと単純に比較する時にすぐに浮かぶのは、家族と一緒にお風呂に入るというのはありえないということです。しかも裸で。やはり個人主義というか、ヨーロッパではお風呂というのは自分一人で入るもの。だけど、湯田中[13]なんかでお猿さんと一緒にみんなで裸で入っているのを見ると、めちゃくちゃ気持ちよさそうですよね。真っ赤な顔して。あれも同族意識というか、安心。要するに裸で、本当にもう不用心というか、そういうものでしょう？ でもお互い信頼しきって、一つひとつの環境に体を置いて一緒に感じるという精神構造は、ヨーロッパでは生まれきれていないし、それは不徳なもの。キリスト教でお話ししても、そういうことは許されない。もちろんイスラム教ではありえない話ですけど。

だから、そこに温泉地としてのあり方ということを考えた時に、やはり城壁に守られたところで、いわゆる農耕と市民社会とが分かれていく、遊牧民から発展していくというような、日本もヨーロッパも発展形態は一時期同じなんだけど、その中に温泉地の独特の形態が日本にはやっぱりあったような気がします。それこそ湯には一つのコミュニティがあって、お風呂が一つあって、持ってきた風呂敷と着物をお金が入っていても預けて、みんなで入る。そういう全体の流れを考えると、もう一度、その日本のコミュニティ・バスというか、交流する場としての温泉施設、温泉地というような見方があっていいんじゃないかと。これは決してヨーロッパではありえないと思うんですね。だから、前に話をし

湯田中の「お猿の温泉」の切手（柳沢京子画）.

たバーデン・バーデンの機能分散型のものではない日本の独特のあり方というものは、まさにそこから出てきていると思います。そのへんをもう一度見直す必要がありますよね。

森　やはり共同浴場[14]の存在なんですよね。集落の中心にある湯にみんなで入り合うという。そしてみんなで守り合うという、ある意味ではアジール[15]性が非常に強いですよね。そこに行けば誰もが平等というような、湯に浴することの何か共通項のようなものが、コミュニティ・バスといわれたような共通空間をつくっていた。これは日本人独特のものだと言い切っていいものなのかどうかを確認したかったのです。

合田　文献を見ると、たとえば中世のヨーロッパでは混浴で、めちゃくちゃ乱れていたという記述もありますよ。ただ、それがプライベートじゃなく、パブリックなかたちでいわゆる共同浴場、パブリック・バスとして残っているのは日本だけです。

---

13 **湯田中温泉**［ゆだなかおんせん］……長野県下高井郡にある温泉。一帯は湯田中渋温泉郷と呼ばれる温泉郷である。天智天皇(626–672)の時代の開湯とされる。古くは草津街道の宿場であり、農民たちの湯治場としても親しまれた。温泉郷の最も奥に位置する地獄谷温泉では野生のニホンザルが露天風呂に入る姿が有名で、「スノーモンキー(snow monkey)」として世界的に知られている。

14 **共同浴場**……地域の住人が日常の浴場として利用する。掃除などの管理から洗濯場としての使用に至るまで住民の手によって維持され、共同浴場の存在を通して地域の単位がまとめられる面がある。「内湯」に対して「外湯」とも呼ばれ、古くからの温泉地では宿泊客に共同浴場を開放しているところもある。

15 **アジール**……歴史研究における概念で、権力の介入できない地域、すなわち「聖域」「避難所」などとも呼ばれるエリアを指す。中世には寺院や市場などは聖なる場所と考えられ、世俗的な権力関係が通用しない空間であった。日本ではアジール性が認められる神仏の空間では、離縁から罪人に至るまで世俗的な強制力はいっさい手出しできなかった。

1896（明治29）年に描かれた山中温泉の鳥瞰図.
総湯を中心に，整然としたまちづくりが行われたことがわかる.
下部には泉質の科学的な分析表と医学者による医治効用が記されている.
（提供：山中温泉旅館協同組合）

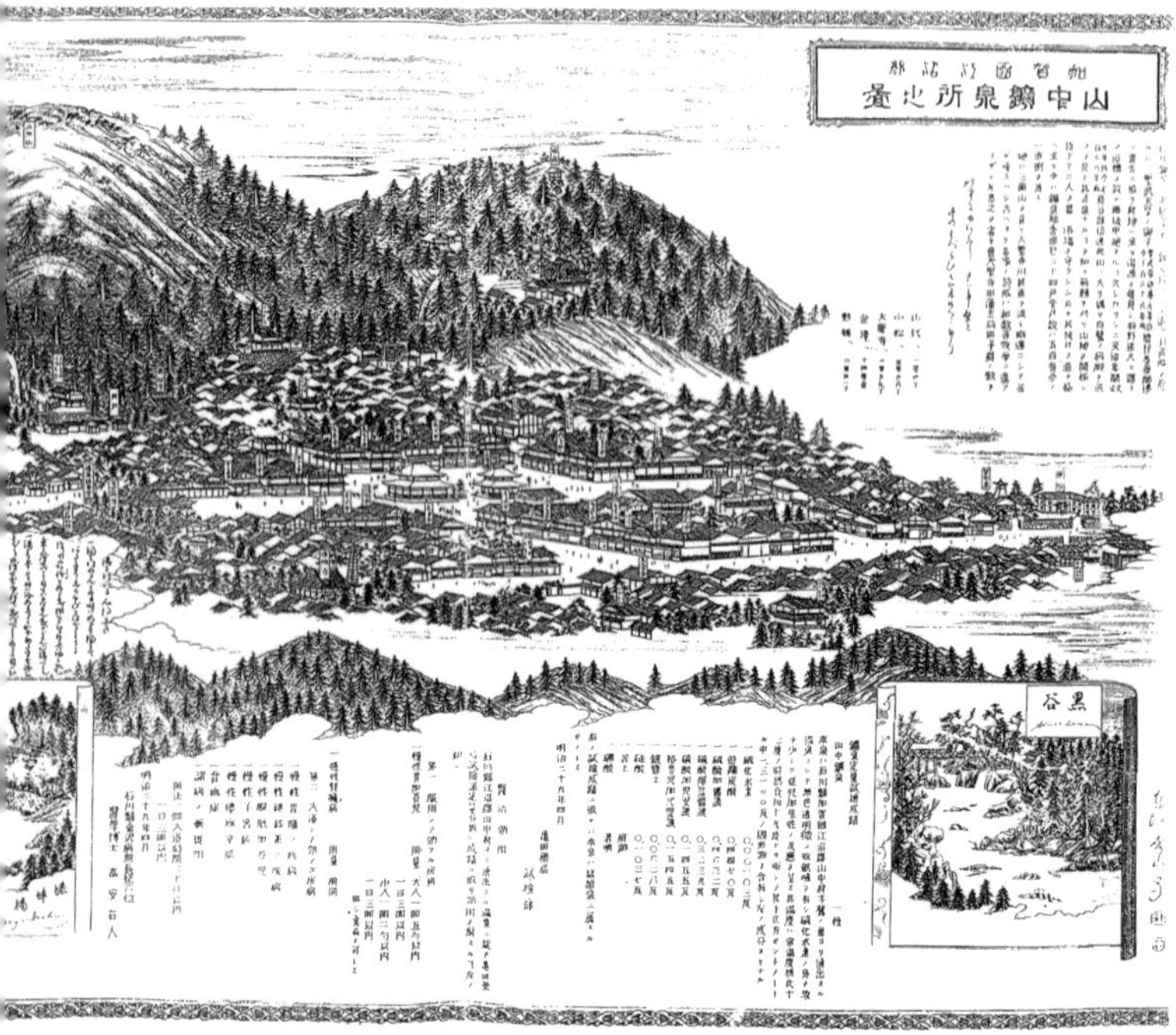

森 ああ、なるほど。

合田 それが水着を着てプールがあってというものは、また違う発展をしていくわけですけれども、だからそこのところがやはり日本の大きな特徴ですよね。日本人が温泉地としてノスタルジーを感じるのは、たとえば城崎[16]とか、内湯よりもむしろ外湯があって、川があって、その中にお土産屋もおでん屋さんもありという、そういう一つの情緒、これが日本型のパターンじゃないですか。

森 それこそ保養地ですよね。

合田 そこがやっぱりコミュニティ。一体となるものとしての、ある意味で自然なものですよね。

それがイタリアならピアッツァ[17]という広場があってという都市計画の話になるけれども、日本の場合にはなかなかそうはならない。だけど、たとえば山中温泉でも総湯(共同浴場)の「菊の湯」というのがあって、そこから発展していくきれいなまちづくりもあったわけですよ。

森▒ なるほど。

合田● それがなくなってしまったというのは、やはり都市計画と感覚も違う、機能というものを特化しない、一つの生活空間の中にたまたま温泉があるというそういう価値観であり、置き方なのでしょうね。

自然そのものに浴する

森▒ 日本の温泉の固有性という議論の中で、生命記憶に直接触れていくもの、それから共同浴場がコミュニティの場であるという話が出ました。そこにもう一つ付け加えると、日本の温泉地

❖16 **城崎温泉**[きのさきおんせん]……兵庫県豊岡市にある温泉。一三〇〇年の歴史を誇る、関西を代表する温泉地の一つ。大谿川《おおたにがわ》沿いに温泉街を形成しており、柳と桜の並木と七つの外湯が温泉情緒を盛り上げている。志賀直哉(1883–1971)の短編小説『城の崎にて』(一九一七年発表)の舞台としても知られる。一九七二年から温泉街全体で循環システムを採用しており、源泉はすべて集中配湯管理施設に集められ、平均温度を安定させてから配管を通じてすべての旅館と外湯に送られるようになった。

❖17 **ピアッツァ**[Piazza]……イタリアの都市にある広場のこと。米語読みで「ピアザ」。山中温泉では、総湯である「菊の湯」を中心にピアッツァに相当する広場があり、市民ホールとして機能する「山中座」や足湯がある。

はやっぱり自然というか、川とか山とかそういう自然の妙と言っていいようなものを、景観的なことも含めてちゃんと取り込んでいますよね。もちろん、川という存在は湯質に非常に影響があるわけですけれども、だけど川沿いに温泉地ができたり、山の奥の温泉地を湯治場として選ぶというようなことは、地形を含めた自然の景観をたいへん巧みに温泉地の形成の中に取り込んでいると言えるのではないでしょうか。東洋型とでも言えばいいでしょうか。こういうあり方はヨーロッパでもあるんでしょうか。

合田● それは順番が逆だと思うんですよ。日本でも温泉が出るところは、だいたいは川があるところじゃないと水量が出ません。そこに熱源があるという考えですよね。だからまずは川ありきで、そこで温泉が発展していくという形態ですよ。ところが、ヨーロッパの温泉の出方というのは非火山性なんです。火山が近くにあるのはイタリアの一部だけで、ドイツやフランスは非火山性です。つまり、地中の昔のバージンウォーター（海水）が、断層を通って地熱によって押し上げられ、長い期間をかけて上がってくるのが、大きな分類で言うと非火山性の典型的なものです。だから塩化物泉ですね。非常に濃いナトリウム、塩っ辛いわけですよ。イタリアの一部、たとえばイスキア[※18]とかそういうところは火山性で、だから酸性です。

つまり、実際に温泉が出てくる形態も違うし、温泉地の形成の過程も違っているということが、まず一つ大きくあると思います。まちづくりという意味でもそうです。自然形態としてどちらでもなく、むりやりにポンプアップして温泉をつくるというのは近世になってからのことで、もと

イスキア島の巨大な温泉公園「テルメパーク・ポセイドン」.
広大な敷地に大小20の温泉プールや洞窟サウナがあり,
温泉浴と森林浴を楽しむ保養客で賑わっている.

もとは自噴[19]ですから。江戸時代から上[20]総掘りとかはありますけど。ヨーロッパでは源泉の数が非常に少ないし、そのクラックがあって、長い中で出てくるというものですから、当然限定されるわけです。そのへんのところで温泉地の特徴が出てくるというかたちではないでしょうかね。

森▒　そうしますと、要するに川があり山があり、その風景を取り込んでいくというようなことは、やはり固有性、

❖18　**イスキア島**[Ischia]……ナポリの沖合に浮かぶナポリ湾最大の島。五つ星リゾートホテルが散在している。「ポセイドン」と呼ばれる巨大な温泉公園があり、島内五地区それぞれに温泉がありテルメがある。食塩泉の温泉。

❖19　**自噴**[じふん]……人工的な掘削や動力なしに温泉が湧出していること。地下水や石油においても同じ語を用いる。自噴湧出量日本一の温泉は草津。

❖20　**上総掘り**[かずさぼり]……農業用水の不足に苦しんでいた上総国《かずさのくに》(現・千葉県中部)で発達した掘り抜き井戸の工法。やぐらを組んで大きい車を仕掛け、割り竹を長くつないだものを巻き、竹の先端に取り付けた掘鉄管で掘り抜く。竹や木材を道具に、少人数で容易に掘削深を伸ばすことができるため、一九世紀末までに広く普及し、明治期にかけて各地で温泉掘削がさかんに行われた。

特殊性だと考えてもいいわけですよね。

合田● そうです。ただ、たとえばチェコのカルロビ・バリー[21]にはやっぱり川があって、その周りに高級ホテルがあって、山の渓谷で、バリー(バレー)というくらいですからそこは自然湧出《ゆうしゅつ》で、ある意味では日本と同じようなものが出ていて、そういうふうなまちづくりになっています。それは一部にはありますよ、山岳型のものが。

だけど、バーデン・バーデンにしても、アヌシー[22]にしても、エクス・レ・バン[23]もそうですけど、

世界的に有名な温泉保養地カルロビ・バリー（ドイツ語読みでは「カルルスバード」）.

カルロビ・バリーの飲泉施設.

すぐれた温泉保養地として歴史的に著名なエクス・レ・バン.

そういったものはあくまでも一つの空間、広いフラットなところの中に出てきているということで、湯量も全然違います。

森▒　それからもう一つ、そこで考えなければいけない内側のほうですね。そういう自然を自分の内の中に取り込み、温泉もその一部として受容していった時に、たとえば温泉とつきあっていく流儀のような内部システムもやはり介在してくるのではないかと思ったんです。人間の生命の維持にとってたいへん大事なものを、山から山菜を採ってきてそれを食べながら、川から魚を捕って食べながら、海に近い温泉であれば海からとってくるという。そういうふうに、自然を恩恵として見いだしていく思想。食べものに波及させながらも自然に浴するのだという、私は自然の中の一人、自然としての人間だというような思考。そうすることによって、自然の中に潜んで

❖21　**カルロビ・バリー(カルルスバード)**[Karlovy Vary]……ボヘミア西部、現在のチェコにある世界的に有名な温泉地。伝承によればボヘミア国王のカール四世が発見し、その名前がついたといわれている。標高三八〇メートル。街の中心を流れるテプラ川沿いに飲泉施設、サナトリウム、ホテル、カジノなどが並んでいる。飲泉がさかんであり、飲泉カップを手に多くの人々が行き来している。ベルツ博士は草津温泉を指して、「もしこんな土地がヨーロッパにあったとしたら、カルルスバードよりも賑わうことだろう」と評した。

❖22　**アヌシー**[Annecy]……フランス東部の町。温泉地として有名。近年は世界最大のアニメーション映画祭の開催地としても知られる。

❖23　**エクス・レ・バン**[Aix-les-Bains]……フランスのサヴォワ県にあるブールジェ湖を見下ろす高台に広がる温泉保養地。エヴィアンに並ぶ鉱泉の銘柄でもあり、古代ローマ時代の公衆浴場跡も残る。フランスには医療型の温泉施設が多いが、複合型のリラクゼーション施設を備えた高級リゾートでもある。泉質は硫黄、鉄、アルミニウム、マグネシウムに富む。スイス国境に近く、アルプスや湖などすぐれた自然環境と快適な都市機能がミックスしており、フランスで唯一の温泉病院を中心に形成された温泉保養地でもある。

森の地元，肘折温泉の湯治宿「葉山館」の朝食．
地元の山菜を使った伝統の郷土料理を中心にした
日替わりの献立で，連泊でも飽きずに楽しめる．

いる目に見えない神的な存在である生命記憶にも触れていく装置としての温泉地というものが、独特なかたちでできあがっていったんじゃないかなと思えるんですね。そうしますと、生活のスタイルとしても、私たちは食べものも含めて自然のものに浴するという、そういう内部システムというか受容の仕方がやっぱりあったのではないか、これもまた日本の温泉事情のたいへん大きな特色として位置づけていいんではないかと思っているんです。そのあたりはどうなんでしょうか。

合田◉ そうだと思いますよ。いろいろありますけど、日本の場合は採集してから食べるまでの時間がすごく短いですよね。味噌の発酵技術や保存食の技術はたしかにありますが、基本的には昨日とったものを食べるというのが基本的なサイクルです。ヨーロッパはご存じのとおり違いますよね。つまり、ファーマーと都市は完全に分かれていて、習慣的に貯蔵して食べる。だからそのへんから言っても、都市のかたち、食生活のかたち、そういったものの全体が違うんじゃないかなと思います。

日本の場合、温泉地の多くは山岳地方にあって、まあ特殊な事例として道後とか海浜型の別府、白浜とかもありますが、基本的には山の中の水源があって、そこに地熱が集められて出てくるというものです。だから、そういう空間の中ではやっぱり食材は新鮮な地産地消のものになってくるのです。

日本固有の温泉受容史

森 先日の酒井シヅ[24]先生の講演(「健康と温泉フォーラム」第一九回月例研究会「中・近世の日本の医療と温泉」二〇一〇年一二月)の中で、私は「あっ!」と思ったことがあるんです。それはハンセン病の人たちの受容の歴史です。草津などの温泉地にハンセン病の人たちのエリアをつくって、そこで温泉療法、温泉療養をやっていったという事実、そして地域の人たちにも「それは感染するものじゃないよ」と認知されていったという受容の歴史。そういうふうに、国の制度としては隔離政策まで発展し

[24] **酒井シヅ**[さかいしづ、1935-]……医史学者。順天堂大学名誉教授、日本医史学会理事長。TBSドラマ「JIN-仁-」などで医学考証を担当している。著書に『病が語る日本史』(講談社、二〇〇二年)、『絵で読む江戸の病と養生』(同、二〇〇三年)など。

ていく中で、庶民の底流では、病気の認定の仕方そのものまでを覆すような受容の仕方があって、そこに温泉というものがあったということが、たいへん象徴的なことだと思ったんです。そのように、日本の温泉の受容の中には、忌み嫌われる結核のような病気にしても共有してきた歴史があります。それを隔離するのではなくて、「それは自然に受け取っていいんだ」という病気の認識、「病気も自然の一つだ」というような認知の仕方がやっぱりあったのではないかな、と思ったんですよね。

そして、そこに湯があるというのはたいへん象徴的なことで、湯はそれこそ、病をもっている人も、もっていない人も、やっぱり自然によって共通であるという認識の仕方があったのかなあというふうに感じたんです。それもまた、日本の温泉の固有性ではないかと思っているんです。ヨーロッパの温泉の歴史をたどってみると、身分制度がある中で、キリスト教の施しの湯として、ハンセン病患者や貧者に対して湯を施すという、湯というものが施しの対象となるということが中世も含めてありましたよね。だけど、日本の場合は施すというよりも、むしろそういう湯の力を借りるというか、共通の土俵としての湯と、享受する「贈与としての湯」の性格が強く印象づけられている感じがするんです。

合田◉ すごくおもしろい切り口ですね。要するに、いわゆる市民社会の権力者と一般市民との間をつなぐものとしてのお布施、つまり施しとしてのお湯、これはある意味で奈良時代を含めた寺院でやっていたお湯をお布施にやるようなものとも似ているところで、ただ根本的に違うところは産湯[25]というものと湯灌[26]という一つの旧習、要するに生まれるところと死ぬところにお湯というもの、とくに温泉というものが、その中間領域として位置づけられているということがあると思います。ヨーロッパは絶対そんなことはしませんから。

森 ああ、なるほど、なるほど。

合田 産湯で温泉に浸かるなんて、ヨーロッパでは聞いたことがない。

森 はい（笑）。

合田 湯灌でこうやって体を洗うなんてことも、聞いたことはないですよ。だけど、それは日本の風習でしょう？

森 そうですよね。湯を享受する儀礼性ですね。

合田 その中間領域としてのお湯というのは、さきほど言ったように、老若男女、人々が置かれている立場のようなものが全部ぶっ飛ぶ一つの考え方ですよね。それはやっぱり一つの日本の宗教観ではないでしょうか。

森 やはり通過儀礼として人生の中に温泉が入り込んでいる民族ですから、これは見事な文化

❖25 **産湯**［うぶゆ］……新生児をまず湯に浸け、沐浴させる風習のこと。またそれに使う湯。子どもの身体を清め、新しい生命の誕生を祝い、発育を願う宗教的、儀礼的な意味を持つ行為として、日本では長らく、ごく当たり前に行われてきた。ゆえに人間が生まれてはじめて接する水でもあった。

❖26 **湯灌**［ゆかん］……死者を入浴させて清める風習。生者とは逆に、水に湯をうめて適温を作るため、「逆湯《さかゆ》」と呼ばれる。近年は死者の身体を拭いて清める「清拭《せいしき》」ですませることが多くなった。

の質として誇っていいし、たいへんな固有性がある。それで、少し結論的な方向になっていくんですけれども、これからの「健康と温泉フォーラム」が、日本の温泉地と来るべき温泉像というものにどういう新しい役割を負っていくのかということですよね。合田さんは謙虚で、あまりそういうプロパガンダとしてのポジションは取らないのかもしれませんが、フォーラムの経過をずっと見ていくと、じつにその日本人の温泉受容という近代史を経てきたように思うんですね。そうしてみると、温泉というものの現在、そしてこれからどういうふうにしていくのか、そこをもうちょっとお聞きしたいです。

合田●それは正直言ってすごく難しい問題なんですよ。今までしゃべったことを総括したうえで、やっぱりある意味での最終結論、この本のまとめの骨格になると思うんで、これは一晩考えさせてください。これまでの対談で私はすごく啓示を受けたし、ディベートすることによって違う角度で見ることができました。よく整理されている流れの中で、そんな順番で私が思考を変えたことはこれまでなかったので、それを今晩、私なりにウイスキーでも飲みながら考えて消化して、まあ消化しきれないかもしれないけど(苦笑)、温泉にでも浸かって一晩寝かして養生してから(笑)、明日続きをやりましょう。

森▒はい、わかりました(笑)。今日はどうもお疲れさまでした。

IV

温泉の未来像をさぐる

山岳信仰と温泉

合田● おはようございます。今日の対談は、昨日もお話しした「これまでの二五年を踏まえての、これからの二五年」ということを含めて、どういう課題があるのかということを体験的に述べていくことになると思うんですが、これは対談ですから、逆に私のほうからも森先生に質問し、述べていただきたいです。昨日はやられっぱなしだったんで（笑）。

森■ いやぁ、もちろんです。

合田● 私だけが質問を受けているのも、ちょっと変ですよね。これは対談じゃないなあ、という感じで（笑）。そこで、最初に森先生にお願いなんですが、対談の中身なんですけれども、やはり昨日の話に出た精神性ということが、「これからの温泉の思考」を考える時に一番ポイントになる中心的なテーマだと思います。先月のフォーラムの月例会での星野文紘[1]さんのお話（「健康と温泉フォーラム」第一八回月例研究会「山岳信仰と温泉」二〇一〇年一一月）に、出羽三山[2]の羽黒山[3]のいわゆる原始[4]仏教と役行者[5]の修験道[6]を含めた山岳信仰の中で、温泉というもの、またお湯や水が命の再生にどうつながり、それが民衆の中にどう取り込まれていったのかということがありましたね。これは森先生のほうがおくわしいと思いますし、そのあたりをもう少し掘り下げていきたいです。

それで私が考えるに、ギリシャのカナトス[7]の泉であるとか、私がイランに調査に行ったゾロア

❖1　**星野文紘**［ほしのふみひろ、1946–］……羽黒山《はぐろさん》宿坊「大聖坊」に生まれ、一三代目を継承。各地で修験道の講演も幅広く、さまざまな人物を羽黒修験に誘い、各界に星野氏を羽黒山の先達と仰ぐ人は多い。森繁哉とともに多摩美術大学芸術人類学研究所の特別研究員でもある。出羽三山神社責任役員理事、出羽三山祝部総代、NPO法人「公益のふるさと創り鶴岡」理事などを務める。

❖2　**出羽三山**［でわさんざん］……山形県庄内地方にある月山《がっさん》（❖Ⅳ–11）、羽黒山、湯殿山《ゆどのさん》（❖Ⅳ–8）の総称。開山は一四〇〇年ほど前とされ、修験道を中心とした山岳信仰の場として今も多くの修験者、参拝者を集める。三山ともども山頂に神社があり、これらを総称して「出羽三山神社」という。羽黒山に三神合祭殿があり、宗教法人としての社務所も羽黒山に置かれている。日本を代表する山岳霊場で、現在も羽黒修験の仏教系、神道系に分かれての峰入り荒行は激しいものがある。山麓の二つの寺には、それぞれ即身仏がある。

❖3　**羽黒山**［はぐろさん］……山形県鶴岡市にある標高四一四メートルの山。崇峻天皇が蘇我氏に弑逆された時、蜂子皇子は難を逃れて出羽国に入った。そこで、三本足の霊鳥の導きによって羽黒山に登り、苦行の末に羽黒権現の示現を拝し、さらに三山を開き、神を祀ったことに始まると伝える。羽黒山門前、手向《とうげ》の茅葺きの宿坊集落は見事で、国宝の羽黒山五重塔、天然記念物の杉並木も美しい。

❖4　**原始仏教**……ここでは天台真言以前の山に籠り、雑密《ぞうみつ》などを行っていた修行者たちの仏教を指す。仏教伝来以前からの山を修行の場とする呪術的宗教者などの知恵やネットワークを仏教理論で昇華する方向で、天台や真言をはじめとする山岳仏教に発展していったと考えられる。

❖5　**役行者**［えんのぎょうじゃ、634–701伝］……役小角《えんのおづの》。古代日本の伝説的な呪術者にして修験道の祖とされる。「日本霊異記」などで孔雀王呪経の呪法を修め鬼神を自在に操る呪術者として伝説が広まった。伊豆に流されて富士山を開いたとされる。熊野、大峰、金剛山、富士山、生駒山などに伝説が残る。

❖6　**修験道**［しゅげんどう］……日本の仏教のバリエーションと考えられる。山に入り、「修行」を通して「験力」を得ようとする。日本古来の山岳信仰が天台宗や真言宗などの密教と結びつき、中国からの道教思想や陰《おん》陽道《みょうどう》などの民間宗教も吸収して発展したもの。中世には日本列島じゅうに修験者同士のネットワークが張りめぐらされ、権力者が関所などを設けて移動の自由を制限した中でも天下御免で移動できる特権を持っており、後には呪術社として戦国大名の戦力としても結びついていく。温泉と修験の間にも深いつながりがある。

❖7　**カナトスの泉**……ギリシャ神話に登場する泉。ゼウスの妻ヘラが毎年沐浴に出かける泉。ヘラはカナトスの泉を浴びると若さと処女性を取り戻す。古代ギリシャ時代の泉信仰は呪術的性格を色濃く残すものであった。

1900年前後のイタリアの温泉地のポスター.

スター教のお湯の火と水の信仰のようなものとか、それからヒンドゥーにしてもそうですし、フランスのルルドの泉というカトリック教の総本山で、現在でも泉信仰というものが生きています。さらに言うならば、古代ギリシャのカナトスの泉は、いわゆる処女性の回復、命の回復、命の再生というコンセプトで、毅然としたギリシャ文化が一つの柱に、ギリシャの精神性の中に位置づけられているわけですね。私はそれを踏まえたうえで、日本人にとって温泉というものが、いったいどういう精神構造の中で役割を担っているのかというようなところを、先達である星野さんのお話なども含めながら、先生にお聞きしたいなと思っています。

森▒ そうですね。まず、いきなり山岳宗教と温泉の関わりというものを考えていくのは非常に難しい、というか無理だと思うんですよ。やはり、合田さんがアプローチしたように、日本人にとって温泉というものはどういう意味を持ち、どのような役割を持っていたのかということが非常に大事な視点であって、そのプロセスの中で修験道や山に対する宗教というようなものが重層的に重なってくる。そして山岳宗教そのものが、湯や日本人の持つさまざまな構造的なものを取り込んでいったということが言えるんだと思うんですね。このことは、昨日からのテーマである「日本人にとって湯というものは何なのか」ということを考えていくうえで核心に横たわっていますので、そこは整理しなければいけないと思っていたんですけれども。

そこでまず、昨日からのテーマである日本人にとっての生命観、つまり生命をどのようにとらえてきたかということがとても大事だと思うんですね。これはやはり、修験道やさまざまな日本の宗教に非常に根本的に関わっているのですが、仏教や道教が日本に入ってくるプロセスの中でも、さまざまな民間信仰や民衆が持っていた自然とのつきあいの中で育んできたものと一体となりながら一つの流れをつくっていくわけです。もともと庶民の中にあった生命観というものは、自然に寄り添ったもの、自然との共生と言ってもいいと思うんですけれども。

現代になって共生思想というものがいろいろと取り沙汰されて、何もかにも「共生がいい」「共生というものが必要だ」というふうに言われていますが、それはもともとたいへん微妙なニュアンスを含んでいて、日本人の共生という思想の中には、要するに同じものというか、それぞれがあるという意識が非常に強かったと思えます。ヨーロッパではむしろ個というものがきわだっていて、個が競り出すことでともにある意識と言っていいと思うんですよ。日本人はもっと互いが互いに近い存在だと思うんですね。自然と私たちがどのようにして折り合いをつけていくのかという、自分が生きるということに自然をきちんと引き受けた思想が日本人の根底に潜んでいる。それはどういうことに現れているのかというと、森羅万象、たとえば湯であれ、樹木や草であれ、自然界というものを個体として、対立するものとしてとらえていかないことが、日本人の共生思想の中に根底的にあるというふうに考えていいと思うんです。

湯というものも、それは自然の現象としてどんどん地表から、土の中からも湧き出てくるものを日本人が発見し、そこに立ち会った時にいわゆる共生という観念の中に飛び込んでくるのは、森羅万象の中に自分の生命を生かすもの、あるいは生命を脅かしたりすることも含めて、とてつもなく人間の力を超えていくものの一つとして、敵対する個体としてではなくて、人間の力の及ばない、力を秘めた、想像力を喚起する、見えない力に寄り添おうとした思想というものができあがってくるわけです。湯は、そこに個体としてあるというよりも、むしろ人間の力を超えたたいへん神的な、ある意味、謎めいた魔力を秘めたもの。そういうものに寄り添おうとする思想ができあがっていったんだと思うんですね。

そうしますと、湯を発見し、出会った時に、それは湯そのものの力に浴したり、湯そのものとともにあるという思想がそこに生まれて、それを身に受けていくということが大きな働きになります。そして、そこは森羅万象の自然の生命を、つまり自分の生命と寄り添いながら、生命を鼓舞したり生命を沈ませたり生命を喚起したりするようなものとして意識して、互いである自分の生命を発見していくプロセスにも至ると思うんですね。そして、それは人間の力ではコントロールできない、それこそ湯が持っている膨大な力というものに浴するという経験をしながら、それを生活の中に取り込もうとする思想が生まれてきたんだと思うんです。人類史的にも、ヨーロッパであれどこであれ共通な意識でもあるのでしょうが、日本の場合はとくに、共生という概念の中に、自分たちと場所を同じくするものとして、円環を描くように空間の中に取り込もうとする意識が非常に強いものだというふうに言えます。ヨーロッパの場合は直線的な思考の中で、個体として温泉というものを取り込んでいくんですけれども、日本の場合は循環する空間そのものの存在に温泉を取り込んでいく。そこで喚起される生命観のようなものが、信仰の対象として取り

三神合祭殿のある羽黒山の出羽三山神社.

羽黒山門前に軒を連ねる茅葺きの宿坊.

羽黒山修験本宗の本山である
荒沢寺（こうたくじ）を詣でる森.

大蔵村から望む葉山．もともとは出羽三山の一つであった．

上げられたり、人生のさまざまな事情を発見したりというようなかたちで、湯というものが生活の中に入っていったと思うんですよ。

修験道やさまざまな山の信仰などというものも、そういう庶民信仰の最も根源的な生命観が教義体系化されていくことによって始まっていった宗教でもあるわけですね。ですから、さまざまな修験道の根っこには、日本人の自然観や死生観、生命の共生思考が育まれているというふうに言えます。こう考えてくると、修験道も根源的な日本人の共生観から離れたものではないわけです。そして、湯というものを象徴的に言うならば、森羅万象の一つである湯が持っている、日本人の共生思考の現れてきたものを、たいへん巧みに、構造的に、教義の中に取り込んでいく。修験道の根本思想は生命思想なんですが、たとえば山形県の出羽三山の湯殿山[8]などという山中に温泉が湧出している霊場があって、そこに湯とともにある生命思想がばっと取り込まれているんです。その根っこには、さきほど言った庶民信仰が横たわっているんですね。
さらに、東北には葉山信仰[9,10]というものがあって、いわゆる端《はし》の山や葉っぱの山というものがあるんですけれども、これもまた、さきほど共生と言った「循環していく自然の生と死」といった庶民信仰がとても素朴なかたちで残っているんです。出羽三山は、月山[11]、羽黒山、それから湯殿山というふうに今はなっていますけれども、もともとは葉山が三山の一つで、湯殿山は奥の院というような、奥に位置づけられている生命と考えられていたんです。ところが、三山の歴史の中で

❖8　**湯殿山**［ゆどのさん］……山形県鶴岡市と西村山郡西川町にまたがる標高一五〇四メートルの山。出羽三山の一つ。かつては出羽三山の奥の院とされていた。本地は大日如来。本道寺(現・口之宮湯殿山神社)、大日坊、注連寺、大日寺の四つの別当寺を持つ。うち大日坊と注連寺は即身仏で知られる。湯殿山神社のご神体は「語るべからず」として出羽三山最大の秘密とされている。

❖9　**葉山**［はやま］……山形県村山市と寒河江《さがえ》市の市境上にある標高一四六二メートルの山。古くは「羽山」。役行者による改竄伝説を持ち、山岳信仰が展開した湯殿山の手前に位置し、一七世紀までは出羽三山の一つに数えられていた。全国の他の葉山と区別するため、「村山葉山」と呼ばれることもある。

❖10　**葉山信仰**［はやましんこう］……山形を中心に、南東北に残る山岳信仰の形態の一つ。葉山を農業神の山と見て、山に登り五穀豊穣を祈る信仰。出羽三山の山岳信仰の原型と考えられている。原始信仰に仏教や陰陽道が習合し、葉山修験という独自の教義が形成されて発展をみた。村山や最上地方のみならず、修験者たちによって福島県の相馬地方や宮城県の牡鹿《おしか》半島にまで信仰が広められたといわれる。江戸時代以降の葉山修験の中心であった大円院は第二次大戦後、GHQの演習場の着弾地となって米軍により立ち入りが禁止されたため、葉山の修験はほぼ消滅してしまった。

❖11　**月山**［がっさん］……山形県の中央部、出羽丘陵の南部に位置する標高一九八四メートルの火山。出羽三山の一つ。東北でも指折りの高峰であり、日本百名山にも数えられている。古くから神仏習合の修験の場として展開し、東北一円の信仰の山として存在してきた。月山神社は阿弥陀如来を本地とする。最上、庄内、村山地方のさまざまなところから、優美な姿が眺められる。夏スキーが有名である。

政治的ないろいろな動きがあって、葉山という庶民信仰の最も根っこにあった山が追いやられて、湯殿山が三山として出てくるわけなんです。そういうことがあるんですけれど、やはり葉山信仰をみても、日本人がどういう生命観で、山をちゃんと自分の中に取り込んでいるかということがとても素朴なかたちでわかってくるんですね。それは湯も同じなんですよ。

日本人は自分の生命の循環性を、生と死への向き合い方を、森羅万象とともにある一体なものとして考えていっている。そして、自然といわれるものを自分の人生の中で循環していく一つの流れととらえていくということが、大きく根底的なものとして存在したと言えます。湯もやはりそういうものとして、日本人にはとらえられていたんだというふうに思っています。昨日の対談で、合田さんからヨーロッパや世界各地のいろいろな温泉地を紹介される中で、そうしたことはむしろ日本人の固有性だというような指摘を受けて、私もたいへん意を強くしたんですが、その根底には、今言ったような日本人の自然観や生命思想が横たわっていると感じています。

温泉の精神性

合田 星野さんのたいへんおもしろいお話を聴いて私も触発されているんですけれども、東北地方だけとは限らないんですが、産湯に温泉水を使う、それから次の世界に行くけじめ、安心としての湯灌というものにも温泉水を使うといった、揺りかごから墓場までのトータルなものの中で、温泉がそれぞれのライフステージの中に根づいていくというようなこと。これは、やはり諸外国では見られないものですし、そこに、さきほど先生がおっしゃったような日本人の自然観というものが出てきているんだなあと思いますね。

森▒　まったくそうなんですよね。ですから湯も、生命を鼓舞するものであると同時に、人生の儀礼性の中というか人生の循環の中にきちんと取り込まれているものとして一体となっているんですね。湯治というスタイルも本来そういうものなんです。湯治は、生命の再生ということを、非常に素朴なかたちでシステムとして実行していくというような行為でもあるわけです。それは通過儀礼的な、でも、何かに固定されたたいへんなものではなくて、もっと緩やかに、日本人の習慣や慣習としてあるものなんですけれども、根底的には次の生命を再生、飛躍させていくための循環の中で湯に入るという行為が位置づけられて、人生儀礼として、多様な四季を持った日本人の感性に寄り添うものとして湯治が入り込んでいます。季節の変わり目、すなわち稲作やさまざまな農耕の季節の循環の中で、自分たちの生命を模して、自然と同時に衰退したり、飛躍したり、停滞したり、また次に再生させて飛躍していくといった循環性を持って湯治というものが行われていった。ですから、非常に巧みな自然観の表れとして湯治をとらえていいと思うんですね。これは、合田さんが昨日、日本人固有のものだとおっしゃったことに意を強くしてですね、やはり非常に大事なプロセスだというふうに思います。

合田◉　先日のフォーラムの月例会で、酒井シヅ先生に日本の中世の医療と温泉というテーマでお話しいただきましたけれども（第一九回月例研究会「中・近世の日本の医療と温泉」二〇一〇年一二月）、その中で室《むろ》といいますが、シルクロードを通って関西とくに九州に伝わった蒸気浴、ドライの話が出ましたね。トルコを中心にハマームの文化がありますが、私もイラン、アゼルバイジャン、イスラエル、トルコといったところでいろいろな遺跡をめぐったり調査に行った時に、ドライという文化からは、日本人の持つ信仰観みたいなものはなかなか出てこないんじゃないかなと思いました。ああいうドライな地域では、水はたいへん貴重なものであり、生命を維持するために飲んでいくものだけでもう十分で、ある意味での快楽をつくるなんてとんでもなくて、むしろ儀式的なところに熱というものを考えていく。これはゾロアスター教などでも、今のイランの一部の地域でそういうものが残っていると思います。

19世紀のトルコのハマーム.

逆に、ギリシャやローマをはじめヨーロッパはウェット系だとわれわれは言っていますけれども、水浴というものが神秘性と生命の回収、回復といった信仰につながっていて、今で言うキリスト教の聖水ですね。聖水もしくは命のけじめとしての水というようなことから発展していくのかなあと思っています。そういう大きな流れからとらえていくと、たいへん興味深い日本の温泉文化というものが少し見えてくるというか、隠れているものがあるんじゃないかと思いますね。

森▒　ありますね。大きい流れだと思いますね。

合田◉　昨日も少しお話ししましたが、江戸時代の中でも快楽に走っているものがありますよね、湯屋というのがあって。そこには人々の交流があり、どちらかというと快楽的な要素も当然入ってくるわけで。それなんかも、私は広い意味では昔のペルシャであるイランに行っても感じるんですね。ドライ系のハマームというものが、ペルシャ、トルコ、それからパレスチナを通じてエジプトに行くわけです。エジプトはナイル川[12]の水量が豊富なところなんですけれども、あえてそれにドライ系という文化が入ってくるわけです。それはやはり快楽というか、今でいうサウナですね。ギリシャをベースとした古代ローマの水信仰というものは、非常に限られた水の利用の仕方、すなわち精神的な使い方で、限られた貴族、限られたスポーツ選手、限られた戦士といった人たちが一つの儀式として水を使っていたのが、古代ローマが地中海のエジプトやトルコを覇権に置くことによって、ドライのハマーム文化、要するに蒸気浴と合流して、いわゆる快楽というか古代ローマのテルメのベースになる一つのシステムをつくる。ですから、温泉があるところにもかかわらずレンガを積んで、そこに薪を焚く。つまりサウナですよね。そういうものができることによって、ポピュラリゼーションというか、一部の者だけのものではなく大衆化していった時

❖12　**ナイル川**……アフリカ最大の湖ヴィクトリア湖から流れ出し、エジプトのアレクサンドリアに注ぐ世界最長の川。古代には夏に定期的に氾濫を起こし、これがナイル川下流地域に肥沃な農耕文明をもたらすことになった。古代エジプトではこの氾濫を予測するために暦や測量などの技術が発達したと考えられている。

19世紀に描かれたカラカラ浴場の想像図.

代があって、そういう時代があるからこそ、国民のよろこぶ一つの文化として発展していき、ローマのカラカラ浴場[13]にしてもディオクレティアヌス帝[14]の浴場にしても非常に大きな施設ができてきたというのが、流れだと思うんですよ。

そういう流れで見ていくと、ヨーロッパはほとんどそれがベースになっていくわけですけれども、日本の温泉文化というのは二つあって、一つは都市型で、もう一つはそこでないといけないというローカルな本当の温泉地です。それこそ湯殿山にあるような信仰に結びついた、そこでないと考えられない密度の湯との出会いという精神的な旅のようなものと、他方で江戸中期もしくは室町時代から温泉というものを接待に使ったり、社会の日常の生活空間の中に一つの快楽として取り入れていくといった、もう一つの流れもあったと思うんですよね。

森▒　歴史的に出てきたと。

合田●　ええ。精神的なものとして残っていく山岳地方、もしくは地方の温泉というものと、一方で都会に取り組んでいくもの。現代的に言うと、岩盤浴などはその文化を日常生活の中に取り入れていくという流れですよね。そういったところで、湯というもの、温泉というものが混在していく。つまり、意識的に一緒になっちゃっているというところがあると思うんですよね。

日本人の自然観と「制度としての温泉」

森 今、合田さんのお話が核心に入ってきましたが、やっぱり今度はお湯理論についてもう少し話し合いたいと思います。

合田 それはもう、メインですから(笑)。

森 ここで私のほうからも議論をちょっと。日本の温泉をどうとらえていくかと言った時に、温泉に関わっている人たちは、やはり少し間違ってとらえているんじゃないかなと感じています。間違っているというか、さきほど言った日本人の信仰や自然観のようなものを、もう少し構造的に、あるいは根底的なとらえ方をしていかないと、温泉を取り逃がしてしまうんじゃないかなと

❖13 **カラカラ浴場**……二一二年から二一六年にかけてローマ皇帝カラカラ帝(188–217)の時代につくられた公衆浴場。壮大な施設で二千から三千の浴槽があったといわれ、娯楽性の高いものであった。冷室(フリギダリウム)、温室(テピダリウム)、熱室(カルダリウム)と運動施設からなる典型的なローマ式の浴場で、遺跡はローマの観光名所の一つとなっている。

❖14 **ディオクレティアヌス帝浴場**……ローマ皇帝ディオクレティアヌス帝(244–311)が三〇六年に建設した公衆浴場。ローマ帝国一の大きさと豪華さを誇った浴場で、五三七年まで使われた。浴場跡は教会や博物館として活用されたため、現在でも建物のかたちがある程度は残っており、往時を偲ぶことができる。

思っているんです。それは一つには、この対談でずっとお話ししているような日本人の自然観が根底的にあるわけなんですよね。依然としてあって、たとえば「湯に入って気持ちいいなあ」というエクスタシー。やはり日本人の場合は湯船、あるいは湯船というものがなくてもだっぷりと湯に浸かって、「気持ちいいなあ」という安堵感。湯という自然とともに、そこにエクスタシーという安堵感を置くわけです。湯の入り方のスタイルの中にも、それは根底的にはあるわけで、これはとらえておかないといけない。そしてもう一つ、歴史的に引き継がれてきた、湯というものを制度的にとらえていく方向があるわけです。武士のものとしてそれが利用されたり、貴族社会の中で湯が信仰の体系の中に位置づけられていったり、それから江戸時代に入ってくると、遊女たちが集うようないわゆる社交場としての湯船があり、湯屋というものが生まれてくる社会の一つの流れです。

　でも、このような「制度としての温泉」の根底にも、日本人の感性、エクスタシー、湯の入り方のスタイル、あるいはスタイルというよりも湯をどうやって取り込んでいくのかというものはあるんですね。こういう流れが根底的にはあるということを封印して、やはり「制度としての湯」というものだけを、地域で温泉をこれからどうするかとか、温泉の入り方をどうするかというようなところで議論してしまうものですから、非常にこんぐらかってしまっているんですよ。たとえば、昨日の話に出てきたように、ドイツ詣でをしてどんどんヨーロッパの温泉の方法論を取り入れたものの、なかなか根づかなかった。打たせ湯[15]とか部分浴[16]、足湯といったさまざまな湯の入り方のスタイルもやはりそこにあります。でも、これはさきほど言った根底的な日本人の湯の入り方、どっぷりと湯に浸かって「ふーっ」とひと息つく安堵感という、この自然と共生していく安堵感の根底的なものを置き去りにしてしまって、湯を切ろうとした。つまり「制度としての湯」をそこに導入してしまったんですね。このへんのところが、温泉に関係する現在のさまざまな人たちに、きちんととらえられていないがゆえに非常にごちゃごちゃとなって、どうしてもそれは温泉保養や温泉治療といわれるものの現場にも起きていることだというように思うんです。

それで、やはり日本の温泉を考えた時に、日本人の感性や自然観、自然とどのように関係を切り結ぶかということです。関係というものが生まれる以前の自然との向き合い方を根底として議論し、積み重ねていくということを、きちんとやっていかなければいけない、という視点が一つあるんですよ。ですから、合田さんが今、たいへんな思いでそこに向き合おうとしている目線は非常に大事なことだというふうに思っていて、根底的な日本人の感性、自然との共生というようなものを持ちながら、いろいろなかたちでそれを取り込んで、そうした固有性を認知して、はじめて「制度としての温泉」というものが出てくるということを吟味しなければいけないというふうに思っているんです。

❖15 **打たせ湯**……湯口を高い位置から滝のように落とし、それに打たれることでマッサージ効果を得る。肩揉みをされているかのような感触は絶妙で、湯ざわりの心地よさと相まって極楽である。

❖16 **部分浴**……足湯がその代表とされる。全身浴に対して下半身だけ湯に浸かる半身浴、顔浴、手湯など。とくに足湯は、足だけ湯に浸けることで血行がよくなる効果がある。

合田　そのとおりだと思います。日本の温泉に取り組むうえで、ある意味での思想的なアプローチというものは、今まであまりなされていなかった。それはなぜかと言うと、長い歴史の中でフォーラムはたかだか二五年ですが、いろんな時代時代の動きの中での変貌のスタイルというか混迷しているところがまったく手つかずで、ある意味では野放しにされ、整備されていなかったというのが現状だと思うんですよね。したがって、医療の問題とか、われわれの生活の中でどう考えていくんだろうかというようなところの整理がどうもできにくく、将来が見えてこない。どうあるべきかということで、そのあたりが対談の大きな骨子となる部分ではないかと私も考えていました。

森　ええ。昨日からずっと合田さんのお話を聞いていて思っていたのは、温泉というものが「個としての温泉」と「制度としての温泉」といったキーワード、そして「経営」という概念で取り沙汰されざるをえないところから始まっていく温泉の位置があると思うんですね。温泉がどのように受容されていったのか。それで、むしろ私はですね、昨日から聞いている合田さんのお話を懐疑的にはとらえていないんですよ。それは違う方向に進むべきだったという認識ではとらえていないんです。ただ、合田さんたちの二五年間のさまざまな温泉との関わりの中にあったことと、日本人の自然観というようなかたちで言ってきた自然の受容の仕方を踏まえて、経営というもの、「個としての温泉」というものが、互いに影響しあうかたちで時代に入り込んでいくことが必要だったのではないかというふうな思いがするんですね。やはり高度経済成長を経て、「制度としての温泉」というものがきわだってしまったがゆえに、そこにはヨーロッパ型の個という概念の着地の仕方も含めて、個体として温泉を見てしまったがゆえに、その個体と個体の衝突、個体と個体とのすり合わせというものの吟味が必要だったと思っています。経営というあり方が時代の非常に加速度的な動きの中で成り立っていく困難さはとてもあると思うのですが、だからこそ思考を深くしていかなければならない。

しかし、今こうやって振り返って考えてみると、さきほどから言っている日本人の自然観の一つの基盤が取り込まれていれば、家族主義の旅館経営というものが地域の中でいくぶんかはたくさん存在したのではないかと思えるのです。もちろん、家族主義だけがいいという意味では全然ないんですが。それでも、家族主義の温泉経営の人たちの中に、根底的には自然とのゆるやかなつながりが、まあ、ゆるやかなことばかりではもちろんないわけですけれども、一つの馴染み合いのようなものが存在していて、その素地を地域がつくっていたのではないかと考えることもできると思えます。こうした足腰の強さが今、生き延びているんではないかというふうに思っています。

それからもう一つ、昨日の話の中で非常に大事なことだと思ったのは、バブル期を経て、老舗といわれる旅館が外部資本にどんどん買収されていく事態が起きてきた。これは時代のさまざまな動きの中で出てきた問題なわけなんですけれども、そのような苦難の時代を経て、私たちはその外部資本に取り込まれざるをえなかった温泉地、旅館、旅館経営というものを否定的にはとらえてはいけないというふうに思ってもいるんです。否定的に「それは高度経済成長のツケだよ」「バブル経済の負の遺産だよ」というようにとらえてはいけない。いけないって言うのは、これから温泉に関わる者として、今、合田さんと議論している日本人の自然との関係の仕方みたいなものを、高度経済成長を経た温泉地でどうやってもう一度、取り組んでいくかということを、きちんとなしていかないといけないな、というふうに思っているんです。

ですから、フォーラムの今後ということも含めて、合田さんたちが日本の温泉地に影響力を持っている時に、ある意味、反省的な基盤に立ちながら、日本の自然観、湯の受容というものを問うていく、そういうあり方がこれからとても大事になってくるんではないかというふうに、昨日の議論も踏まえて感じていました。

合田● 先生のおっしゃるとおり、私もまったくそうだと思うんですが、決して否定的に世の中を憂えてどうこう言っているわけではありません。当然、先生がおっしゃったような事例というか事象があり、かつ日本古来の伝統的な精神性を置き去りにしてきて、温泉というものを一つのサービスとして、近代的な一つの企業として、もっと言ってみれば商品としてとらえてきたという歴史がありますよね。その中で、やはり何かを忘れてきているということに、みなさんこのところ気づいてきているわけです。今、「温泉地再生」という言葉が流行っていますけれども、その中で、本来の温泉地再生にはいったい何が必要なのかを考えるという意味で、今回の対談はたいへん示唆が富んでいるものではないかと、私は前向きに考えています。

もう一つ、家族経営うんぬんということについては、さきほど言ったように企業として温泉をサービスととらえ、商品ととらえるというのはあるんですけれども、家族で経営しているところというのは、それもありますが、プラスアルファで馴染みのサービス、つまり「馴染み」というものが日本人の心の中の安らぎというか、そういったものがやはり根強くあるんじゃないかなと思うんですね。近代的なホテル経営でいうところの、いわゆる「ビー・アットホーム」、つまり「どうぞ、自分の家のようにお使いください」という、そういったものとの摩擦みたいなことがあるわけです。もっと言いますと、「お部屋食は食べられません」「大食堂に行く時には着替えてください」という旅館も中にはあるわけですよ。浴衣で出られない、食事もできないというような温泉旅館は、私には違和感がある。形としての、言葉としての温泉宿というものは、いったいどういうことなんだろうかと。これはもう全然レベルの違う話ですけれども、そのようなことを感じています。だけど、それに対する解決の方法が見つからない、というようなことになってしまっている。それがちょうど、さきほど先生がおっしゃったような、忘れてきたというか、持っているんだけれども気づかなかったもの、そういったものをもう一度見直して、本来の日本の精神構造の中での、生活の中での温泉というものを取り戻していければ、日本が胸を張って輸出できる文化にもなる。今、ヨーロッパをはじめ発展途上国でもいろいろな国

が、温泉を開発したり観光産業としてやっていますけれど、モノではなくて文化の輸出として、これは一つ可能性があるんじゃないかと思っているんです。

グローバルな課題としての「養」

森▒ いろいろとたいへん示唆的な話が出ましたが、ではこれから具体的に旅館経営や温泉地づくりの中に、今話し合ってきたようなことを外へ、未来に向かってどうやって展開させていくのかということがとても大事になると思います。お前たちの言っているきれいごとだけでは収まらない、本当に負の遺産としてとらえるしかない、旅館の現実を見ろ、という声に私たちがどうやって応えていくかということは、たいへん大きな課題です。その前にちょっと整理しなきゃいけないと思うんですが、日本人にとって温泉は贈与の関係にあって、それは共生という言葉で語ったんですけれども、生命の大きな力、その中に横たわっている自然という目に見えない、神と名づけられているものかもしれない何かに浴しながら、その力を授かって、もう一度、自分の生命を再生していくための願いや思いというものが、庶民の湯の受容史の中には根底的にあった。このことは非常に大事で、旅館経営の中にもそうした視点で入り込んでいかなければならないことだと思うんですね。そしてなおかつ「制度としての温泉」というものがあり、日本の温泉の中でも歴史的にさまざまな湯船がつくられ、それがある意味で宗教儀礼の中に発展したりというような変転を経てきた。そして近代の流れの中で、ヨーロッパの文化やさまざまな思考というものが入り込んできてからは、湯というものも温泉というものも、「経営としての温泉」「商品としての温泉」にやっぱり変貌していく。ですから、「贈与としての温泉」と「制度としての温泉」という二つを抱え持っているということ、やはりそこに立っているんだということを、私であっても合田さんであっても一人の旅館経営者であってもこの位置関係を押さえなきゃいけないんです。

それでは、それをどのようなかたちで旅館経営に生かしていかなければいけないのか、保養やナーシング(看護、養)ということに入っていくんですけれど、そういうようなものを積極的に「贈与としての温泉」のほうに近づけていくというやり方、つまり「制度としての温泉」の中に入れ籠のように取り込んでいくというのが非常に大事な手法なのではないか。そこに、「商品としての温泉」への技術が出てくるんじゃないかなと思っているんですね。そこで、フォーラムがこれから果たしていくたいへん大きな役割の一つとして、ナーシングという部分、医療というものを、どういうかたちで温泉の中に取り込んでいくか。温泉の効能でもいいですが、それをどういうふうに伝えていくか。温泉を持続性のあるものとして考えていくために、やはり教育という分野が非常に大きくあるんではないかと思っています。それは、何も「小学校の授業に温泉を組み入れろ」ということではなく、もっとトータルなかたちで精神性を伝えるというようなことでもいいのですが、そういう啓蒙的な活動をやっていくということがどうしても必要なのではないかと。

それからやはり、一つの単体の旅館ということだけではなく、もう少し広がりを持ったものとして、地域という全体の受け皿の中で旅館を考えていく思考を根底的には持つことが必要なのではないかということが、まず言えると思うんですね。それで、そこから具体的な個々の旅館に、そのことをキーワードとしてどれだけ受け入れられるかという細部への技術というか、商品をどのようにして市民社会の中の一人ひとりの個に届けていくのか、ということが出てくるのではないでしょうか。ここを吟味していくことがたいへん大事で、これからのフォーラムの二五年間に重ね合わせて、啓蒙の役割というのは増していくんじゃないかというふうに思っているんですよ。

これまで話してきたように、温泉をさまざまな専門分野の人たちが分断している状況ですよね。何か、温泉を専門的に食い合ってしまっている。大島先生や合田さんが最初に考えたように、文化としての力、文化力のようなものとして統合する力、人間と人間をつないだり、人間と自然をつないでいくような力、つまり贈与様式としての温泉がばらばらになってしまっている。温泉は専門的な領域から食い散らかされ分断されて、一人の人間が贈与行為として温泉を、湯を受けているんだというトータルな力が失せてしまっていると思うんですよ。そこで、合田さんにもあらためて登場してもらってですね、この役割をぜひ担ってもらいたいという希望はあるんです。

それでまず、もう少し具体的に、ナーシングのような「医療としての温泉」という視点から、これからどういう方向が考えられるでしょうか。やっぱり温泉を具体的に考えていった時に、フォーラムがこれからナーシングとして方向づけをどういうふうにとらえていくか、そこをぜひお聞かせいただきたいと思うんです。

合田◎ 温泉は一般的に、休養と保養と療養というふうに普通は分けるんですけれども、療養というのは具体的には、疾患に対して温泉医療のどういう治療をしていくかといった分野ですね。休養というのは、当たり前の話ですが一泊二日でもとにかく気分転換に行くということ。現在はこれが主流になっていますが、ヨーロッパはどちらかというと療養のほうが主流です。ただし、ヨーロッパもじつは医療保険が厳しくなってきて、すでにお話ししたようにコンパクトクアといって療養期間が短くなってきたり、一年に一回だったのが三年に一回だとかと滞在が短くなって、気分転換も含めてというようなものも方向性としては出てきています。日本は休養というのがいろいろあって、先生がおっしゃっていたナーシングというか養、保養ということなんですけれども、保養という方向に目が向いてきていると。温泉大国といわれているヨーロッパ圏と日本というのは、いみじくも一つのベクトルのほうに向いてきているということがあるわけですね。だから、本当に療養型のほうに行った時に、社会として成り立つかと言えば、やはり成り立たないというところがあって、でもそれは社会の制度としてありながら、いろんな面で短くなってきているというのが一つのあり方です。それから日本は、今言ったような逆のベクトルで、これは日本のものを考えるというよりも、じつは世界の温泉の健康づくりもしくはナーシングということはどうあるべきかという、世界共通の話題に同時になっているわけです。

これはキザっぽく言うと、グローバリゼーションの時代において、つまり世界における温泉というものはどんなふうな動きをしているのかというところに尽きるんですね。時代の変遷がずっとあったわけですが、これからの二五年を考えると、日本においては休養、リラックスという分野が、二泊三日とか三泊とか滞在型をやるとかと言っていると、要するにそういうことなんですよ。これは時間軸ですから。ヨーロッパにおいては三週間という基準があったものが、だんだんコンパクトクアに落ちてきて、療養よりもむしろベネッセ(健康)へ向かっている。裏表なんですけど、医療とリラックス、そういう産業というものがあって、医療系に振れるか観光系に振れるかというところの境があって、いずれにしても悶々と、漠然と、方向としてはこういう動きなんです。

ですから、対談の最初のところで少しお話しした「温泉の養」というものをどう考えていくのかということは、これはある意味ではグローバルな課題でもあり、各国が医療費や高齢化の問題といったものを含めていろいろと模索している、というテーマであるということがまず前提なんです。それから養の考え方というのは、いわゆる非感染性疾病、つまりウイルスを媒介にするとか伝染するというものではない場合の、今でいう生活習慣病や慢性疾患の治療として、同時に老化にともなう種々の退化現象とうまくつきあう方法というものがあります。老化は病気ではないという考えです。養をナースとするならば、そこはむしろ養老という一つの大きなテーマです。介護保険など、高齢者のための温泉の活用はどうあるべきかということですね。それからもっと一般的には、いわゆる生活習慣病といわれているものが今ものすごく大きな問題として出てきています。そうすると、自然への感情、感性というものを取り戻すことによって、これは一つのインパクトになる。つまり環境を素材に環境の刺激を得るということで、養老につながっていく。それは対症療法の薬の処方とは違う、ある意味では日本古来の、逆に言うとヨーロッパが求めているものが、まさに養という位置づけであるということです。

分断を乗り越える枠組みづくり

合田◉ それから今、温泉がどういう利用の仕方をされているかということも一応整理しておかなければいけないですよね。こっちが都会でこっちが地方とすると、従来の温泉施設は地方に旅館、日帰り温泉施設、あるいは温泉病院というものがある中でバランスが取れていた。ところが本当に最近のことですけれど、新施設として温泉付きのマンションが金沢とか大阪とか、それこそ都会のど真ん中に温泉を掘ってやっているところが出てきた。それから、病院がやっているメディカル・スパ[17]というのがあって、これが結構注目されています。それともう一つはいわゆる介護施

[17] **メディカル・スパ**……専門医による治療効果が期待される温泉施設。自然療法や予防医学としてではなく、健康と美容などエステティックをも含む概念として使われており、メディカル・スパにはっきりとした定義があるわけではない。

設なんですけど、総合病院の中で温泉を掘る。もっと地方に行くとケア付きの有料介護施設に温泉付きのものがある。とくにこの頃、テレビのニュースで災害とか水害が話題になるのは有料老人ホームが多いでしょう。それはある程度、土地が安いところに建てているから無理が起こっているんですが、これが増えています。それから温泉付きの分譲、これは高齢世代の引退した人たちが住みたいところということで、別荘地帯で温泉地に住宅を建てています。

それで今、形態としては病院の中の一つの施設として介護施設があって、いわゆる敷地内点在型ということで総合的なコンプレックスとしてやる場合、温泉利用というものもあります。もう一つは保養施設で、地方の病院と旅館とが提携して、ナーシング業というものをプロデュースしていこうという考え方もある。もう一つは、病院がもちろんあって、それを市などの公営の温泉施設と旅館との三者が組んだパターンでやっていこうという方向ですね。ところが、ここに課題としてあるのは市町村合併[18]で、同じような施設があったところが急に合併することによって三つになり、そのオペレーションがどうしてもできないという問題です。これは今、大きな課題になっているわけです。

それからもう一つは、「病院＋旅館」というものが非常に新しい構想として注目されますが、これを実現するためにはかなりの具体的な課題というか問題があります。つまり、利用者あるいは患者の立場にたって全体の保養というものを考えていく専門家が必要なわけで、単に旅館と病院が物理的にネットワークとしてつなぐというふうなものは、なかなか難しいというのが現状なんですよ。

森▒　そうですね。

合田◉　それから、これからの温泉の利活用を考える時には、一般論になりますけどライフスタイルが大きく変わってきているということもあります。

森▒　ええ。

合田◉　それと、八〇年代からとくにそうなんですが、結局、医療の細分化、専門化という中ですね、温泉保養医学教育の衰退ということで、そういうことを大学教育でほとんどやらなくなってきているというのが大きな流れなんです。それから国の政策そのものも、栄養ということが戦後さかんにいわれて脱脂粉乳を飲まされたりしましたけど、今度は栄養を摂りすぎて太りすぎるから運動しろとなる。そこから行き着くところは休養である、と。休みなさいと言う。まさにここにも養というものが出てくる。政策的には医療保険にはじまり、介護保険が導入されて、今度

❖18　**平成の大合併**……一九九九年から政府主導で行われた市町村合併政策。自治体を広域化することによって行財政基盤を強化し、地方分権の推進に対応することなどを目的としている。合併特例債を中心とした合併自治体への手厚い財政支援と、その一方での地方交付税の大幅削減という「アメとムチ」の政策によって合併が強力に推進され、財政不安から合併を余儀なくされた小規模町村が数多く発生した。合併を拒絶して自立を模索した町村の多くが財政難やよりいっそうの過疎化の問題に直面する反面で、電源立地地域対策交付金等が交付される原発立地町村などにおいては合併はあまり進まなかった。また、合併により歴史ある伝統的な町村名が消えてしまうことへの批判もあった。小泉政権期の二〇〇三年頃から特例の期限である二〇〇五年にかけて合併のピークを迎え、一九九九年度末に三二三二あった全国の市町村数は二〇一一年四月には一七二四にまで減少した。

温泉を利用した健康づくりの取り組み（菊池温泉，熊本県菊池市）．
地域資源である温泉施設を活用した疾病予防により，
医療費・介護費の抑制を目指して成果を上げている．

は年金という基本的なインフラが脅かされているというのが現状です。

それに対して、では温泉をどう考えるかというと、あくまでも療養、一つの疾患を治すというものがあるんですが、むしろ生活習慣病に対する予防医学として温泉をもう一度考え直そう、ということになります。当たり前なんですね。もう、原点に戻っているわけなんです。そうすると、「健康だ」「滞在型志向だ」という方向に、養の大きなポイントである時間軸というものが掛け算でかかってくるということになるわけです。その時間軸を、温泉地で滞在できるような仕組みづくりというのがこれからの大きな課題になってくるということです。だから温泉の効能、効果というよりも、ともかく一つの自然環境の中にできるだけ長い時間、滞在できるかどうかというのが、ある意味で温泉地のこれからの方向、養というものを実現させるための手法なんですね。それで、温泉というものがもともとの根幹の生理作用、問題を調整してくれるわけですから、時間もかかるのが当たり前の話ですよね。対症療法ではないから、根本的な原因、つまり真のところを調整してもらえるということ、それから副作用がないということ、ただし時間がかかるんだよ、ということで。今、整理をしないといけないポイントはこのあたりのことでしょうか。

森▒　そういう休養に行き着くところが出てくる日本人の、制度的にもそうですけど、生活スタイルにおいても医療を含めて変化が起こっているということを、ある意味で「利」として、つまり利益の「利」としていく必要があります。温泉もしくは温泉地が個々の再生に取り組むには、地域という総合的な受け皿がどうしても必要になってくるわけですよね。そして同時に、個々の旅館がどれだけ機能的に、一つの温泉像というものに向き合っていくかということが、たいへん必要になってくるわけですね。

合田●　そうです。ばらばらの考え方でそれぞれがディベートし、問題解決のために努力するということももちろん大事な基本なんですが、それとは別にして大きな地域の力を集結するためには、やはり同じベクトル、同じ意識を持って、まちづくり、空間づくり、環境づくりをしてもらわないと、これからの方向づけはなかなか難しい、実現不可能なんじゃないかと思います。

総合化、つまり分断されない一つの大きな理念が必要です。その理念というのは、個人の体はそれぞればらばらなものだけど、お箸で洋食も和食もみんな一緒にいただけるようなもの。そういう意味では、各疾患別だとか医療のいろんな問題も、温泉に入るという一つの行為によって、同じく平等にその恩恵に浴せるという、そこがやっぱり一つのコアになります。そのためには、たとえば一軒一軒の旅館が一つの温泉の泉源を大事に使いながらそこを有効活用していくというふうな考え方も必要ですし、温泉地、保養地は温泉だけでなくその周りの環境を整えていく。たとえば軽運動や歩行ができる、空気がきれいで騒音がないとか、さらには文化的な滞在の要素として、心を通えるような、もしくは心の中の創造性をインスパイアできるような、もっと表現を変えるなら心が癒されるような環境づくり。それは何も、立派な環境や豊かな自然だけではなくて、そこに人々が暮らす風土とか風習といった地域性のようなものが、滞在する人たちにとって融合していくような、そういう仕組みも必要だと思うんですよ。

森▩　そうですよね。「贈与としての温泉」としての役割が根底に入ってくるわけですね。もちろん個々の旅館や温泉地の認識というものがたいへん大事になってくるわけですけれども、それを実現していくための外堀として、医療保険が整備されるとか医療体制をどうするのかとか、専門家がコーディネートしていくような機能とか役割とか、外的条件はたとえばどんなことが必要になるでしょうか。

合田●　現状は分断されているということは、まさにおっしゃったとおりですよね。それを一つひとつ解剖して分析していくと、まず医療の中に温泉医学がどういう位置づけになっているのか。ともかく今は、総合的な温泉医学というものが、きちんと教育して次の世代に伝える体制にはないということです。一度それがなくなった時に再興するなんてとんでもないことなので、そこはわれわれの向こう二五年の一つの課題として努力していきたい。各論はともかくとして、われわれが今まで勉強してきた温泉医学、温泉の文化、いろんな伝統を次の世代につなげていくということが大きな課題だと思います。

それと、先生のおっしゃるように、分断というか、統合的、総合的に温泉を評価して身近な生き方の一つとしてとらえていくという仕組みもない、法的整備もない。それから、そういう認識を告知、宣伝する力もないという現状ですよね。そこで二五年先を見すえた時に、「じゃあ、人口構成はいったいどうなるのか」という視点も必要です。漠然ととらえるんじゃなくて、具体的に人口がどういうふうに減少し、人口構成が変化し、どういう社会になるのかということをイメージすることも大事だと思うんですね。そういう面では、人口減ということが高齢化と同じようにあると認識する必要があると思うんですよ。

そしてさらに高齢化率を含めて考えるとどうなるか。日本政府は二〇〇〇年に医療ではない新しい概念を取り入れて、介護保険という制度を立ち上げたんですね。介護はこれからの重要な産業となっていき、そこの比率は高齢化率と一緒に上がっていくわけです。その中で、いわゆる生活習慣病の一般の人向けの予防医学としての温泉、つまり保養というもののあり方と、もう一つは高齢化による認知症を含めた介護における温泉の利活用ということが、これからの具体的なテーマになっていくと私は予想しているんですね。だから、いわゆる健常者の人たちの予防医学としての養というものと、もう一つはターミナルケアを含め、死への看取りも含めた温泉。それらをどう取り入れて、幸せな死を迎えていただくかということも、温泉の社会化、要するにソーシャリゼーションと言うんですけど、個ではなく社会の中で温泉をどう制度として取り入れていくのかということは非常に重要です。だからこれからの二五年、三〇年を見つめた時には、一つのテーマとしてはそこが大きなものになってくるんではないかと思うんですね。

視点の転換と制度の改革

合田● これからの課題を考えた時、われわれの知見というか経験を将来に対して生かしていくというのがわれわれの義務でもあると思います。生活習慣病に対する医療のあり方が一つの分野、それから高齢者介護において日本の有用な資源である温泉をどう活用していくかという方向づけですが、たとえば東北の文化の中にも小原庄助[19]さんという人がいて、年を取ったら朝寝して朝からお風呂に入る。それは究極のものだと思うんですけど、そのようなものが人間が年を取ることの一つの付加価値とするならば、たとえばそういった方向性も「人間の幸せ」という立場で考えるとありうるんじゃないかと思うんですね。もちろん延命治療だとか、われわれの人生全体のライフステージにおいて医療というものにどう向き合っていくかという、非常にパーソナルかつ社会的な問題もありますが。

森▨ まったくそうですよね。少し乱暴な言葉かもしれないけれど、これだけの温泉資源がある国でどうして足並みも認識も揃わないのでしょうか。どうして個がつかめないのでしょうか。

合田● 二五年前には「観光、観光、観光」でみなさん浮かれていて、誰もそういったことをあまり真剣に考えず、吹っ飛んじゃっていたのが、それから二五年が経った時、やっぱり一つひとつのものが現象として出てきているわけですよね。そうすると、やはり今後を見すえた時にフロントランナーじゃないですけど、ある程度のものを努力して積み上げていく方向を示していかないといけない。となってくると、これからの二五年を考えた時には、「養」という視点も大事な仕事になってきます。高齢化や認知症の問題を考える時にみなさん暗くなるのは、つまり年を取るということは弱者になって誰かのお世話になるというような考え方の連続なわけですが、そうではなくて、むしろそれを楽しんでいこう、老後を楽しもうというような方向で温泉の役割はたいへん大きいと思うんですよ。そこの視点に、先生がおっしゃる制度化みたいなものと概念的なものを少し加えることによって変わっていくんではないかと思うんです。それが今、必要なのではないかと。

森▒ そうですね。フォーラムが二五年の間に蓄積してきた、いわゆる温泉医学、保養、休養というベクトルに対する認識論的な、それこそ「制度としての温泉」を考える際の、膨大なノウハウと知識というものがあるわけですから、それをどうにかして温泉地の具体的な手法にしていくかということが、これからですよね。今までの発想ですと、じゃあ保養地をつくろう、温泉や湯を整備して、部分浴をするスパをつくって、とかというような方向になるわけですが、そうではなくて、伝統的な日本の共生的な自然観というものを踏まえた個々の旅館と地域が、どういうふう

❖19 **小原庄助**［おはらしょうすけ］……福島県会津地方の伝説上の人物。民謡「会津磐梯山《ばんだいさん》」の中で登場する。「小原庄助さん、なんで身上つぶした／朝寝、朝酒、朝湯が大好きで、それで身上つぶした／ああ、もっともだ、もっともだ」と唄われる。東山《ひがしやま》温泉で豪遊をした商人という説が有名だが、酒豪であった会津塗師久五郎がモデルであるという説などもある。会津若松では夏に「小原庄助酒祭り」が開かれている。

に有機的に今おっしゃったことに取り組んでいくかということが非常に課題になるんですね。

合田● そうです。そうなんです。

森▒ それでもう一つ、さっき言いましたように、国とか行政を含めて外堀をどうやって埋めていくか。保険の問題もあるんですが、そのへんの制度的なこと、つまり非常に政治的な制度について、方法や対応もぜひとも必要になってくるという印象を抱いたんですけれども。

合田● これはですね、私は保険適用ということを考えましたが、具体的な現状としては、さきほど少しご説明したように、医療保険の崩壊の中での医療費のバランスの問題なんですけれども、人口も減る、税収も減ってくる、その中で高齢化率が高まり、社会的な保障が求められる施設が増えてくる。こういった状況の中で、新たに温泉医療というものが即、保険適用できるのかと言えば、これはものすごい段階を踏まなければならないし、努力が必要だと思います。今、現実的にそれが可能なものになってくるかと言えば、二五年前となんら変わっていません。それは逆に言うと、われわれの活動はいったい何をしてきたんだということにもなると思います。

だけど、その中で一つ具体的な例を申し上げますと、九州の人口二万七千人ほどの竹田《たけた》市で温❖[20]泉療養保険組合というものを地方独自でつくって、企業や市民を巻き込んで、医師会も含めてなんとか取り組めないかという動きも、じつは始まろうとしているんですよ。

森▒ それは聞いています。

合田● それは一つの実験で、たいへん勇気のあるものだと思います。これは市長の強烈なリーダーシップによるもので、私たちも支援をしたいと思いますし、ぜひ成功していただきたい。それが一つのモデルとしてありうるならば、温泉地のこれからの一つの方向性ということの前例になる可能性もあります。

それからもう一つ、外堀という意味で法的な制度について言えば、終戦直後に制定された温泉法は時代にそぐわなくなってきているところがあります。これは具体的には、温泉の管理という意味で温泉法をとらえるならば、管理上の理念がどちらかというと消費経済へ、要するに商品の規制という方向に行っていますから、そういうものではなくて、むしろ本当に温泉の価値を上げていくためにどうしていくのか。たとえば本当に塩素の消毒は必要なのか。こういう場合には必要で、こういう場合は必要ではないという、やはりもう少し乱暴ではないあり方を考えていく必要があるでしょう。

それと、あらためて考えたいのは、日本では入湯税と呼ばれていますが、クアタックスというものの利用の仕方です。これは最

竹田市の湯治パスポート.

❖20　**温泉療養保険組合**……温泉療養には公的な健康保険は適用されないことから、長湯温泉(❖V-37)のある大分県の竹田市が、入湯税と企業や医療機関などからの協賛金を集めて「温泉療養保険組合」を設立し、温泉療養保険制度を導入することを目指している。保養客は指定医から「処方箋」を得て、保険証を提示すれば割引で利用できる仕組みの構築などを目標とする。ただし、二〇一一年から始まった第一弾の実証実験は、「温泉療養保健会員パスポート」を発行して、市の補助金で施設利用料の割引返金をする仕組みでのスタートである。

終的に目的税なんですけれども、それがほとんど一般財源化しているのが現実なんですね。それでデータもなかなか出にくいものなんですよ。ただ、一つの小さな町において入湯税は結構な財源になるわけですから、それが一般財源化するというのは、地域の基幹産業が温泉産業であるならば、じつは仕方ないことではあるんです。ただし、その入湯税というものは、やっぱりお客様から預かっているものなんだ、という考え方がもう一度行政サイドから出てこなければいけない。条例によって税金一五〇円と決めているわけですが、それは利用者に対して還元すべきものであるということが、まず基本になければならないと思うんですね。それが、たとえば橋をつくるとか、病院を整備するということが、実際に温泉を目的として訪れる利用者への還元になるのか。広い意味で、それは緊急の場合には救急車を呼ぶといったことで還元したことになるんでしょうが、そういう安心や安全に対するものはむしろ一般財源で補うべきじゃないかと思います。本来の財政の考え方、クアタックスの使い方はもっと違うものです。先生がおっしゃったような本当に大事な温泉の本来の効能、あるいは精神性も含めたそういう器とか仕組み、しつらえができるはずなんです。それが地方を魅力あるものにするし、利用者に対する大きな恩返しではないかなと思うんです。

森▒　経済効果も生んでいきますよね。

合田◉　はい。外堀の課題としては、今申し上げたいくつかのことはぜひ実現していきたいものです。

旅館が担う「養」

森▒　次に、もう一度ナーシングといいますか、養の部分を確認しておきたいと思います。それからもう一つ、これからの二五年を考えた時、温泉の啓蒙のためにやっぱり教育が必要かと。単に即物的に教育の現場に温泉を組み入れるということではなく、伝承性をどうやって次の世代に伝えるか、啓蒙活動のようなものですね。医学の若い人たちを養成したり、地域に出向いてさまざまなかたちで温泉のあり方を啓蒙していくという教育性のようなもの。「今、いろいろ講習会をやってるじゃないか」と言われる部分もあるんですが、もう少し体系的なものとして使命を帯びてきている時代なんじゃないかと思っているんです。そのあたりはどうでしょうかね。

合田●　そうですね。実現していかなければならないことだと思います。けれども、それができるかと言うと……、いろんな課題があるわけです。

一九八六年当初から、私どもは「大島フェローシップ[21]」というものをつくりました。そのフェローシップの考え方は、当時の基盤の若手医学者の間で温泉療養や温泉医学をもっと理解してい

❖21　**大島フェローシップ**……一九八七年、若手研究者の育成を目的として設立された研究助成事業。同年に北海道大学の講師と助手をドイツに派遣。一九八九年と九〇年には東邦大学の教授および講師をペルーに派遣し、その成果は報告書「ペルーの温泉」にまとめられてペルー政府へ贈呈された。

ただきたい、もっと身近に考えてやっていただきたい、という大きな柱がありました。それで、本当にわずかな人数ではありましたが、医学生を温泉地に連れて行って、温泉病院で研修をして、温泉とじかに触れ合って、などということを何回もやってきました。そういうことを、これからどういうふうに展開していかなければならないかということも、フォーラムの二五周年を契機に大きな反省を踏まえて、使命として考えていかなければと思ってはいます。その具体的な制度や仕組みは、踏み出すと途中で止めるわけにもいきませんし、思いつきでやるものでもありませんが、大学機関、もしくは「興味ある分野だ」と言う生徒がいれば、そこで私たちが一緒になって教育していくということを考えないといけないと思っています。

そこで一番の問題は、変な話なんですけど、お医者さんが一番、温泉医学を理解していないという(苦笑)。「いや、温泉なんて効くわけないよ」とネガティブな方向で言うお医者さんというのが、一般の方よりも多いわけですよ。それは現代の医学教育を戦後ずっと見てみても、温泉というものはもう教科に入らないわけですし、実際の臨床に入る前の医学生の中にもそういうふうに入ってこないわけですから、勉強しようもない。さらに、医学の細分化の中で、トータルな人間学、人間の全体的なシステムとして医療を見るんではなくて、対症的に、つまり症状に対してどういう効果があるか、どういう療法があるかということを細分化していっている。そのために、トータルな温泉という場合は全体で見る極の話だと思うんですけれど、それがやはりバランスが取れていないという問題があります。医療の現場に立っている人たちは、より身近に温泉医学と

いうものを理解しているわけなんですよ、身近にいる人たちは。その効能や効果を含めて、言葉ではなくて、エビデンスではなくて、たしかに効いているわけで。そういった実例を見るには、医学生が授業の中で教わるというよりは、むしろ地方に行って、温泉に行って、それを受けていただける病院もしくは教育機関にやはりチャンスをあげて、一緒に働いてもらうのが一番いいと思います。今は医療全体がいわゆる研修制度ということで、地方にも人の交流がどんどんできるようになっていますので、そういうものを仕組みとして、どこかと組んで提言していくというやり方があると思います。

それから、これはいわゆる分断化の一つの象徴みたいなものですが、代替医療の鍼《はり》・灸《きゅう》、按摩《あんま》、もしくはフィジオセラピー(理学療法)を含めた具体的な医療従事者の人たちも、やはり温泉の現場でやっている人たちはよく理解しているんですけれども、そういった人たちとの共同研究あるいは教育の枠組みのようなものができないものかと思っています。それともう一つ、これは一番大事だと思うんですけれども、一般の人たちの中でも、「これからは健康が一番大事だ」というリタイア目前もしくはリタイアした人たちの生き方の中で、温泉というものを健康づくりにどう一般的に使っていくかという啓蒙もあわせて必要だろうと。その重要性というのは、私も現場に一緒に携わりながらつくづく感じています。

森▒　ええ、なるほど。それはやはり、フォーラムで概括的にできる方向だと思うんですよ。そこで個々の温泉旅館にそういう課題をおろした場合にですね、たとえば一人のお客さんがただ保養のために来るというよりも、個々の旅館がもう少し何か啓蒙性を持ってお客さんに接していく。単に機能的に「ここの湯はこういう効果がありますよ」というだけのケア、癒され方になっていますから、そういったことだけでなく、もう少しトータルに人間を、旅館の中で養っていくということができないのかな、というふうにはすごく感じているんですよね。

それはたとえば、お客さんに出す食事をもう少し吟味したり、何か一つひとつのことに同意を求めたり啓蒙したり、それから湯に入る時に、こうこうという入り方や効果だけを言うのではなく、「その後の保養の仕方もあるよ」とか、「湯に入った時には少しこのあたりの散策も取り入れてくださいよ」とか。それから、旅館の部屋に入ってゆっくりと休んでいる時に、東洋医学の試みをするパンフレットや指導がちょっと行われたりするとかですね。それで旅館全体としては、そういうコーナーを少し設けてヒアリングが行われ、相談のようなものが行われたりという、臨床という行為を各旅館でやっていく。もちろん、臨床といっても患者ではなくお客さんに対するわけですが、「臨床機能としての旅館」のようなものがどうしても必要なのではないかと思っていたんです。あまりにも健康や保養や医療というような機能分化した方向でやりなさいという意味ではなくてですね、もう少し補うといいますか、精神性も含めて総合的に補っていく、力添えのようなもの。次のひとこと、もう一歩の促し。それは、あまりお金をかけることなく旅館が取り組んでいける方法ではないのかな、各旅館できめ細かく必要とされるところではないのかな、というふうには思っていたんです。

地域社会と温泉の循環性

合田◉ ずっと先生とお話しさせていただいている生命装置のしつらえの空間としての温泉地というとらえ方をしていくならば、その温泉地に大きなウェイトを占める旅館もしくは宿泊施設というもののあり方については、先生もお話しになりましたが、私なりにいくつか感じているところがあります。つまり、温泉と健康うんぬんというよりも、まずは日本人のホスピタリティ、日本人の心のあり方でどういうことが安らぎなのかということも、これは一つの大きな柱だと思うんですね。

あるところの有名な温泉旅館の人から聞いた昔の話ですが、やっぱりその当時は客の財布の中身を見るんではなくて、その人の人柄とか、どういう目的で来られたのかとか、それから健康うんぬんのお話や相談を十分に聞いてから、旅館として無になってそのお客さんのために尽くすという姿勢があったと思うんです。今は女将さん文化というものが一つのブームですから、いろいろきれいな洋服を着て「いらっしゃいませ」と言って、最後は見送って見えなくなるまで手を振るというのも一つの表現なんですけども、本当に心から無になってお客さんのために尽くすということ。それは見えないところで、食事も素材もしつらえも含めてそういったものを本当に取り戻す必要があるんじゃないだろうかと。もちろん、全体的に合理的なホテルや旅館があってもいいと思います。ただし、その中のすべてがそうではないと、私はそういう方たちをよく存じ上げていますので、あえて付け加えさせていただくならば、やはりそういった原点みたいなもの、宿の心というか、人を受け入れるということ。それは温泉地全体でも言えることなんですが、受けて、何かを与えていく。「健康になるからこうしなさい」という立場ではなくて、「健康や幸せを感じるのはお客様ご本人ですから」と、そのためのお手伝いをする。あくまでも、そういう環境づくりのお手伝いだという考え方が必要なのではないでしょうか。

お手伝いというのはたいへん控えめな、中途半端な言い方かもしれませんが、あるものを商品化して提供するという考え方ではなくて、お客様が主役であって、それをいろんな分野で心づかいし、サポートしていくという、その原点をもう一度見直してほしいなと思います。女将さん文化を否定するわけではもちろんなくて、それもとても大事なものなんですけれども、ただそれが当たり前というものではなくてね、本来はお客さんが求めているものを無になって提供するというのが原点ではないかな、と。私はその分野は専門ではありませんが、お客としていろんな旅館に行くことによって感じることで、今そういうことをやっていらっしゃるところも数多く知っていますのでね、そこが「もう一度ここに行ってみたい」「生き方に触れたい」という原点ではないでしょうか。

森▒　決して豪華である必要はないし、装う必要もないし、かといって非常に難しいですけれども、生のままだけでももうやっぱり成り立たない。そこには技術というんですかね、さきほど言ったような「商品としての旅館」というものをもう少し積極的に自分の中に取り込んでいく必要も一方では感じます。接待技術を学ぶということではなく、もう少しある意味、原理的な「贈与としての温泉」というものを、やはりきちんと教養として踏まえたうえで、じゃあ何がもてなしなのか、何が安らぎなのかというようなところを、いち早く経営の中に取り込んでいくサイクルを、まずはベースとしてやらなければいけないんじゃないかと思っています。

合田●　そう思いますよ。

森▒　今ある各旅館の建物をすぐにはつくりかえられないわけですが、今の基盤を精神的に蓄積された富というふうにとらえていく。それは非常に非効率な部分もあったり、景観にそぐわないものも出てきてはいるんですけれども、それをもう一度、自分たちに存在する富としてとらえて、その富をもう一回、「贈与としての温泉」というものに返してやる。そこでは、さきほど言ったように保養という概念を積極的に入れていくとか、食に工夫を重ねていくとか、そういういろいろな個別の技術が出てくるんじゃないかと思います。そしてなおかつ、そのことが地域として広がっていけば、地域のまとまり、地域の支えとしての温泉という横のネットワークがつながって、循環していた地域社会というものがきちんと顔を出し、支えられていくんではないかという印象が強くありますね。

どうしても地域の側は、温泉旅館を経営している人たちに対して、「お前たちだけ儲けてるんだろう」「お前たちだけが商売しているんじゃないか」というふうに認識しがちなんですけど、じつはそういうことではなくて、やはり地域にある一つの富なんだというふうにとらえていく必要があります。高度経済成長からずっと引き継がれてきたものとして、いろんな無念さも含めながらの富だというふうに個として立っていかないと、温泉地も温泉もどうしても時代の中での再生が果たせないんではないかというふうに思うんです。そこでまず、さきほど合田さんがおっしゃったように、教育というものを旅館の一人ひとりの経営者もお客さんもそこで考えていく。臨床としての教育、臨床行為を互いに絡み合わせることがとても大事です。それは決して理想論ではなくて、技術として可能性があるというふうに思うんです。

それからもう一つ、さきほどから言っている地域というものの下支えを、どういうふうに温泉地の中で互いに知恵を出し合って形成していくのか。温泉地としてのまとまりというか、地域が持つ経済の分野、それから大きな社会的役割としての教育効果、さらには自然というものを見つめ直していく、自然景観について考えるきっかけになるような、非常に重層的な役割。そうした地域への役割をもう一回、温泉地の人たちが全体として見渡していく。私たちは温泉に訪ねていくとどうしても思うんですが、やっぱりそのへんが曖昧になっていてですね、共有というか共生というか、そこの場所性をともに考えていくところに立っていない。こういう時代に、合田さんたちが強く考えてきた「個の温泉地」というのは、逆にむしろ個がもっと強くならないといけないというふうに思っているんですよ。個がちゃんと個に立脚した温泉地というものが求められていると思います。

合田◎　はい、おっしゃるとおりです。フーテンの寅さんみたいに「風の人」として、温泉地をふよふよと回っていくと感じることですけれども、自然の環境の限界とか地域性とか環境の制限とか、いろんな特性がそれぞれありますよね。「どの温泉が一番いいですか」とよく聞かれるんですが、具体的にどこというよりもむしろ、その地元の人たちが自立して、自分たちの地域に誇りを持って、温泉を大切にして評価をきちんとしている地域はたいへん好きですし、滞在しても気持ちがいいところなわけです。豪華であるとかということよりもむしろ、その人たちが自分たちの価値を十分に評価して、欠けているところや充足していくべきところをよく理解していることです。

森◎　そうなんですよね。

合田◎　それはその人たちの本当の自立というか、

その土地に立った「土の人」としての、どしっとした一つの揺るがないものがあるわけで、その自信を持った生き方がとりもなおさず地域の力として現れ、また周りの環境の生かし方のようなものを訪れる人たちが感じる、そういうものじゃないかなと思うんです。

森▒　決してほったらかしではダメなんですね。むしろ非常に意識して温泉の経営にあたらなければいけないですよね。そこはとても大きなポイントで、手つかずに自然のままであればそれでいいということでは全然なくて、意識して制度的なものをつくり出していかなければいけない。地域ということを考えた時、可能性があると思うのは、たとえば山があり川があり海があり、その自然の景観の中に温泉地があったりするわけですが、その環境の中でさまざまななりわいを持っている人たちが地域の構成者としているわけですよね。そこでは山や川からいろいろな恵みをもらったり、それを分け合ったりという経済の循環性ができあがっていたと思うんです。そういう理《ことわり》を「温泉の知」として取り上げていくことが必要なんです。

たとえばおすそ分けという言葉がありますよね。野菜がいっぱい採れて、うちでは多いので隣の家に「食べてくださいよ」というのが日常的な習慣としてあった。そこで、農家の人たちが旅館の経営者に「ちょっと野菜があまったので使ってよ」と、何かちょこっとしたものを持ってきても困るというふうには思わないわけで、「農家からおすそ分けされたものですよ」とお客さんに出していくというようなことを、一人や二人が少しやっただけで、その温泉の循環性ががらっと変わっていくと思うんですよ。そういう社会の伝統性の中に潜在的に横たわっている「地域社会の循環の知」というもの、知恵を、もう一度歯車として回していく努力があってこその旅館経営だと考えます。個というものに立脚して、商いや社会に対することをきちんと実現できている旅館の経営者が、その歯車を回すことができるんじゃないかと思います。

　そういうたいへん小さい積み重ねを一つひとつやっていくことが、まずは一番大事だと思います。そういう取り組みを続けていると、外から合田さんのような方が変化へのモチーフを発見するんですよね。私も温泉地にいますけれども、今のお客さんというのは非常に目ざとく考えていて、多くのことを発見しているんだなという印象があります。学んでいるんです。見ていますね。そうした小さな気づきみたいなものを積み重ねていくことで、お客さんの印象はまるっきり違ってくるわけで、そういう啓蒙もぜひとも必要なのではないかとすごく思っていたんです。

合田◎ そうですね。私が好きなある旅館の主は、「この旅館は私たちがつくったのではなく、お客様につくっていただいた」と言われるんですね。命もそうですけど、お預かりしているものを素直に表現できる。お客さんの心を素直に受けとめていくと、「安心できる」「もう一度来てみよう」と思ってもらえるものにできるわけです。そこでもう一つ大事なところは、それを支える技術が必要だということです。それは何も「高い食器を使え」とかということではなくて、たとえば地元で食器をつくっている職人をサポートしていく、裏づけしていくというサイクルです。もちろん食も含めて、農家はアグリカルチャーの職人ですし、それからいろんな工芸や文化に携わる人たちもみなさん職人ですよね。旅館というのはお客さんとのインターフェースの最前線ですから、地域が全部バックアップして技術もサポートして、都会から来るお客さんという個に対して、見えない大きな資産というものを提供することによって、その人が幸せになるお手伝いをする。そういう原点をもう一度見直すこと、つまりいろんな手法で活性化しようとするよりも、むしろ一人ひとりの心の中のありようも含めて、そこからスタートするというのが原点ではないかと思います。

これが本当に大事なことであり、次世代に心をつないでいくということが、やはり私たちの夢というか希望ではないでしょうか。具体的には技術者の養成や伝統工芸の伝承など、地方の資産をどう次の世代に伝えていくのか。これはお祭りも含めて、みんなで地域を大事にするという表現ですよね。そういった広い意味での技術というものを保存、継承していくことが基本だと思います。

心の原風景としての温泉

森　こういう話になると、どうしても精神論にとられてしまうんですけれども、決して精神論ではなくて、生活の技術、地域をつくっていく技術、それからお客さんと接していく関係の技術とか、自然と向き合っていく技術ですね。自然やさまざまな関係性の中で個体と個体とが出会う技術を蓄積してきたことを、これまで私たちは学んできたわけですね。そこは曖昧にしないで、そういう技術をきちんと生活の中に取り込んでいかないと、この時代の中での経営はとらえられなくなってしまうと思うんです。「日本人の心に戻れ」「日本人の生活に戻れ」ということがすべてでは決してありません。ちょっとした気づきやちょっとした養いの互いの出し合いがあれば、それがきっかけで次のサイクルが回っていくと思うんですね。お客さんのほうも求めているし、経営の人たちも求めているという場所にたどり着いたと思うんですよ。単に源泉掛け流しだけを求めていくという「分断の温泉消費」ではなく、もっと総合的に地域の何かに触れるというような学びの目線を今のお客さんは持っているでしょう。もちろん、お客のほうも客としての自覚が必要になってきます。それは技術として、関係の取り方として、これからとても大事になりますし、基本はそこにあると言っても過言ではありません。

そして、合田さんがおっしゃっていた、温泉地に対する外堀をさまざまな思考をめぐらして考えていくというようなことが非常に大事になってくると思います。今、どうしてもトータルな目線が分断されていて、それぞれの意図によって温泉を消費してしまっています。それは、「こうすれば温泉地はこうなるだろう」という善意の消費も含めてです。でも、根底的に横のつながりをどうにかつくり出していき、総合知、総合の知恵のようなもの、「私たちは温泉地からも贈与を受けるんだ」というような互いのあり方というものが、これからは強く要求されるだろうと思っています。私も温泉地に行くことの基本は、やはり本当に学びたいわけです。

対談の一番最初に私が少しお話ししたように、私の記憶に潜んでいる温泉は、きっとそういう

肘折温泉の旅館街.

ものだったんだろうと思っています。私は大蔵村というところにいて、幼い頃、母親に肘折温泉へ湯治に連れていかれたこともあるし、湯見舞に行ったこともあるわけです。その時に見聞した温泉地というのは、日常の生活とは違った場所への誘いでした。そこはまた別な意味での自分の生の、生きるということの確認をする場所でもあったわけですね。そこには憧れや新しくワクワクする体験という、人間の精神、生命を揺さぶっていく、素朴だけれども生々しいものがあって。温泉に触れるということは、そうした記憶を刺激して新しい何かに結び合うというようなものだったと思うんですね。大人になっている私も温泉地に行くというのは、きっとそういう体験をもう一度自分の中に取り戻していく、生命のたいへん深い結びつきを求めているんだと思うんですよ。自分が生きるということが、温泉によってもう一度いきいきと促されるということへの期待があってですね。新しい体験というのは、何も珍しいものという意味ではなく、はっと気づくものに触れていくという、そういうところのめぐり合いが温泉地というものをつくっているのではないだろうかという印象がすごくあります。

合田◎ 対談の最初で先生の原体験としての温泉ということをおっしゃって、対談の中で温泉の風景、風景としての温泉という話をされましたが、いみじくも「心の原風景としての温泉」というものが原点になるのではないでしょうか。東北だけのローカルなものではなくて、それはやはり一般的な日本人が心の中に持っていたもの、またそれを失ってはいけないものではないかなと思いますね。観光立国という話がいろいろ巷《ちまた》でありますけれども、海外から来られた方に見ていただきたいのは富士山、芸者さん、京都、箱根というものだけではなくて、そこに潜んでいる日本の文化性とホスピタリティ、そして感性ですよね。こういったものが、海外に向けて十分アピールできる資源なんだよ、素材なんだよと。単に施設を洋風にするといった近代化を突き進んでいくのではなくて、その中で本当に評価されるべきものをもう一度見直して、再評価してやることによって、日本の旅館もしくは日本の心のふるさととしての温泉地を、観光素材として海外の人たちに伝えるチャンスが十分にあるのではないかと思います。日本から輸出できるとかいう大げさなことではなくて、何かそこに触れることで、平和というか安らぎ、平安、自然、そういったものを感じてほしい。私の海外の友人たちも、そういう「心の原風景としての温泉」に触れてたいへん驚愕し、感嘆し、本当に涙を流して帰られる方や「また来たい」と言う方がたくさんいます。素晴らしい素材はいっぱいあるんですから、そこのところを日本人自身も再度見直しをして、自信を持って提供できるようなかたちになりたいと思っています。

そういう面では、温泉のグローバリゼーションというものはどんどん進んでいくと思います。隣の韓国も中国も台湾も今、日本の温泉を非常に注目しています。そこで、しつらえを含めた日本の温泉文化の心、核となるものが、グローバリゼーションの中で大きな役割を果たしてほしいなと思っています。

もう一つは、少しテーマが違うんですが、さきほどお話しした医学教育とその心、そういったもの全体を含めた「温泉力」です。日本の温泉力を考えた時に、発展途上国の人たちにも与えるんではなくてサポートする、素材としてサポートできるお手伝いをするというような、そういう日本であってもいいかなと感じています。心と心は通じますからね。温泉というものが、言葉ではなくて「心地よいと感じるもの」であることは世界共通ですから、これをやっぱり生かしていきたいですね。

国際交流事業で来日したイラン人とともに.
右から4人目が合田(湯河原温泉の「青巒荘(せいらんそう)」にて).

森▒　この対談の中でずっと思っていたことですが、日本は温泉大国であるということは、学習する温泉をたくさん持っているということですね。それは単に温泉の地学的な要素や変化を学んでいくとか、医学を学んでいくとか、自然景観とのつきあい方を学ぶとかというふうに、即物的に分断化された知識を得る学びではありません。日本人が近代の中で個というものをいかに手に入れようとしてきたのか、そういうプロセスを反省したり、そこからもう一回出発するために反芻するものとしての温泉もしくは温泉地、そして温泉の経営というものを特権的に持っているということです。高度経済成長を経て近代というものが育んできた財産、そしてその育みの中で含んできてしまった隘路《あいろ》的なもの、矛盾していったもの、どこかで喪失してしまったもの、そういったことをもう一回検証し直すきっかけとしての学習機能を温泉は強く持っていると私は思っています。温泉は社会に最前線で関わり合っているものであるがゆえに、そこに教育的な機能が含まれているのだと思います。

ですから温泉に関わる人たちはみんなやっぱりここに立って、ここに一度足を下ろしてみてですね、「では、次の時代の温泉地を、地域でどのようにつくっていくのか」という問いに対して、総合的な知恵を出し合っていくことがとても大事ですよね。そういうことから言えば、私たちは逆に、温泉から逆襲されていると言いますか(笑)、温泉から試されている時代に来たんだなぁというふうに思っています。日本人が古来から自然というものを自分たちの生活の中に取り込み、生きることは荒々しくも慈しみ深いことを発見し、そして自然とどうやって関わり、どうやって生活の中に溶け込ませようとしたか、制度も全部含めてたいへん根源的なところに自然と温泉がある。そういったものに、学ぶものに私たちは向き合っている。これはたいへん大事なことであると思っています。

合田●　そうですね。

森▒　今後の二五年を見すえて、合田さんたちのフォーラムに期待するものはたいへん大きくてですね、そのへんのことを踏まえて、ぜひ実践的に社会の中で活動していただけたらと思っています。

合田●　はい、わかりました。ありがとうございます。長い時間の対談、どうもお疲れさまでした。

森▒　こちらこそ、ありがとうございました。

V

温泉からの復興
―東日本大震災と東北の温泉地

原発から避難した人々を受け入れ，
震災後初の大型連休を迎えた飯坂温泉
（2011年5月，福島県福島市）．

現場知の復興から

安喜《やすき》（新泉社編集部）◆　おはようございます。

合田・森　おはようございます。

安喜◆　お二方には昨年末（二〇一〇年一二月）に、東京の「健康と温泉フォーラム」の事務所で丸二日間にわたってかなりの長時間、温泉と温泉地を取り巻く過去・現在・未来のさまざまなテーマや課題について幅広く議論していただきました。そして、それから五カ月が経った今（二〇一一年五月末）、私たちは山形県大蔵村の肘折温泉に来ているのですが、この間、われわれは[❖1]三月一一日の大震災という体験を経ることになりました。

もともとお二方には、二日間の対談を受けての結論的な論文を書き下ろしていただくことをお願いしていたのですが、森さんからのご提案もあり、震災を受けての新たな対談の場を設定することになりました。私からは最初のうち、いくつかの質問を投げかけることにしますが、その後はお二人で自由にディスカッションしていただければと思っています。

森▒　はい、わかりました。

安喜◆　それではまずは森さんに、東北にお住まいの中で、まさに当事者として遭遇された震災と震災後の体験をお話しいただければと思います。

森▒　そうですね、私にとって「三月一一日」はとても象徴的な日付になったと思っています。あの日、私は妻と仕事で東鳴子❖2に行っていまして、ちょうどあの時間、ある温泉旅館で打ち合わせをしておりました。ものすごい激しい揺れが来て、あわてて外に出たのですが、その時間が異様に長かったということを記憶しています。妻はラジオをすぐにつけて、これは大地震だ、大津波が来る、一〇メートルの津波の予測だということで、急いで車に乗って家に向かいました。それで、妻の実家が津波被害を受けた東松島市❖3の野蒜《のびる》という沿岸地区なものですから、連絡を取ろうといろいろ試みたのですが、結局、四日間くらい音信不通の状態でした。

❖1　**東日本大震災**……二〇一一年三月一一日一四時四六分に発生した本震（東北地方太平洋沖地震）と、それにともなう津波、その後の余震によって引き起こされた大規模地震災害。本震は宮城県牡鹿《おしか》半島沖を震源とし、観測史上国内最大のマグニチュード九・〇を記録。震源域は岩手県沖から茨城県沖までの南北約五〇〇キロ、東西約二〇〇キロの広範囲におよび、地震による直接的被害のみならず、場所によっては波高一〇メートル以上、最大遡上高（浸水高）四〇・五メートルにもおよぶ大津波が発生し、東北地方と関東地方の太平洋沿岸部に壊滅的被害をもたらした。死者・行方不明者の数は二万人以上にのぼる。また、この震災の影響で発生した東京電力福島第一原子力発電所の事故（❖V−6）によって引き起こされた前代未聞のさまざまな事象は、日本社会を未曾有のパニック状態に陥れ、震災および津波被害者の救助・救援や捜索、被災地への物資運搬、復旧作業などにも甚大なる影響を与えることとなった。

❖2　**東鳴子温泉**［ひがしなるこおんせん］……宮城県大崎市の鳴子温泉郷にある温泉。重曹泉を中心に多彩な泉質に恵まれており、江戸時代中期に開湯した歴史ある湯治場として知られる。古くから湯治場として開けたことから、自炊部や混浴浴場のある小規模な温泉宿が中心である。なお、森繁哉をはじめ、東北の人間には「鳴子」を「なるこ」ではなく「なるご」と発音する者が多い。

❖3　**東松島市**［ひがしまつしまし］……宮城県中部、松島湾北東部から石巻湾西南部にかけての沿岸部に位置する人口四万人強の市で、二〇〇五年に矢本町と鳴瀬町の合併によって誕生した。松島観光の拠点である宮城郡松島町の東側に位置していた。野蒜（❖V−9）は鳴瀬町奥松島（❖V−10）と呼ばれる自然美の観光資源に恵まれてきた。東日本大震災では津波の直撃を受け、一千人以上の死者が発生してしまった。

安喜◆ 四日もですか。

森▒ ええ。後で連絡が得られてからわかったのですが、妻の実家はほとんど壊滅でした。私もことあるごとに散歩させてもらっていた東松島の海岸沿いの、あの美しい松林、あの美しい集落がなくなったということに、たいへんな驚きを受けました。石巻[4]に友人もたくさんいますし、あのあたりの港には勤めていた大学の仕事で漁村の調査に何度も出かけていましたので、その人たちの消息を確認したりと、震災後の二カ月は被災地との関係を取るのに精一杯でした。

　私は震災後の時間の中で、合田さんと二人で対談してきた本のあとがきを自分の文章で綴るということを考えて、その準備もしていたんです。けれども、やはり対談というかたちが望ましいと考えたのは、今、想起していく、立ち上がっていく、瞬間をとらえていく現場知のようなものを携え、この現実に向き合わなければならない、震災というものは非常に生々しい現実であるがゆえに、合田さんと二人で現場知を復興していかなければならないと思い至ったからでした。

「無慈悲の自然」と「慈悲の自然」

森▒ 今回の震災で私がまず思ったのは、大雪のことでした。あの大きな揺れが来た時、とっさに感じた恐怖は雪に対するものと同じでした。日本海側は昨年一二月から❖5ものすごい大雪に見舞われてですね、私も毎日毎日、来る日も来る日も執拗に降り続けるモノとしての雪と格闘していた数カ月を通過した後の地震だったものですから、大雪と大地震はある意味で結ばれているとい

❖4 **石巻市**［いしのまきし］……宮城県東部、石巻湾沿岸部を中心に位置する市で、仙台市に次ぎ県内第二位の人口を擁する商業都市。水産業のほか、造船業、紙パルプ業などがさかんで多くの工場が立地していたが、東日本大震災にともなう津波によって壊滅的な被害を受けた。市全体の死者・行方不明者総数は五八〇〇人ほどにのぼるとみられる。津波は北上川を約五〇キロも遡上したことが確認されているが、新北上川河口から五キロの距離にある石巻市立大川小学校では、避難中の児童と教職員が川を逆流してきた津波に襲われて多数の死者が発生するなど、海岸部のみならず北上川沿岸地域も甚大な被害をこうむった。また、同市と牡鹿郡女川町《おながわちょう》にまたがって立地している東北電力女川原子力発電所でも、本震で震度六弱を観測、続いて津波に襲われて最大遡上高（浸水高）一三・八メートルほどに達したため、二号機の原子炉建屋の地下三階が約二・五メートル浸水し、熱交換機が海水に浸かって非常用発電機が起動せず、原子炉冷却ができなくなる危険性のある一歩手前の状態に陥り、外部電源五系統のうち四系統の遮断、三号機の冷却系への海水侵入、一号機タービン建屋地下一階の火災など、深刻な事態が次々と発生した。幸い、同原発の主要施設が海抜一四・八メートルの高台に立地していたことと外部電源のうち一系統が無事だったことから、原子炉はすべて冷温停止状態に至り、爆発事故などの発生は回避できたものの、四月七日の余震（❖Ⅴ-8）でも外部電源四系統のうち三系統が喪失し、燃料プールの冷却機能が一時停止するなど、緊迫した事態が再び発生している。

❖5 **二〇一一年の豪雪**……二〇一〇年の暮れから、日本海側の各地は記録的な大雪に見舞われた。とりわけ年末年始には、西日本の山陰地方が大規模な雪害に遭い、鳥取や島根を中心に孤立集落の発生のほか、鉄塔折損等による停電、漁船の沈没・転覆、大渋滞、列車の立ち往生などの大きな被害が出た。東日本の豪雪地帯である新潟や山形などでも例年をはるかに上回る積雪量を記録し、各地で雪氷災害が多発した。新潟県魚沼市では一月三一日に全国最深の四〇九センチとなり、同地区の一月の積雪深としては三〇年ぶりに四メートルを超えた。山形県でも年末から二月初めにかけて積雪深が大幅に増加し、新庄市内では二月一日には二〇四センチと、三七年ぶりに二メートルを超す積雪を記録、大蔵村肘折地区では二月一日に積雪深が三四二センチとなった。さらには、一月から二月にかけてほぼ毎日続いた降雪で厚いしまり雪層が形成されたことにより、例年に比べて積雪重量が大幅に増加したため、除雪や雪下ろし作業時の事故が多発し、多数の死傷者が発生した。

森が活動拠点にしている大蔵村の「すすき野シアター」．
古い茅葺き民家を劇場として使っているものだが，
大雪の被害でブルーシートが被せられていた．

う記憶を持っているのです。決してそれは分断されていたものではなくて、そこには非常につながりがあるという印象です。

安喜◆　昨日、森さんに大蔵村のあちこちを案内していただいた時、屋根にブルーシートを被せた民家の姿や、道路とガードレールの損傷が目につきましたが、それらは地震ではなく大雪の被害であるということにとても驚きました。

森▒　ええ。それと、大津波です。私が大雪を体験し、大地震を体験し、大津波の惨状を目にして考えたことは、自然との関わりというもの、「自然と私」のあり方というものが一気にそこに露呈し、露出していった。自然と私の関係が見えてきたという印象を抱いています。冬の大雪の間、機械に頼らないで数カ月、雪と向き合ってみました。スコップ一本で屋根の雪を下ろし、変化の激しい雪を目の前にして、体を張って雪と拮抗していくという、一人の人間が自然に向き合っていく、その向き合い方を体験しました。そして大地震です。雪が降ればブルドーザーで排出すればいい、波が来れば防波堤の高さをどんどん高くしていけばいいというような、近代の自然観によってブロックされていた自然と私たちのあり方が、今回の大地震、大津波によって、一気に私たちの前でその実体が露呈したような印象を受けました。ですから、大地震や大津波や大雪が私に問いかけて寄こしたものは、私たちも一つの自然として、もう一つの自然とどう向き合っていたのかということです。そして、その距離を縮めることが、本来はこういう自然に囲まれた日本という国で生きるということだったんですけれども、どうしても科学の力や技術によってブロックし、もう一つの自然を遮断し、遠くのものとして「間《あいだ》」を埋めない、コントロールするものとして自然をとらえていたのではないかと思ったのです。

そして、大津波の自然を「無慈悲の自然」というふうにとらえていきますと、その裏には温泉に癒された被災者もいたりと、温泉に入るという行為は、もう一方の自然が持っていた「慈悲の自然」という、裏と表のような自然観があらわになってきたように思うんです。震災と大津波を通して、むしろ温泉が私たちの目の前に「慈悲の自然」として現れてきた。そして私たちは、その自然に癒され、勇気をもらえ、養生され、生命を延ばしていくという、人間も一個の自然として、もう一つの自然に近づいていくための装置としての役割がたいへん素直にシンプルに出てきた。私たちは「無慈悲の自然」に対し、ただただ科学の力をもってコントロールし、じかに触れないための技術を発達させ、そのことに寄り添いながら生きていかざるをえない宿命を抱えるのですが、そうした現実を、温泉というものに近づきながらきちんと見ていかなければいけないんじゃないかな、という印象をとても強く持ちました。

震災直後の温泉地

森▒　合田さんは、地震や福島原発事故の影響がじかにあった東京で生活なされているわけですが、合田さんたちのフォーラムには日本各地の温泉地の情報もいろいろ集まってくると思います。個人的な体験も含めて、そのへんはどうだったんでしょうか。

合田●　今、森先生がどのような体験をされ、その後、どう向き合っておられるのかというお話をうかがったんですけれども、この本の対談は「個人史としての温泉との出会い」という話から始まったと思うんです。今回、いみじくも震災という一つの共通の時間とその環境を確認できる事象が起こったわけですよね。

私は、三月一一日の二時四六分は東京の事務所で一人で仕事をしていて、ちょうどコーヒーを飲もうとしていたところでした。私どもの事務所はビルの一一階で、最上階にあるものですから結構揺れが激しくて。本棚が倒れるんじゃないかと思ってそこへ行って、その大きな揺れの中で、自然に対して「もういい加減にしろ！」みたいなことを叫んでいたような記憶があるんです。それは単純に怒りだったですね。そして机に戻ると、一〇人がかりでないと持ち上がらないその大きな石の机がひっくり返っていまして、あのままそこにいると両足骨折で、一人でどうしようもないという状況になっていたんじゃないかと思います。事務所は本棚が倒れたり、いろいろなものが落ちて壊れたりと、結構被害がありました。

その直後は電話も通じなかったわけですが、一週間後にフォーラムの月例研究会の予定があって、少し時間が経った中でそれをどうするかという話になった時に、私はやっぱりやろうと思いました(「健康と温泉フォーラム」第二二回月例研究会、二〇一一年三月一八日)。会場の他の会議室はほとんどキャンセルで、実際に会合を開いたのは私たちだけだったのですが、(計画停電の影響で)暗い中でも所定の人たちにはちゃんと集まっていただきました。最初にやったことは黙祷で、そして東北の人たちの心配と、東北の温泉がどういう状況なんだろうかということを真剣にディスカッショ

❖6　**東京電力福島第一原子力発電所事故**……二〇一一年三月一一日、東日本大震災の本震が発生した際、福島県双葉郡の大熊町と双葉町にまたがって立地する同原発の運転中の原子炉は緊急自動停止したものの、地震で送電線の鉄塔が倒壊したことなどによって外部電源が途絶した。直後は非常用ディーゼル発電機が正常に起動して原子炉や核燃料プール内の使用済み核燃料の冷却にあたったが、津波が数次にわたり来襲して到達遡上高(浸水高)一四～一五メートルに達したことで諸施設が大きく損傷、浸水し、地下に設置してあった非常用発電機は海水に浸かって作動不能となり、全交流電源を喪失した。核燃料が冷却不能に陥ったため、一・二・三号機ともに核燃料が原子炉圧力容器の底に溶け落ちるメルトダウンが発生し、圧力容器の底に穴があき、原子炉格納容器も損傷。本震翌日の三月一二日一五時三六分に一号機で水素爆発が発生し、建屋が大破したのに続き、一四日一一時一分には三号機でも水素爆発が起きて建屋を大破、黒いきのこ雲が発生して大量の放射性物質が大気中に放出され、さらには一五日六時過ぎに二・四号機でも爆発が発生、四号機については一五日、一六日に火災も起こった。ベント(圧力弁開放による大気への排気)、水素爆発、圧力抑制プールの爆発、人海戦術によって大量放水した冷却水の地中への漏れ出しなど、さまざまな要因により、大気中、土壌、溜まり水、立坑、海水、地下水におびただしい高濃度の放射性物質が広範囲に放出され、事態収拾のめどすらまったく立たない中で、周辺地域の大勢の住民が長期にわたって避難を強いられる史上最悪の原発事故となった。農業、水産業などへの広範囲にわたる壊滅的打撃は言うにおよばず、東北全域の同年の修学旅行客数が「九割減。全滅に近い」(「東京新聞」二〇一一年六月二七日夕刊)と報じられるなど、観光業へのきわめて深刻な影響の長期化が危惧されている。

ンした覚えがあります。

各温泉地の人たちが被災地のことを心配して、われわれに何ができるのかということを真剣に議論したんですが、自分たちでまずはできそうなこととして、たとえば「タンクローリーで温泉を被災地に運ぼう」という話が出ました。けれども、お風呂の設営はどうするんだとか、誰がどうやって湯を沸かすんだとか、そういうことになってくると誰も言葉が進まなくなってくる。結局、われわれが「被災地のみなさんに温泉を提供しよう」と言った時に、完結する装置がないとやっぱりダメだということで、いろんな好意はあったものの、すべて実現できなかったわけです。実際に仮設風呂を設営したのは自衛隊でしたよね。ですから無力感ではないですけど、痛みを共有したいという気持ちはありながら、具体的に何ができるかということを慎重に考えていくと、うまくはいかなかったのです。

もう一つは被災者の受け入れということで、これは全国的に各旅館のオーナーや組合が「引き受けたい」ということでずいぶん動いたのですが、結果的に被災者の人たちはあまり遠くに行きたがらない。住み慣れた土地のできるだけ近くで避難をしたいという。これは当たり前の話だとは思うんですが、なかなかそういう言葉が届かなかったというところがありました。現在、震災からまだ三カ月も経たないわけですけれども、今後さらにどういうことがわれわれにできるのか、ということが一つのテーマになるだろうと思っています。

それから私は東京にいながら、東北から来る仲間たちの話を聞いたり、地方に出張に行ったりしていろいろ感じるところがあったんですが、福島県いわき市のいわき湯本温泉[7]の関係者の話では、「3・11」の大震災と津波だけではなくて、「4・11」[8]の大きな余震、あの時のダメージがさらに

[7] **いわき湯本温泉**……かつては常磐湯本温泉と呼ばれた、福島県いわき市にある温泉。JR常磐線の湯本駅前から山側に温泉街が広がる。歴史は古く、奈良時代の開湯であるとされており、平安時代の「延喜式《えんぎしき》神名帳《じんみょうちょう》」(九二七年)にも記載がある湯治の名所として発展した。明治期に石炭採掘が始まると、一九一九(大正八)年には温泉の地表への湧出が止まってしまい、炭鉱側との協議で温泉が復活したのは一九四二年のことである。戦後、石炭産業が斜陽化すると、常磐炭礦(現・常磐興産)は一九六六年に「常磐ハワイアンセンター(現・スパリゾートハワイアンズ)」を開業し、観光産業への脱却を図った。フラダンスショーを目玉にしたレジャー施設の建設は成功を収め、近年ではこの過程を描いた映画「フラガール」(李相日監督、二〇〇六年)のヒットでも知られる。ただし、炭鉱が操業していた間の湯量は十分ではなく、一九七六年の閉山後に坑底で源泉ボーリングを行い、温泉を汲み上げるようになった。また、温泉街西側の日本中央競馬会競走馬総合研究所常磐支所には、競走馬のための温泉療養施設があり、「馬の温泉」として知られている。

[8] **四月七日と一一日の余震**……二〇一一年三月一一日の本震以後、震度五〜六前後の強い余震や誘発地震が各地で頻発していたが、四月七日二三時三二分頃、宮城県沖を震源とするマグニチュード七・一、震度六強の強い余震が被災地を襲った。復旧工事を進めていた各地のライフラインや鉄道、道路等は再び大きな損傷を受けたほか、宮城県を中心にガス漏れや火災などの被害が発生、東北地方は全域にわたって大規模停電し、外部電源が途絶した東北電力東通《ひがしどおり》原子力発電所(青森県東通村)では非常用発電機が一時間にわたって作動せず、冷却機能を一時喪失する人的ミスが発生するなど、避難生活を強いられている被災地の人々は悪夢の再来の恐怖におののいた。続いて四日後の四月一一日一七時一六分には、福島県浜通り南部を震源とするマグニチュード七・〇、震度六弱の直下型の強い余震が再び起こり、福島県いわき市を中心に土砂崩れや地盤の崩壊などの甚大な被害が発生。さらに追い打ちをかけるように、翌一二日の一四時七分にも福島県中通りを震源にマグニチュード六・四、震度六弱の余震が発生。本震からちょうど一カ月が経ち、「地震・津波・原発事故・風評被害」の四重苦の中で、ようやく復旧・復興に向けて少しずつ歩み始めていたいわき市は、この二日連続の余震で局地的に震度六強もしくは七相当の激しい揺れに襲われて再び被災し、六月の再オープンを目指して復旧工事中だったいわき湯本温泉の「スパリゾートハワイアンズ」も施設に大きな被害を受け、再開目標を一〇月に順延せざるをえなくなった。

大きかったということでした。ある人の話ですけれども、いわきでは余震の前に蟻《あり》が大移動を始め、鳥がいなくなったらしいんですね。動物的な予感と言うんでしょうか、動物たちはそういうセンサーを持っていて、自分たちの生命の危険を事前に察知して避難していくわけですよ。そういった自然のセンシティビティ（敏感さ、感受性）もあらためて感じ、人間だけがそういうことをとらえられないものなのかと思いました。

安喜◆ それと、今回の地震の影響で、温泉の泉質が変わったとか、源泉が枯れたとかといった被害が新聞でも報道されていますが、実際のところ、どういう状況なのでしょうか。

合田◉ 「3・11」の後、温泉が濁ってきたとか、水位が下がったとか、やはりいろんな変化があったわけです。とくに東北とは限らずに、西日本も含めて全国的にそういう情報は入ってくるんですけど、まだ私たちも実態の全容はきちんとつかめていません。でも、新潟とか山形とか、やはり東北のほうで実際に温泉が出なくなったという話は多く聞いていまして、その原因も、井戸が壊れて出ないのか、もしくは地殻の環境全体が変化して出ないのか、これはそれぞれ具体的に立証していかないとわからないところです。全国的に泉質が変わったとか、濁ったとか塩分が入ったとか、急に湯量が増えたとか少なくなったとか、そういったいろいろな変化が寄せられているわけで、これを解明し、具体的な対策に入るにはまだ時間がかかるだろうと思っています。

温泉の懐に抱かれる

震災後の松島（2011年5月，宮城県松島町）．
大小260あまりの島々に守られ，松島町の被害は
他の沿岸地域と比べると比較的軽微だったが，
すぐ隣の東松島市では多くの犠牲者が発生してしまった．

安喜◆　被災者の受け入れのことですが、とりわけ沿岸部で津波の被害に遭われた方々、それから直接的な津波被害はなかったけれども、福島の原発事故によって避難を余儀なくされた方々の中には、東北各地の温泉地に身を寄せる人も多かったと思うんです。私も福島県内の温泉地の様子を少し見てきましたが、やはり原発周辺地域から避難してこられた方が今も大勢いらっしゃいますよね。そのあたり、森さんが山形や宮城で直接見聞きされたことや、森さんのご家族をめぐる個人的な体験なども少しお話しいただけないでしょうか。

森▨　妻の実家があった東松島市の野蒜[9]の海岸地帯は、美しい松林があって、私の中でも一、二を争うほど好きな、美しい光景の場所でした。奥松島[10]といわれる日本三景[11]ですが、日本人が典型的に自然を名勝地[12]として認定していった時の三大名勝の一つに数えられたいい場所だったのです。それはそれは、コンパクトに手にとるようなかたちで、自然の美しさや自然の造形の見事さというものを知ることができる場所だったんですね。そこが被災し、母

親は海岸沿いにある「かんぽの宿」というところに逃げ込んで、四階建ての高い階のぎりぎりまで水が来ていたんですけれども、耐震用の設計がされていたので地区の人たちと一緒にそこに避難したということです。

父親は、現場に駆けつけて人々を誘導していく途中で津波に車ごと呑まれてしまいました。車から降りて津波に流され、❖13仙石線の列車が折れ曲がったところが報道されましたが、あそこの竹やぶに一昼夜……。ちょうど短いトンネルの中に空間があったところで息をして、暗い中で水がひけるのを待ってから声を出したところ、トンネルの反響で声が届いたらしいんですね。それで若い人たちが助けに来てくれた。本人は「五回ほど死んだ」と言うくらい、偶然に偶然が重なって生還した、と……。

だから今回の震災を通してみると、生と死の境、生と死の明暗はまさしく皮膜が保っているか破れるかぐらいの一瞬の裏と表みたいなものだったと思っています。震災後、四日ほど連絡が取れなくて、家もまったく壊滅で、作業場も何もない被災地を見た……。何度か行ったんですけれども、たいへんな惨状で、爆心地にも等しいような印象を受けました。仙石線の野蒜駅周辺に住宅が密集した町をつくっていたんですが、津波がまさか来るはずがないと思われたそういうところにも被害が押し寄せていました。現代型の災害の怖さも見せつけられました。不謹慎ですが、シュールな光景の連続で、生と死が同居した地平に初めて立った印象でした。そういう恐怖です。

それで両親は私の家(山形県大蔵村)に避難しました。山形にはずいぶんたくさんの被災した人たちが入りまして、一時は避難の人たちがバスで何台もいろいろなところへ、鶴岡や庄内あたりにも来ました。福島の人たちも入っていました。近親者や隣近所の人たちがぞくぞく亡くなった

❖**9　野蒜海岸**［のびるかいがん］……宮城県内有数の景勝地、奥松島にある松林に囲まれた美しい海岸。美しい弧を描く海岸は「東北の伊豆」とも称される。日本三大渓の嵯峨渓への観光遊覧船発着港がある。波の静かな砂浜で、夏は大勢の海水浴客で賑わってきた。初日の出のスポットとしても知られ、元旦には三千ないし四千人の参拝客が訪れる。

❖**10　奥松島**［おくまつしま］……日本三景の松島は、仙台側から松島湾沿いに塩竈、松島（狭義）、奥松島の三地区に分けられる。奥松島は、狭義の松島の先に位置する東松島市（旧・鳴瀬町）の宮戸島を中心とした松島湾北東部と野蒜海岸一帯の地区。松島に比して静かで素朴な風情があり、民宿が多い。

❖**11　日本三景**……三大名勝地である松島、天橋立（京都）、宮島（広島）を指す。一六四三年に儒学者の林春斎が『日本国事跡考』に書き記したことを端緒に「日本三景」というくくり方が始まったといわれており、一六八九年に貝原益軒が『己巳《きし》紀行』に残した記述が「日本三景」の文献的な初出とみなされている。

❖**12　名勝**……文化財保護法は、庭園、橋梁、峡谷、海浜、山岳その他の名勝地の中で、芸術上または観賞上の価値が高いものを、文部科学大臣が「名勝」および「特別名勝」として指定できると規定している。文部科学大臣の指定から漏れたものに対して、地方自治体はそれぞれの条例に基づいて教育委員会が指定を行う。名勝の保護制度は、一九一九（大正八）年に施行された「史蹟名勝天然紀念物保存法」において、風致景観の優秀な土地、名所的な土地を保護する制度として始まり、一九五〇年制定の文化財保護法に引き継がれている。松島は一九二三（大正一二）年に名勝に指定された後、一九五二年に「国土美として欠くことのできない」「風致景観の優秀なもの」の中で価値がとくに高いものとして特別名勝に指定された。

❖**13　仙石線の被災列車**……東日本大震災の本震が発生した当時、上下二本の列車が仙石線《せんせきせん》野蒜駅を出発していたが、ともに津波被害に遭い、一時行方不明と報じられた。高台で停車した下りの石巻行き電車は、地元住民のアドバイスに従って乗客全員が車内にとどまったことで津波をまぬがれたものの、連絡手段を絶たれたまま孤立し、吹雪の一夜を車中で過ごした後で全員無事救助された。上りの仙台あおば通行き電車は、野蒜駅から七〇〇メートルほど進んだところで停車。乗客は乗務員の誘導で指定避難所の野蒜小学校体育館に避難したものの、直後に体育館が津波に襲われ、数人が命を落とす結果となった（「産経新聞」二〇一一年五月一日）。上り電車は津波に押し流されて脱線し、森繁哉が本文中で言及しているとおり、折り重なるように倒れた無残な姿が新聞やテレビで報道された。

大蔵村の「カルデラ温泉館」の前で，森（左）と合田．

りという中での避難で、火葬する場所がなかったりしてですね、茶毘《だび》に付していく作業などにも山形の人たちがいろいろと関わり、山形がそういう「中間としての場所」にもなったわけなんです。

父親は津波に呑まれて下半身が麻痺していた中で、かろうじて避難したんですが、凍傷の状態だったと思うんですよ。それで大蔵村にやってきて、新庄の医者へ連れて行ったところ、温泉に入ったらいいんじゃないかと言われたんです。私もそう考えながらも、あんまり刺激が強いとかえってよくないかもしれないなと思っていたところに、むしろ医者が勧めてくれましてね。父親はもともと私の家に来るたびに、金山《きんざん》温泉の[14]「カルデラ温泉館」という近くにある温泉療養施設にずいぶん行っていたんですが、そこに通うようにしました。柔らかい、いい湯質で、私も好きなんですけれども、そこでみるみるうちに凍傷が目に見えるかたちで柔らかくなっていって、「あぁ、温泉がある、温泉がいい」ということを実感しました。何回も通ったんですね。その父親の姿を見ていると、単に部分として治癒したという以上に、ここに来て安堵して、自然の中にもう一度自分が還る、それこそ温泉の持っている懐《ふところ》に抱かれ、生命の記憶というものをもう一回取り戻したりする、そういうものの全体が、効能として働いたというように思うんです。そうしてみると、温泉の医学的な効果、それは部分の医学、対症療法の医学ではなく、全体的な医学と言ったらいいのか、人間の生命に直接、全体的に及ぼす効能というものがあって、これはやはりたいへんなものだという印象を強くしました。

温泉からの復興

森　この山形にも被災地の人たちがどんどん入ってきて、肘折温泉なんかも「避難の方々を受け入れますよ」という態勢を取ったわけですけれども、ここでもまたいろいろな現象があってで

❖14　**カルデラ温泉館**……肘折温泉郷の奥、金山にある黄金《こがね》温泉を源泉とする大蔵村村営の公共入浴施設で、苦水川のほとりに建つ八角形の屋根が印象的。一九九四年開業。肘折温泉街から徒歩一五分ほどのところに位置する黄金温泉は、明和年間(一八世紀)に大蔵鉱山(金山)の発見と同時に開湯し、一九五九年の閉山まで鉱山とともに歴史を刻んできた。泉質は塩化物泉、炭酸水素塩泉で、切り傷、皮膚病、神経痛、慢性消化器病などに効能があるとされ、炭酸泉の飲泉所も施設内にある。石組みの露天風呂や瞑想室などもあり、ゆったりとリラックスできる空間設計がなされている。かつて大蔵村職員であった森繁哉は、この施設の設計に関わっている。

すね、「温泉には入りたいんだけれども、自分だけ入るわけにはいかないし、自分の地元も心配だ」ということがあったりして、なかなか思うようには温泉提供ができなかったんです。被災した人の中にも、「あの人が温泉に行った、あの人だけが温泉でいい思いをした」などというような、隣近所の目線もあるものですから。滞在することの難しさというものを、側面として持っていたんだと思うんです。

私が非常に残念に思うのは、被災の現場で被災者を支えた人たちがいるわけですよね。地元の消防団、自治組織の人たち、地区代表であるとか、自分の家を避難所にして受け入れた人たちとかですね。それに救援の自衛隊の方々ですね。そういう人たちに、「温泉に二泊、あるいはせめて一泊、入ってくださいよ」と、つまり、そこで少し疲れを癒してくださいよという、何かそういう制度的なものがあってもよかったんじゃないかなと思います。旅館の人たちも行政も、「被災者の方々、どうぞ来てください、来てください」というような「呼び込み型」の、どうしても点へ目線を向けていく消費型の指向があったものですから、人の生活の周辺に温泉が広がっているという生活を見すえる目線で、温泉は人間の全体を癒していくという仕組みをつくれなかったんだと思うんです。これは非常に残念というか、もし国や行政、それを支える人たちも、全体としてですね、何かそういうつながりによって肘折温泉に来てもらうような仕組みをつくるというようなことも、可能性としてはできたと思うんですよ。

そして、今回の震災では「復興」という目的性があまりにも強く出すぎてですね、肉親やさまざまな近親者の死を体験した人が、死を悼み、喪に服する時間、そして死を現実的に受け入れられない人たちのもう一つの復興、心の復興というものをきちんと射程の中に入れないと、それは本当の意味での復興にならない。その時に、再建するだけではなく、さっきから言っているように、温泉を一つの心の拠りどころとして、「二、三日でもいいから、みなさん来てください」という仕組みを復興のあり方として見せてもいいんですよね。どうしても物理主義になってしまい、復興といえば安っぽいモダンな未来都市の空間形成思考に落ち着いてしまっています。果ては「復興」という言葉で被災地を覆ってしまってですね、そこから漏れていくものを置き去りにしていく。ですが、震災を通して起こった実態の中には、温泉の持っている深さや本質性が広かに入っていく可能性があると思うんです。東北の人たちが、自然にどうやって寄り添いながら生きてきたのか、寄り添いながら生きなければならなかったのか。そのことを温泉経営者もあの時点で考え、そうした本質を提供するんだという手の挙げ方、知恵の出し方も、やはりあったのではないかなと思うし、これからもあると思うんですよ。都会でなされる復興計画、そして被災地に向けたさまざまな言論も含めてですが、それらは言葉や技術、目的や計画で被災

大津波は東北各地の太平洋沿岸部に壊滅的な被害をもたらした（2011年5月，宮城県山元町）.

地をまた覆ってしまう。でも、それとは違った「下支えとしての復興」、そこに温泉の本当に広やかな豊かさがあり、人間を癒し、人間をきちんと受けとめていく「温泉からの復興」というものがあるというふうに思っていました。

合田◎ あの、報道されないことなんですが、じつは今、原発の事故対応をやっている作業員[15]の宿舎として交代で使われているのは、いわき湯本温泉なんですよ。原発の最前線で作業をして、それから温泉に入って、また現場に戻っていくわけです。もう一つは、日本各地の県警が応援に来ていますよね。それも行方不明の人たちの発見と回収にかなりの数の人が動員されましたが、た

復旧工事中でありながら，
原発周辺地域からの避難者を多数受け入れた，
いわき湯本温泉の「スパリゾートハワイアンズ」（2011年7月）．

震災後，多くの被災者や作業員に癒しを提供した，
いわき湯本温泉の公衆入浴施設「みゆきの湯」．

福島第一原発の事故対応にあたる
自衛隊のジープが行き交う「Jヴィレッジ」近辺
（2011年5月，福島県広野町）．
折木鉱泉をはじめ，福島第一・第二原発周辺地域には
小規模の鉱泉・温泉が多くある．

とえば宮城県警は秋保温泉[16]をベースにしています。顔も体もひどく損傷していたり、水に流されて漂着していたりと、本当に見ていられないです。それを何体も何体も……、何百体も見て、訓練されている警察官といえども、やっぱり普通の人間ではこたえますよ。その心の傷のようなものが本当に癒される場所、それを求めるところ、やはりそれは温泉なんです。命の生きている実証として、「極楽、極楽」という体の奥から出てくるエクスタシー、生きている実感を感じられるものが温泉にあるわけです。東京のマンションのバスタブに入ったのでは絶対得られないものなんですね。これは理屈は関係なく、そういったものを癒してくれる、ほぐしてくれるんです。

❖15 **原発事故対応作業員の宿舎**……福島第一原子力発電所の事故対応の拠点となっているのは、同原発の南二〇キロの地点、楢葉《ならは》町《まち》と広野町にまたがって立地するサッカー施設「Jヴィレッジ」であるが、広野町の南に位置する福島県浜通り地方最大の都市であるいわき市は、自らが地震・津波・余震の甚大な被害に苦しむ中で、原発作業員たちを受け入れる「基地」の役割と、原発周辺地域から避難してきた人々を受け入れる「避難所」の役割を同時に果たしている。いわき湯本温泉旅館協同組合では、きちんとした除染を行うことなどを条件として受け入れを表明した二六軒の旅館で、三月二六日以来、毎日一四〇〇名程度の作業員の宿泊を受け入れているほか、アパートやホテル、倒産した旅館を東京電力が借り上げたケースもある(「日々の新聞」二〇一一年六月一五日、いわき市:日々の新聞社)。原発からの避難者についても、「スパリゾートハワイアンズ」が復旧作業中でありながらも広野町民三二〇人程度を受け入れたのをはじめ、廃業したホテルで約一〇〇人の楢葉町民が避難生活を送るなど、いわき市内の温泉施設やホテルは震災後、フル稼働状態となった。なお、「Jヴィレッジ」周辺地域には折木鉱泉(広野町)をはじめ、小規模の鉱泉・温泉が点在しているが、稼働している施設については作業員の長期宿泊所に供されたものが多い。

❖16 **秋保温泉**[あきうおんせん]……宮城県仙台市太白《たいはく》区にある温泉。鳴子温泉(宮城)、飯坂温泉(福島)とともに「奥州三名湯」に数えられる。仙台市の中心地から近く、日帰り入浴にも利用されている。歴史は古く、欽明天皇が在位中(531–539)に皮膚病に感染し、秋保温泉の湯を大和の都へ搬送させて沐浴したところ、数日で全快したと伝えられており、皇室の御料温泉の一つに位置づけられるようになった。

森▒　やっぱり本当にそうなんですよ。死者を抱えている人たちが心の傷を持っていて、そして次のステップを踏みたいんですけれど、なかなか踏めないですよね。死の実感というものも、認めていいのかわからない。震災から二カ月以上を通過して、被災地の人たちは本当に精神的にたいへんな状況です。石巻の友人たちも、たいへんな変動をくり返していくわけです。非常に痛ましい状況になって、みんな追いつめられていますね。そして、あまりにも時間が忙しくて、あまりにも復興のスピードが速くて、あまりにも「復興、復興……」という流れがありすぎる。本来は復興を求めているんですけれども、「それも違うよ」という思いの中に立っているのが今の被災者なんだと感じるんですよ。一人ひとりの個の歴史や、個の記憶の反芻を持ちながら、なおかつ社会に対してもう一度立ち上がっていかなければいけない、そのジレンマに置かれている。ですから、そこに別なかたちでの復興という意味合いを持って、温泉が被災地に届けられるということがたいへん大事なように思っています。これは人間的な行為なんですね。このへんをごちゃごちゃにして、社会的な行為としての復興をどんどん被災地に投げ込んでしまっているだけでは、復興にならないですよね。自然というものを、生命というものを、人間がどうやって取り込んできたのかということを考えていく、そうした中でもう一回、温泉を被災地に届けていくということが、本当の復興につながると強く思っています。ある意味では、新しい温泉の可能性、新しい温泉地の経営の可能性というものは、澄んだかたちで混じり気なく見えてきたと言えると思います。

「風評被害」をめぐって

森　それから大事な現象面だと思うんですけれども、合田さんがさきほど余震の話をされましたが、自然の鼓動というものは「余震」と命名される以前からずっと引き継がれているわけですよね。私たちは、つねに自然と拮抗しながら生きています。私たちは自然から贈与されるものによって安心感を得ているわけですが、自然はおかまいなく私たちの前に、さきほど言った「無慈悲の自然」というかたちで露出します。温泉をなりわいにしている人たちは、温泉を一つの商いとして、自然を提供する産業として成り立たせてきた人たちなわけですが、その震災後の急激な落ち込みの問題があります。

私は民俗学で噂の研究をやったりしたこともあるんですが(笑)、いわゆる「風評被害」という言い方にはどこか揶揄が込められていると言えるんですけれども、人はその風評と呼ばれる不安感や不信感を共有することによって、自然を取り入れようとすると同時に、逆に自然に対してブロックをする。ですから風評といわれるものが、本当は人間のある局面を露わにしたのかもしれないですよね。そして、温泉を核に据えてなりわいをしている観光という産業のもう一つの現実が、今回出たと思うんですよ。ここ肘折温泉も、震災直後は九割以上のお客さんがキャンセルし、それから五月の連休にもキャンセルが続きました。連休中は六割くらいは戻ったと思うんですけれども、肘折の一番いい時期である六月はだいたい四割くらいがキャンセルです。渓流の清らかな雪どけ水を眺めて、野山も山菜に満たされる、恵みの「慈悲の自然」の最も美しい季節なのですが……。これはどこの温泉地でも同じですよね。でも一方では、やっぱり「観光に行っていいものなんだろうか、どうなんだろうか」という被災地に対する思いの目線と、「でも怖いよね、余震も怖いよね」という思い。原発の問題ということもあったんですけれども、何か恐れと期待、同情と節度といった非常に屈折した感情が風評被害といわれるものの中に入り込んでいて、それも一つの人間の自然観だと思えるわけですね。ですから、温泉を含めてもっと根源的な視線で観光をとらえていくと、やはり自然というものを経営者がどういうふうに考えていこうとしているのか、どうやって変転させて自分たちのなりわいにしていかなければならないのかということが出てきたと思うんですよ。ここでフォーラムが果たしていたことと、これから果たしていくたいへん大きな課題が、言葉は悪いですが露呈されたという印象を持っているんです。

合田● 私がさきほどお話しした研究会に出る三月一八日のことですが、新宿から上野に行く山手線に乗ったら、海外のエアラインのクルーが大きな荷物を持って制服姿でバタバタバタと駆け込んできたんです。異常ですよね。パイロットを含めて八名か九名くらいのクルーだったんですが、本当に急いでいるという感じで、普段はクルーバスがあるんでしょうけど、上野であわてて降りて、上野から列車で成田へ向かったと思うんです。知り合いの航空関係者に聞くと、ほとんどの航空会社がクルーを成田に入れない、たとえば韓国でクルーの交代をする、従業員は日本に滞

在させない、あるいは成田には入らずに関空に入ったとか、そういう動きがあった。物理的に日本には石油がないということで、韓国を基地にして、成田はお客さんの乗り降りだけやるという面もありましたが、言ってみればすごく過剰な反応があった。もう一つは海外出国ラッシュですよね。大使館の指示や勧告とかいろいろあったと思うんですが、震災の一週間後ぐらいまでに日本にいる外国の方が大勢いなくなったという、そういう状況、そういった海外の視点というものがありました。

それに対して日本人は、祝い事をやったり遊びに行くのはまずいんじゃないかとか、これがまた日本人的な共有感と言いますか、心情的にそういうものがあって、いわゆる消費の落ち込みとなってくるんですね。ただ、それが果たしてこれからの復興のためにいいことなのかどうなのかということは、これはまたセンシティビティな問題もありますし、震災や津波というものと全然違う次元の問題として、原発の問題が起こっているわけです。これは別々の問題として考えないといけないと思いますね。私にも一歳八カ月の孫がいるのですが、長男の嫁の様子を見ていると、とくに小さい子どもを持つお母さんたちは、われわれが考えるよりもはるかに想像を絶する不安というものを抱いています。

安喜◆ すみません、ちょっとよろしいですか。さきほど合田さんは、航空会社のクルーが過剰な反応を示したとおっしゃいましたけれども、それは今から考えると、結果論として過剰だったかもしれないという話であって、ちょうど震災の数日後、福島の原発が立て続けに爆発を起こした直後のことですよね。あの時点では、東京周辺は計画停電で電気が止まり、電車がなかなか動かない、電話もつながりづらい、食料も日用品も店頭からすっかり消え、ガソリンもない、市販の薬もなくなっていく、大きな余震もおさまらない、そういう状態でした。そして福島の原発が爆発したにもかかわらず、「安全だ、安全だ」というか「ただちに影響はない」という発表や報道ばかりで、完全にパニック状態に陥っていましたよね。これは海外の人間の目から客観的に見ると、「日本から今すぐ逃げろ」「日本からできるだけ遠くへ行け」というのがある意味では自然な反応、やむをえない反応です。日本人も海外でこのような事態が起こると、当然のように同じ反応をしたはずです。われわれは逃げ場がないから日本にとどまっていたにすぎないわけで、東京の人間でも西日本に逃げた人の数は非常に多かったわけです。

私は、地震発生時も原発が最初に爆発した時もたまたま福島にいて被災したんですが、それはともかくとして、震災後の東京にいた人間のリアリティで言いますと、まずは地震と津波による被災地の被害状況に絶句して、そこに追悼の意を表す、あるいは何か支援できることはないかと考えていた時に、まったく異次元の話であるはずの原発事故というものが同時進行的に起こっていた。それで福島から二〇〇キロの距離にある東京がある種の過剰なパニック状態に陥っていたわけです。ところが、そういう東京の姿がテレビで報道されると、それどころではない状況におかれた被災地の方は、東京に対して苦々しい思いを抱えておられたりした。つまり震災後の時間軸は、同じ時間でありながら、東京と東北各地の被災地ではまったく別の時間軸で動いていたと思うんですね。私は「風評被害」という言葉には、東北各地から東京に向けて放たれる冷たい視線のようなものを感じるんですが、そのあたりのことを森さんはどうお考えなのか、風評という言葉の意味をとらえ直すという点でも、聞いておきたいと思います。

森▒　そうですね、これはちょっと大事なことなんで。被災地のことを思い、被災地のことを考え、いろいろな人たちが手を差し伸べていくという非常に日本人的な行為のようなものが取り沙汰されていた中で、裏返しに言えば、「やっぱり被災地に行けない」「やっぱり怖い」というような気持ちも当然あるでしょう。ですから風評というものは、ある意味では人間的な行為としてとらえていいと思うんですよね。自然の無慈悲さを目の当たりにした時に、近づいていいのか、思いを寄せていいのかという、距離感の取り方がよくわからなかった、と。それから、「風評被害がおさまらない」「もっと来てくださいよ」という、私たち東北の側の、経営というものを成り立たせるための社会的な行為もあった。ですから、このグローバル化社会の中で、自然観が人間的な行為、社会的な行為という関係性の中で非常にぐちゃぐちゃになっている。温泉という自然を核にしている経営者を含めた温泉の関係者ですら、人間的な行為や社会的な行為というものの筋道がよくとらえられていないということが一つ挙げられたと思うんですね。そこを整理すれば風評被害というものがおさまるということはないんですけれども、そういうことが出てきたんだと思っています。

安喜◆ 次に東京にお住まいの合田さんにおうかがいしたいのは、東北の方々がわれわれ東京の人間に対して、「東京の人が全然来てくれない」「風評被害でたいへんだ」とおっしゃるそのお気持ちはわかるんですが、私はそこに、東京と東北の心理的なねじれやすれ違い、断層のようなものの広がりを感じたんです。その風評被害という言葉について、森さんは社会的な行為だとおっしゃいましたが、要するに消費を前提にした言葉でもありますよね。「東京の人間が消費をしないことがけしからん」というニュアンスも感じます。ただ、実際に東京の人間の側に立てば、震災から最初の一カ月半くらいというのは、鉄道も道路もまだ寸断されていて、とても東北方面に遊びに出かけられる状態ではなかった。さきほど森さんは、被災者の方が「私だけ温泉に浸かっていていいのか」という思いで温泉に入るのを躊躇されていたというお話をされましたが、被災地が混乱をきわめていた中で、ましてや東京の人間が温泉に浸かりに行くなんて不謹慎なことをしていていいのか、復旧の邪魔になるようなことをしていいのか、という「自粛」は当然のことだったと私は思っています。ましてや海外からの旅行客がまったくいなくなったのも仕方のないことなのですが、その中で観光産業の方々はどんどん追いつめられていって、廃業してしまったところもある。そして、東北新幹線がとりあえずの復旧をみたゴールデンウィーク以降は、「むしろ積極的に東北へ行こう」という報道や広告が目につきますが、今のところ客足の回復はまだまだ望めない状況にあります。そのへんの事情について、合田さんのお立場から感じておられることをお話しいただけますか。

合田◎　さきほど言ったように、原発の問題は、地震と津波の問題とは分けて考えないといけないし、これは長いスパンを想定していかなければならない問題だろうと思うんですね。それと原発事故に関して出ているいわゆる風評の一つに、ラジウムやラドンの放射能泉というものと、原発から放出された放射性物質とが混同されているということがあって、そのへんは一度きちんと整理して伝えていかなければならないと思っていました。プルトニウムをはじめ、原発から出てきた放射性物質というものは、自然界に存在しないもの、

岳温泉の温泉街（2011年7月，福島県二本松市）．
震災後，「二次避難所」として
浪江町の人々を900名規模で受け入れた．

南相馬市の人々を受け入れた飯坂温泉
（2011年5月，福島県福島市）．
避難所閉鎖後に客足をいかに回復させるのか，
福島県の温泉地では長く険しい道のりが続く．

人工的につくり出されたものですよね。一方、ご存じのとおり自然界にはもともと放射能が存在していて、これを恐れる必要は全然ないし、その恩恵に浴することは人間の生命が一つの自然のシステムの中に循環していくことなんです。蓄積する量や分解する速度も全然違います。

安喜◆ 私も一昨日、福島県の三春町《みはるまち》というところでラジウム泉を体験してきましたが、癌患者の方をはじめ、病気の療養にたくさんの人たちが来られていました。放射能泉のラジウム、ラドンは、適切な入浴方法であれば、半減期も体内から排出されるまでの時間も速く、人体に与える悪影響はほとんどなく、むしろ細胞の活動を活性化させ、免疫力などを高める効能がある、というふうに考えられているんですよね。これを否定する学説もあるようですが。

合田● 自然界にあるものにはそれなりのルールがあり、それなりのつながりがあるので、そういうことの全部とつながりながら人間の生命は成り立っているわけで、「放射能泉は原発の放射能と同じように人体に悪影響を与える」という考え方はなくしてほしいものです。

それから、さきほどの東京の人間うんぬんということについて、われわれにいったい何ができるのかということは、私だけではなくて、温泉という広い意味での共通の問題意識を持っている人たちとともに、現地にとって何が一番いいのかということを見きわめながら行動していきたいと思っています。しかも、鉦《かね》や太鼓で鳴り物入りでということではなく、やはりわれわれは、われわれの世界のやり方でしかできない支援の仕方というものがあるはずなので、それを粛々と静かにやっていくということが課せられた課題なのだろうなと思います。

「中間者」としての温泉

森▒　それから原発のことなんですけれども、私は福島に教え子もたくさんいますし、原発で働いている知人もいるし、避難した人たちを知ってもいます。この春から福島県の地域おこしの仕事に関わる予定でいたんですが、それも今回の事故で不可能になったりと、いろいろ屈折しています。原発について語れば一日でも語らなければならないことは踏まえているんですが、私は原発を、人間が自然の生態の外につくり出してしまったもう一つの生命・自然というふうに見ているんです。それはもう、核分裂する別な生命を出現させてしまったわけですから、人間の力では制御不可能なことが起こりうる。これに対するたいへんな恐怖感を、今回の事故で一人ひとりが持ったと思うんです。ですから、原発と私たちの関係をきちんとつないでいく思考がなければだめだと思うんですよ。風評被害と同じように、関係への筋道がとてもぐちゃぐちゃです。原発を抱えていながら、この関係を、私たち日本人はたいへんうやむやにしてきたわけですし、ましてや「原子力ムラ」[17]と呼ばれるような排除性によって支えられた恐ろしくグロテスクな閉鎖空間によって独占されていた中に、学問も産業もいろいろなものが結集していった。それで「技術立国」「世界一安全な原子力発電」などというような記号だけが表層化されていたわけです。

そういうふうに見てみると、やっぱりそれは「私と誰々」「私と何々」という私ともう一つのもの、

原発事故によって避難を余儀なくされた町村.
上：福島県広野町（2011年5月）
下：福島県飯舘村（2011年7月）

つまり「私」という内なるものと外のものとの、二つのもののつなぎが不分明で、その間を埋める方法論を私たちは非常に曖昧にしていったと感じています。哲学者の[18]市川浩さんの著作で、『〈中間者〉の哲学――メタ・フィジックを超えて』（岩波書店、一九九〇年）という本があるんですが、私は原発事故や温泉のことを考える時、この「中間者」として位置するもののことを考えるのです。「私と自然」あるいは「私と原発」をつなぐ営みが大事なのであって、この視線が温泉経営者の哲学でもあるし、原発と私たちの関係のあり方でもあったというふうにずっと思っていたんですよ。この対談でも、そういう思想的な姿勢、位置から発言していたと思うんです。その「中間者」というものは、目的に向かって、目的を管理したり、目的を外に追いやるんではなくて、その位置に地下茎のようにどんどん根を張っていく。そのものに到達する「間《あいだ》」の埋め方を、きちんとつなぐものとして担っていく。そうした「中間者」であること、それはやはり温泉経営者だと思っていたんです。これは原発についても同じで、私たちが「中間者」の位置に立つことによって、ああいうおぞましいもの、それは原子力行政の周辺に位置した人間の集団のおぞましさも含めてですが、そういうものを許すことはなかったのではないかと、これは私自身に対する自戒を込めた言い方でもあります。ですから、「温泉の思想」と言いますか、この本は『温泉からの思考』というタイトルになりますけれども、温泉の大切さというものは、自然との関係をつなぐ「中間者」としての位置として、そこは思想的にも明らかにされてもいいのではないかと、それをすごく感じています。

東北の想像力と自然観

合田◉ 東北の人というのは、みなさんたいへん我慢強いと言うか、何かをこらえると言うんでしょうか……。私は昨日、今日と一部ですが東北をまわってきたんですが、あらためて感じるこ

❖17 原子力ムラ……原子力発電を推進することで利益を得てきた電力会社、メーカー、政治家、監督官庁、研究者、マスコミなどを、癒着的な排他的利益集団という側面をとらえて揶揄的に呼ぶ俗語。とりわけ福島第一原発事故後、マスメディアを通してさかんに用いられるようになった。ただし、たとえば開沼博『「フクシマ」論──原子力ムラはなぜ生まれたのか』(青土社、二〇一一年)は、一般的語法である「中央の側にある」「閉鎖的かつ硬直的な原子力政策・行政やその周辺の体制・共同体を揶揄する語」としてのそれではなく、「地方の側にある」「国のエネルギー政策の下で原子力発電所及びその関連施設を抱えた自治体及び周辺地域」を社会学的に調査、研究した書物である。

❖18 市川浩［いちかわひろし、1931-2002］……哲学者、身体論者。明治大学名誉教授。『精神としての身体』(勁草書房、一九七五年)、『〈身〉の構造』(青土社、一九八四年)などで身体論に新しい地平を開いた。

とは、やはり自然のいろいろな美しさと厳しさというものを感じながら、何か達観しているようなところがあり、かつ抑えつけられている状況であっても、外に出さない忍耐のようなものが非常に感じられるんです。私は関西出身ですから、関西の人間が今の被災地の状況にあれば、それこそ爆発してですね、「冗談じゃねえ！」ということで、大きな堰《せき》に止められた水が外に向かって飛び出すように思うんですよ。東京の人はさらっとしていますが、やはりかたちは違っても外に向かって不満が噴出して、そういった民意というものが出てくる。これは東北の特質と言いましょうか、その忍耐強さは何だろうと思った時に、ひょっとしたら森先生の著書『東北からの思考』の本質に迫ってくるかもしれないけれども、東北というのはある意味では、日本人の元来の文化、生活、思想が残っている貴重なエリアなのではないかな、と（笑）。

森　まあ、そうですよね。風評被害に関してお話ししたように、死を悼む、長く、深く、死者と寄り添いたいという気持ち、そういう人間的な行為が一方ではあり、もう一つは自然というものをなりわいにしていかなければいけないところの社会的な行為、その矛盾が重なり合う中に東北の人たちはいます。宮沢賢治はそれを端的に、見事なかたちで表現した人だと私は思うんですよ。

そのへんの事情については、岡村民夫[19]さんの『イーハトーブ温泉学』[20]（みすず書房、二〇〇八年）という本が出ていますが、あまり知られていないことですけれども、宮沢賢治はじつはたいへんな温泉好きなんです。彼の童話に「鹿踊りのはじまり」[21]という作品があるんですが、嘉十《かじゅう》という村の青年が怪我をして、西の山の温泉地に鍋釜を背負って湯治に行くという物語なんです。嘉十は道の途中に手ぬぐいを忘れてしまって、その山のススキ林、これは入会地[22]だと思うんですけども、そこに引き返したところ、鹿たちが「これは何だろう、何だろう」「知らない生き物かもしれない」と集まっている。最後は、夕陽にススキがキラキラと光っている中を鹿たちが手ぬぐいのまわりを踊り、嘉十は人間であることを忘れてその輪に入ろうとするという、たいへん美しい童話です。そこで語られているのは、人間の目線では見えないものの不思議な力、獣といわれるものの本性にたいへん吸い寄せられて、嘉十も人間であることを忘れて参入していく。そうしたことを促す温泉。温泉に行くということは、すでに別なこととの出会いなのだとする暗示です。

❖19 **岡村民夫**［おかむらたみお、1961-］……法政大学国際文化学部教授。表象文化論。著書に『旅するニーチェ——リゾートの哲学』(白水社、二〇〇四年)、『「注文の多い料理店」考——イーハトヴからの風信』(共著、五柳書院、一九九五年)、『宮沢賢治　驚異の想像力——その源泉と多様性』(共著、朝文社、二〇〇八年)など。「宮沢賢治学会イーハトーブセンター」編集委員会ビブリオグラフィー部会委員、同理事兼編集委員長などを歴任。

❖20 **イーハトーブ**……宮沢賢治の心象世界の中にある架空の理想郷。賢治の作品にくり返し登場するが、表記は「イーハトヴ」「イーハトーヴォ」などいくつかのバリエーションがある。賢治の郷里、岩手県をモチーフにした造語だと考えられている。「イーハトヴは一つの地名である。……実にこれは著者の心象中にこの様な状景をもって実在したドリームランドとしての日本岩手県である」(『イーハトヴ童話　注文の多い料理店』広告文、一九二四年)。

❖21 **「鹿踊りのはじまり」**［ししおどりのはじまり］……一九二四(大正一三)年に出版された、宮沢賢治の初めての童話集『イーハトヴ童話　注文の多い料理店』に収録された童話作品。

❖22 **入会地**［いりあいち］……村や部落などの村落共同体が、歴史的に山林や原野、河原などを総有し、伐木、採草、キノコ狩り、茅場など、慣習的に共同利用を行ってきた土地。近代法の成立以後は、民法が定める物権としての入会権が設定されている。

もう一つ、「注文の多い料理店」[23]では、猟銃を持って森の中で迷ってしまった二人のダンディなイギリス風の紳士が、ふと現れたレストランのいろいろな問いがいっぱい隠されている扉を、自分たちが食われるために開けていく。この紳士たちが迷宮に入り込んでいく、深い森の中に入っていくということの中にある、自然のたいへん奥深い怖さ、そこに潜んでいる恐怖、人間を襲ってしまう、生命の危険にもさらしてしまうというような自然観のモチーフです。

賢治は農学校の講師時代に学生を連れて、岩手県の花巻温泉などの湯治場の山地をめぐるんですけれども、北海道に子どもたちを連れて行った時に、「修学旅行復命書」[24]という文章を書いているんです。それは、農村計画書なんですよ。観光と温泉を軸として農村復興を図らなければいけないという、彼の端的な農村計画を報告書として出しているんですね。賢治は、あの当時としては革命家と言ってもよい新しい発想を持ち、同時にモダンな花巻温泉の温泉開発に関わり、リゾートとしての「ユートピアの思想」を自分の身体性の中に取り込んでいった。そこから「月夜のでんしんばしら」[25]などの名作がどんどん生まれていくわけで、そういうふうに考えていくと、この「東北の想像力」という原初性の中で、賢治は自然と人間のあり方の一つの極を提示したと思えるのです。そして賢治は、原発事故すら予測していたでしょう。神というもう一つの自然をもつくろうと意識していく人間の原罪性。そうしたものの総体として現れる文明というものの危うさ。賢治は境界を行ったり来たりした人ですから、人間存在の危なさもきっと身体化していたと思います。「東北の想像力」ということから温泉を考えていけば、やはり温泉は見えないものの表れだと思えます。私たちは温泉に浸かり、その背後に隠されているものに触れ、自分の生命を危険にさらすものかもしれないですが、「慈悲の自然」を認知していく。こうした自然観の逆転を「鹿踊りのはじまり」は示していて、震災を通して、賢治が体現していた「東北の想像力」の極が見えてきたようにも感じました。

そうした中で、彼が考えていた花巻温泉の新しい温泉のあり方。それは今、合田さんが深く関わっていらっしゃいますよね。いろいろなところで温泉開発をして、伝統的な湯治といわれる温泉とはまた違った、健康志向の温泉、滞在型とは違った温泉というものが、今はどこの市町村でも開発されています。そして震災後、「遠くの観光地に行くよりも、身近に自然があって、温泉があるじゃないか」「そこへ行こう」という人たちが逆にとても増えて、例年の何割以上とか、たいへんな盛況になっていますね。そのあたりもまた、おもしろい現象だなというふうに思っているんです。

❖23 **「注文の多い料理店」**……一九二四年出版の童話集『イーハトヴ童話　注文の多い料理店』に収録された九編の短編童話のうちの一作品。「風の又三郎」「銀河鉄道の夜」などとともに宮沢賢治の代表作として知られている。

❖24 **「修学旅行復命書」**……一九二四年五月に花巻農学校の修学旅行の引率で北海道各地を旅した宮沢賢治が、旅行後に農学校に提出した報告書。本来は事務的な報告であるはずのものが、「温泉を利用した温泉促成栽培」など「郷土の農村を改革するためのさまざまなアイデアを呈示」し、「農村改革が〈観光〉と幾重にも関連づけられながら説かれ」た異色のテクストとなっている(岡村民夫『イーハトーブ温泉学』みすず書房、二〇〇八年)。

❖25 **「月夜のでんしんばしら」**……『イーハトヴ童話　注文の多い料理店』(一九二四年)に収録された短編童話。電気・通信技術が広く普及し始めた時代を反映した寓話である。

合田● 温泉地は日本に三二〇〇カ所くらいあるんですが、その中で熱海、白浜、道後、別府といった、いわゆる大型の温泉地は本当に五パーセントくらいにすぎません。それから中堅どころはほとんどなくて、比較的小規模な温泉地がほとんどなわけですよ。そういう背景の中で、どの温泉地のことを論じていくべきなのかと思いますが、少なくとも大型になったところは大都市圏のマーケットがありますよね。東京と熱海、阪神と有馬、阪神と白浜とか。別府なんかも関西圏を完全にキープしていた時代があったけれども、残念ながら意識せずに温泉を安売りしちゃったようなところがあって、そこは一つの本質的な問題として、戦後日本の温泉の変遷史をきちんと検証していかなければならないんですが。まあ、それはともかくとして、観光という側面で、大都会の生活者と温泉地をダイレクトに結んだ場合に、都会で疲れた体をちょっと温泉で癒してみたいということが自然に起きてくるのは当たり前のことなんですよね。その行為そのものが、都会というコンクリートで固められた文明の中で、本来、人間が野生に戻るべきいろんな感覚といったものを閉じ込めて感じないようにしてきた都会生活者が、やはり温泉というようなものを最終的な目的として、そこの自然に近づいていく。そういう行為自体が、温泉の魅力につながっていくのだろうと思うんですけれども。

森▒　それは大きかったですね、今回。

合田●　自然には生命があふれていますけれども、そういうものに触れ、感じることによって、人間が本来持っている野生の心をもう一度取り戻すというような行為も、じつは観光という名のもとでもあった、感じないけれどもあったんだ、ということがあると思うんです。震災を乗り越えてということになると、都会に住むというある意味では虚構の世界で、時間軸が決まっていて、行動パターンが決まっていて、靴を履いてコンクリートを歩いてという、自然から遠く離れた完結型と思っていた生活が、やはり地球の鼓動から直接出てくる温泉に身を浸すという行為そのものに、生命そして死ということとつながっていく。それは感じる、感じないは関係なく、そういう行為がじつはあったんじゃないかと。理屈ではなくて感覚的にそれを知っているから温泉に行くわけで。そこのところを、温泉をサービスとして提供している人たちが逆に意識していないということもあるわけです。ある意味では循環していないという。

森▒　そうですね。そのへんの曖昧だったものが震災で露呈したのだと思います。温泉が一方的に消費されていく流れが現代社会の中で出てきたわけですが、本来、温泉というものは想像力を喚起するものですよね。自然は想像力の側にあるものですよね。それは、「生命の危険があるかもしれないけれども、癒されるんだ」といった生命観のようなもの、そこを「中間者」としてきちんとつないでいくような、そういう役割を持ったものとしての温泉の存在があったと思います。「源泉掛け流し」などという言葉も含めて、一方的に消費にさらされていく流れの中で、温泉は悲鳴をあげていた。そして、自然が悲鳴をあげていた時にこの震災が起こり、一方では原発という人為的な生命が、制御できない、とてつもないものとして、その文明を壊していく……。

温泉という楽園

合田 宮沢賢治の話に戻りますと、私も賢治の作品は大好きなんですが、理想郷の「イーハトーブ」も含めて彼が考えていた世界観の中では、「弱者」というのも一つの大きなテーマですよね。都会では、都会という一つのルールの中では、弱者はあくまでも主役ではないわけです、高齢者も含めて。だけどパラディーソ（楽園）では、つまり温泉という楽園では、弱者が主役になれるのです。

森 あぁ！ それはいい視点ですね。おもしろいですね。

合田 高齢者が、他人は関係なく主役になれて、自分の時間でゆっくりと過ごせる、そういう場ではないかと。

森 なるほど、なるほど。

合田 日本の宮沢賢治だけではなく、西洋では温泉は市民が権利として勝ち取ったわけで、そういう流れもじつはあるのです。マストロヤンニ[26]というイタリアの俳優がいますが、彼が出演する映画はテルメ、つまり温泉地が舞台となるものが多いんですね。フェリーニ[27]の「8½」（一九六三年）

では、スランプに陥った映画監督が、都会生活の人間関係や仕事のストレスを癒すために温泉地での療養を試みるという役柄を演じています。現実逃避の場として期待して行くわけですが、病気療養の人、悩みを持って人生に行きづまっている人、老人たちといった、いわゆる場末のような雰囲気の空間が出てきて、だけどそこで新たな出会いと別れがある。そしてまた、温泉地に逗留する中で、幼少期の記憶もさまざまに喚起されていく。そういった体験を通してもう一度、都会に戻っていく力、人生をやり直す力を得るというストーリーなんです。「最期に死ぬ前に」と訪ねてくる弱者の人たちをやさしく受け入れてくれる場所だけれども、その中でもう一度、彼は目覚めて戻っていく勇気を与えられる。そしてもう一本、ニキータ・ミハルコフ[28]監督の「黒い瞳」(一九八七年)でも、都会の日常から逃避するために温泉地へ向かう男をマストロヤンニが演じていて、温泉地での出会いが主人公の人生に大きな変化を与えることになるという話です。

切り口としては都会の弱者ですが、それは何も高齢者とは限らないですよね。そういう人たち

❖26 **マルチェロ・マストロヤンニ**[Marcello Vincenzo Domenico Mastroianni, 1924–1996]……二〇世紀イタリアを代表する映画俳優。フェデリコ・フェリーニ監督の「甘い生活」(一九五九年)で、ローマの上流階級を舞台に退廃的な生活を送る新聞記者役を演じ、世界的な名声を得る。生涯で約一七〇作の映画に出演したが、その多くはフェリーニやルキノ・ヴィスコンティなど巨匠と呼ばれる名監督の作品である。

❖27 **フェデリコ・フェリーニ**[Federico Fellini, 1920–1993]……イタリア生まれの映画監督、脚本家。「道」(一九五四年)の国際的なヒットで名声を確立した。二〇世紀を代表する映画監督の一人といわれており、「映像の魔術師」の異名を持つ。

❖28 **ニキータ・ミハルコフ**[Nikita Sergeyevich Mikhalkov, 1945–]……モスクワ出身のロシアの映画監督、脚本家。俳優として出演もこなす。ロシア映画界の巨匠として、一九三〇年代ソ連の大粛清を描いた「太陽に灼かれて」(一九九四年)などで知られる。

が主体となれる時間・空間・環境を保つのはたいへん大事なことです。戦後の日本の温泉経営者たちは、合理的なものをお客さんが求めているんだと考えて、すべて都会そのものの装置をつくってしまったと思うんですよ。

森▒ 非常におもしろい視点ですね。今回の地震と大津波を通して、すべての人が弱者になってしまったわけですが、本来的に弱者だから楽園に向かうという点が露わにされたと思います。でも、楽園は単に癒されるだけではもちろんない。学ぶということがそこに介在しているわけで、温泉経営というものはそうした楽園の重層性をきちんと提出できるかどうかにかかっていると思えるんです。長期滞在型もそうですし、短期型もそうです。私たちは「湯治文化」と言ってきたんですけれども、湯治文化が何か特権的に文化を提供するわけではなくて、弱者としての人間が温泉に入って、もう一つの自然観、学び方、楽園観を持つことが基本としてあると思います。ですから観光ということを考えると、この震災を通してもう一度、新しい温泉の経営、新しい温泉学、観光の新しいスタイルをつくることができるのではないか、と思えてきます。

地方からの内発的な発信

森▒ 私は秋田県の仙北市[29]に以前から関わっていまして、今の市長とも知り合いで、この前も取材に行ったんですね。西木村《にしきむら》、角館町《かくのだてまち》、田沢湖町《たざわこまち》の三町村が合併されて仙北市、北秋田を形成したんです。六郷[30]といわれる伏流水[31]が湧出する美しい農村の田園風景を車で走ったり歩いたりした時に、「あぁ、やっぱりこのあたりは可能性があるところだな」と感じたんです。一つは、仙北市にはたいへんユニークな魅力のある人たちがいて、地域に根ざしながら、それこそ宮沢賢治のように重層的な世界観を携えて生きているんですね。一人は門脇光浩[32]さんという、現在市長になっている人。もともと役場の職員だった人で、県会議員を経て市長になった。彼はいわゆる政治家というより、若い頃に「サラダハウス」という若い人たちのサークルをつくって地域活動

❖29　**仙北市**［せんぼくし］……秋田県仙北郡の角館町、田沢湖町、西木村が合併して二〇〇五年九月に誕生した人口三万人弱の市。秋田県の東部中央に位置し、岩手県と接する。市の中央に田沢湖があり、東に秋田駒ヶ岳、北に八幡平《はちまんたい》、南は仙北平野へと開ける。合併後も、角館町は仙北市角館町として、西木村は仙北市西木町として地区の名前が残った。田沢湖地区に位置する玉川温泉（❖V－35）は岩盤浴で知られ、ここのラジウムを含む北投石《ほくとうせき》は国指定の特別天然記念物である。角館地区は「みちのくの小京都」と呼ばれ、国の名勝に指定されており、武家屋敷を中心とした重要伝統的建造物群保存地区や桜の名所である桧木内川《ひのきないがわ》堤を擁し、年間およそ二〇〇万人が訪れる東北有数の観光地である。

❖30　**六郷町**［ろくごうまち］……秋田県の中央部に位置した仙北郡の町。二〇〇四年に千畑町《せんはたまち》、仙南村《せんなんむら》と合併し、美郷町《みさとちょう》となった。仙北市の南にある大仙市《だいせんし》（旧・大曲市《おおまがりし》）の南側に位置する。江戸時代に羽州街道などの宿場町として発展し、現在も情緒ある古き街並みが見られる。奥羽山脈の伏流水《ふくりゅうすい》が湧水となって湧き出る水場が町のあちこちにあり、名水百選や水源の森百選などに選ばれる清水の町として知られている。

❖31　**伏流水**［ふくりゅうすい］……地下水の一種。河床、湖床またはその付近の表層堆積物中を潜流している水。扇状地、火山灰地域、石灰岩地域などの透水性が著しい地域で伏流水が生じやすい。地表水と異なり土壌の影響を受けにくく、細菌などの検出率は低く、水質はおおむね良好で、上水道の有力な泉源となることが多い。

❖32　**門脇光浩**［かどわきみつひろ、1960－］……仙北郡西木村（現・仙北市西木町）生まれ。一九八一年より西木村役場職員として勤務。一九八八年に地域青年グループ「サラダハウス」を設立し、田沢湖畔でロックコンサートや湖上結婚式などのイベントを手がけ、一九九八年には不要となった本を全国から募って「全国ありがとう文庫」を開設した。二〇〇三年に秋田県議会議員に初当選。二〇〇九年一〇月より仙北市長。

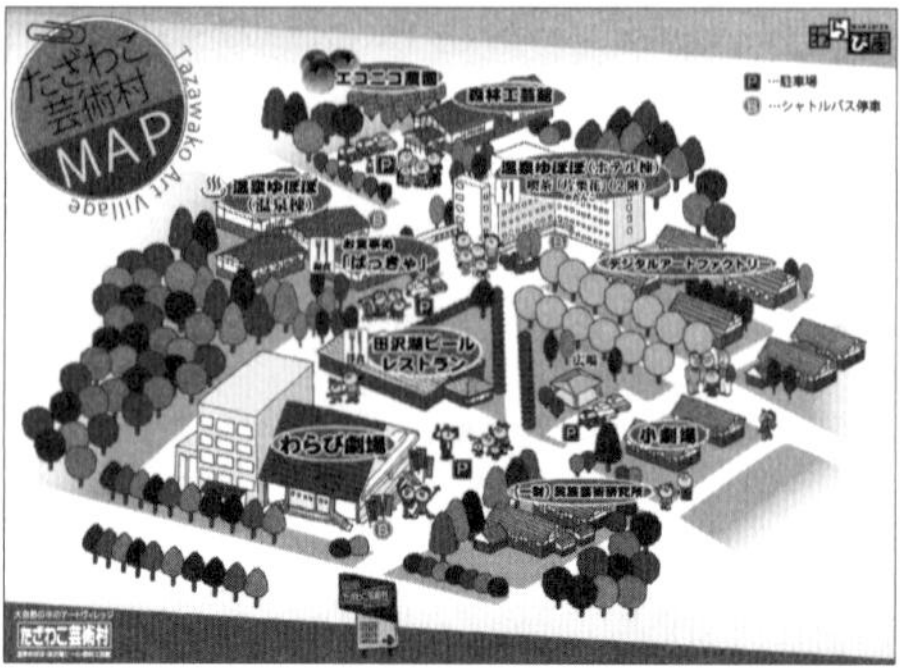

わらび座が経営する「たざわこ芸術村」.
劇場を中心に，温泉，ホテル，レストランなどを備えたリゾート施設.

をやっていたんですね。私はその頃から交友関係があって、彼の活動をずっと見ているんですが、駅を図書館にしたりとユニークな活動を展開して、地域の人たちから内発的に立ち上がってくるものを自分の中に取り入れて、それを発信していくという方法論を一貫して取ってきた人なんですよ。決して派手ではなかったんですが、内発的というか、土地の内部から湧いてくるものを組織的につかんで、それを新しいもう一つの地域性として発信していける。彼の人柄でしょうけれども、そういう力のある人です。

　もう一つは、田沢湖町に「わらび座[33]」という劇団があるんですね。六〇年ほど前に、原[34]太郎さんという音楽家が、「地に根ざした音楽や踊りをもう一度再生しなければいけない」という目的があって足を下ろしてから、たいへん大きな運動があって、今は日本を代表するミュージカル劇団として育っているわけですけれども、文化があのようなかたちで地域の中に育っていくのは稀有なことなんですよね。社長の小島克昭さんという方はもともと団員だった人なんですが、劇場を中心に、温泉もきちんと取り入れたリゾート施設(たざわこ芸術村)をつくってたくさんの人を雇用したりと、時代に添いながら、芸術が産業として成立していく非常に稀有なスタイルを持った芸術活動と事業を見事に展開しています。
つまり、秋田に居続けながら、埋没するんではなく、別な性格としての自立性、私というものを立ち上げていく、そういう非常に内発的な人たちがいるところなんです。小京都といわれる角館の田園地帯に囲まれた温泉、伝統的な民俗儀礼があり武家屋敷があり、美しい自然を抱えている、この風土の妙があそこに集積するわけなんですね。そこに入っていくと、まず最初に美しい自然を感じるわけですが、一方、玉川温泉[35]のラジウム泉があり、あの荒々しい自然の中に入って病気を見すえ、死を身近に引き寄せながら、自然のさまざまな様相を取り入れながら生きている。

❖33 **劇団わらび座**……東北各地、日本各地に伝わる民謡や伝統芸能を収集し、現代的なオリジナル作品として舞台化した演劇や、地域をテーマにしたミュージカルを数多く上演していることで知られる劇団。秋田県仙北市(旧・田沢湖町)に拠点を置き、劇団員約二〇〇名を擁する。一九四八年に原太郎が東京で創立した楽団海つばめ(第一次)をベースとし、一九五一年に東京で日雇労働者の人々に歌や民謡を上演する楽団として旗揚げした。翌年はポプラ座と改名して北海道を回るが、一九五三年から民謡や民舞の宝庫といわれる田沢湖町に定着し、民族歌舞団わらび座に改称した。一九七一年に「株式会社わらび座」として株式会社化し、一九七四年には全国からの寄付や支援によって、八〇〇人収容可能の本格的な常設劇場「わらび劇場」を開設。一九九二年にホールに隣接する温浴施設「温泉ゆぽぽ」をオープンし、さらには一九九六年に一大リゾート施設「たざわこ芸術村」を形成。劇団・劇場経営のほか、温泉、ホテル、レストラン、地ビール「田沢湖ビール」の製造販売など多角的な経営を行い、劇場文化をベースに地域活性化を図っている。また、修学旅行、宿泊研修の受け入れ事業を一九七七年以来続けており、毎年一五〇校、二万人近い子どもたちが「たざわこ芸術村」を訪れ、ソーラン節や農作業、木工、陶芸などさまざまな体験学習に接している。「たざわこ芸術村」には毎年三〇万人近い客が訪れる。

❖34 **原太郎**［はらたろう、1904–1988］……兵庫県生まれの作曲家、演出家。東京帝国大学中退後、東北帝国大学経済学部を卒業。一九三一年に日本プロレタリア音楽家同盟に加盟し、移動音楽隊の活動に関わるが、一九三四年に弾圧によって解散を余儀なくされる。戦後、日本共産党の文化工作隊活動の一環として楽団海つばめを立ち上げ、後に民族歌舞団わらび座に改称し、代表となる。

八幡平の中腹でもうもうと湯けむりを上げる玉川温泉.
難病を抱えた人々の訪問が絶えない.

そうした重層したあり方を強いられながらも、あの地には宮沢賢治もそう考えていたであろうと思える「田舎の知性」のようなもの、つまり田舎であるがゆえに、自立した一人の個として、自立した産業の一つのあり方として、温泉も観光も成立しているんです。これを一つの可能性として受け取っていくことが、震災後の日本の観光のあり方を考えることだと思っています。

それともう一つは、日本の観光地は今、外国人をどんどん受け入れていますよね。今回の震災のようなことが起こると、風評被害で外国から観光客が来なくなって旅館が倒産したりという現象があって、危険とは裏腹なんですけれども、この現象を押しとどめることはできないわけですから、やはり間違うことなく、楽園といわれるもののイメージをきちんと提示していくことが大切だと思っています。たとえばバリ島は、一九二〇年代に楽園のイメージを欧米の人たちとつくり出していき、新しい観光のスタイルを打ち出して成功したんですよね。❖[36] ケチャダンスもその時につくられたものなんですよ。それと同じように、わらび座が立ち上がったり、門脇市長が内発的な地域活動を展開する中で、外と連動していく動きというものは日本にもあるわけです。これは、合田さんの言われたテーマである楽園、エクスタシーというものを根に据えながら、人々がもう一つの生命を感じ取っていける装置を創出していく新しいものとして、私はそこに大きな可能性を感じています。

合田◉ 私の原体験としては、わらび座は小学生か中学生の時に学校の講堂で観ているんですよ。まだ地方巡業されていた頃です。たしか木下順二の「夕鶴」だったと思うんですが、マイクなんかありませんから肉声で歌ったりと、今から考えるとすごく土の香りがしました。私は大阪という

❖35 **玉川温泉**[たまがわおんせん]……秋田県仙北市(旧・田沢湖町)にある温泉。温泉宿の背後に広がる地獄谷の「大噴《おおぶけ》」と呼ばれる湧出口から、沸騰状態に近いpH一・二の強酸性泉が轟音とともに毎分九〇〇〇リットル自噴する。酸性度の高さ、湧出量とも日本一を誇る。地熱の高い地獄地帯での北投石《ほくとうせき》のラジウム岩盤浴が有名で、多くの人がゴザを引いて岩盤浴を行う光景が見られる。温泉は一六八〇年に地元のマタギによって発見され、鹿が傷を癒していたことから「鹿の湯」「鹿湯」と呼ばれた。一八八五(明治一七)年に鹿湯という名称で湯治場として開かれ、一九三四年に玉川温泉と改称。岩手県境にまたがる八幡平《はちまんたい》に位置する山奥の一軒宿であったが、本格的な湯治宿として長期滞在する湯治客が多く、宿泊予約が入れにくい状態が続いていたため、一九九六年に大浴場新築などで約七〇〇名の収容規模となった。また、一九九八年には同温泉からの引湯で、徒歩一〇分ほど下流に観光客向けの新玉川温泉がオープンしている。

❖36 **ケチャ**……大勢の若者が円陣を組んで座り、「チャッ、チャッ」という掛け声の合唱によって演じるバリ島の舞踊劇。それぞれがパートを受け持ち、その声のコンビネーションによって一六ビートの複雑な音楽的リズムをつくる。輪の中では、語りや舞踊が演じられる。バリ島で見られる憑依舞踊サンヒャン・ドゥダリが原型で、元来は流行病や凶作を追い払うためのバリ・ヒンドゥーの儀礼舞踊であり、初潮前の少女が踊り子になる。一九一七年のバリ島南部大地震に続き、インフルエンザの流行や凶作などの天災が立て続けに起こったために、呪術的な儀礼活動が一時的に活性化した一九二〇年代のバリ島を訪れた欧米の人類学者や観光客は、これを不変的な伝統ととらえ、価値づけた。そのような中で、同年代末にドイツの画家ヴァルター・シュピースが、サンヒャン・ドゥダリをもとに男声合唱のみを使って観光客向けの観賞用舞踊の考案を提案し、現代のケチャが創出された。シュピースは一九三〇年代のバリ・ルネッサンスの中心人物として活躍し、現代バリ芸術の父と呼ばれている。

大都会にいたわけですが、都会のふわっとした虚構のものとは全然違う、人間のバイブレーションを媒介にした地方の息吹や土の香りというものが、強烈な印象として今でも残っています。「都会と地方」というふうに単純に区分けするつもりはないですけれど、生命の影が薄くなっている都会というシステム、それは影が薄くならないと機能しない巨大な装置なわけですが、そこに地方の息吹を直接感じる体験がわらび座を介してあったわけです。

「これからの地方のあり方」ということについて言えば、「都会と地方」という考え方ではなくて、むしろ「土の人」というか、土の底から出ている本来のそのもの、それが地方を変えていく原動力

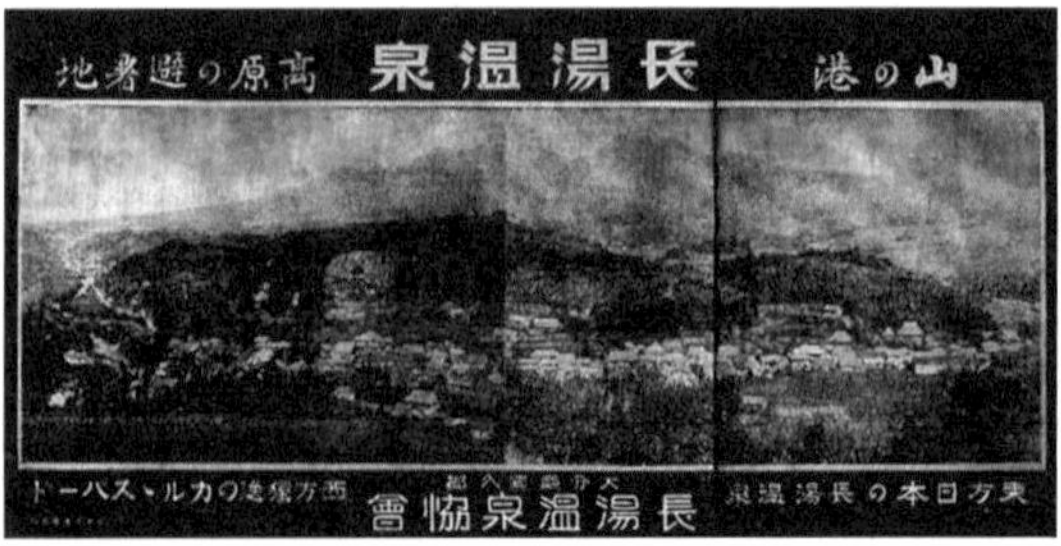

1933年制作の長湯温泉のパンフレット．
「東方日本の長湯温泉，西方ドイツのカルルスバード」のキャッチコピーが見える．

長湯温泉の効能を高らかに謳った昭和初期の広告．
（提供：長湯温泉観光協会）

カルロビ・バリー（カルルスバード）の飲泉所．
現在はチェコに位置する．
（提供：天摩くらら）

になっていくと思いますし、そこを見つめることで、都会も変わっていくような気がするんですよね。仙北市は町村合併で新しくできた自治体で、いろんな悩みも抱えながら、どういうふうにオリジナルの文化を発信していくか、苦労をされていると思うんですけれども、同じように私が注目しているのは大分県の長湯温泉[37]というところでして、直入町《なおいりまち》という町だったのが、今は竹田《たけた》市になっています。小さな温泉地なんですが、おもしろいのは、昭和初期に一人の旅館のオーナー（御沓《みくつ》重徳）と、ドイツに留学してカルルスバード（カルロビ・バリー）で学んだ九州帝国大学の温泉医学者（松尾武幸）が出会い、「ドイツ型の本格的な温泉療養地をつくるんだ」という夢を描いて、炭酸泉の医学的効能について調査して、ドイツ様式の共同浴場を建てたり、広報や宣伝に取り組んだりと奮闘するんです。残念ながら戦争によって志半ばで止まってしまうんですが、それをも

❖37 **長湯温泉**［ながゆおんせん］……大分県竹田市直入（旧・直入町）にある温泉。炭酸を多く含んだ適温の湯が大量に湧出しており、世界でも類を見ない炭酸濃度の高さとその効能で知られる。千有余年の歴史があるといわれるが、現在の温泉地は江戸時代の豊後竹田の岡藩主、中川久清公の湯屋がつくられたことに始まる。昭和初期までは湯原温泉と呼ばれていた。糖尿病、神経痛、心臓病などに効能があるとされ、飲泉も胃腸病や便秘に効果があるといわれている。自然湧出の泉口をそのまま湯船にした混浴の公衆露天浴場「がに湯（ガニ湯、カニ湯）」（七九ページの写真参照）が有名で、甲羅のような岩から炭酸泉が泡を吹きながら湧く姿を蟹に模して名づけられた。ただし、現在のガニ湯はパイプでの引き湯となっており、炭酸は抜けてしまっている。一九三三年、有志とともに長湯観光協会を設立した旅館主の御沓《みくつ》重徳は、「東方日本の長湯温泉、西方ドイツのカルルスバード」というキャッチフレーズを考案。パンフレットや絵葉書、宣伝広告などを制作し、長湯温泉の売り込みに奔走した。ドイツ流の本格的な温泉保養地の形成を目指した御沓と九州帝国大学の松尾武幸博士の志を引き継ぎ、直入町の時代からドイツとの文化交流がさかんで、町内にはドイツ村もある。

う一度引き継いで、地元の若手の人たちも含めて新しくやっていこうという動きがあって、この二〇年ほど国際交流や個性的な温泉地づくりに積極的に取り組んでいて、今は市長の首[38]藤勝次さんを中心に、前にお話しした温泉療養保険制度の導入に向けた試みなど、さまざまな実験をやっています。これは今後の温泉地のあり方として、一つの大きなテーマではないかと思いますね。

森▒　私も首藤さんの活躍については存じ上げていて、仙北市の市長と同じように、役場の職員から県会議員になり、そして市長になった人ですけれども、やはりあの人も、温泉にまつわる物語性に惹きつけられて、それを政策として日本では初めての試みをどんどん打ち出していっていますよね。たいへんすぐれた政策マンで、やはり田園知性の人ですね。ですから私たちも温泉関係者として、保険適用の問題なども含めて制度的なことも可能だというふうに、そういう流れに対して側面的なバックアップ体制を取っていきたいと思います。

　今回の震災後、更新される自然観ということで言えば、温泉地から新しい兆しが出てくるように思っているんです。それは東北の仙北市でもいいですし、九州の竹田市でもいいし、そういう可能性のあるコミュニティ、地方性に、温泉の文化、温泉の物語、自然の恵みをきちんと感じうる装置としての温泉地が現れるという印象はすごく持っていますね。

合田●　これは現場の人たちのご苦労とか、実際に被災された方や亡くなられた方のご家族に対して不遜な言い方になるかもしれないですが、戦後の日本社会の流れの中で意識せずに、ある意味では濁りの中で来たものが、原点としての生命や自然の脅威といったものを間近で実感したことによって、そこは進んでくると思いますね。社会全体の調整の仕方や、考え方のプライオリティ（優先順位）についても、これまでどおりの基準ではなくて、もっと原初的に生命、水、健康といったものを掘り下げていかなければならない。生きるということは死ぬということですけれども、死を意識することによって逆に生が意識されてくるわけですから、死を意識しない社会は生というものを意識していないはずなんです。そういう面から言いますと、これからの温泉地、温泉の経営、それを踏まえた社会全体においては、何か今までの濁りが取れてきそうな気がしています。そうすると、私たちが今までディスカッションしてきたような内容のことが浸透圧でにじみ出てくるような、そういう社会になっていくという期待と希望とが感じられるようになると思います。

森▒　さまざまな個の死や痛みを通過して、私たちは震災と大津波をたいへん大きな財産としてとらえていかないといけない。そして、そこで温泉経営のたいへん大きな未来性と希望を教えられたということがあると思うんです。これはある意味では絶好のチャンスですよね。

合田●　今回の体験はこれからの原点になっていくと思います。私も森先生も戦後生まれですが、一九四五年八月一五日の体験を意識として持っているかどうかということが、われわれ戦後を生

❖38　**首藤勝次**［しゅとうかつじ、1953-］……長湯温泉の大丸旅館四代目経営者の長男として生まれる。一九七六年より直入町役場に勤務し、一九八九年の「全国炭酸泉シンポジウム」開催をはじめ、国際交流や国際シンポジウムを手がける。二〇〇一年に役場を退職し、翌年、大分県議会議員に初当選。二〇〇九年、竹田市長に就任した。

きてきた人間の一つのマークポイントだったですよね。終戦を経験されている方たちと、経験しなかった私たち。これが今、経験していない人間が人口としては非常に多くなってきているわけです。その私たちが、「3・11」という体験を共有できたということは、これはすごく大切な機会です。被災された方には本当に申し訳ないですけれども、前向きに考えていくと、逆にそうとらえていかないといけないないですよね。

森　そうですね。まったくそう思います。

生命の時間軸の復興

合田　震災の後、祭事を自粛するとか、観光地に人が来ないというようないろんな動きがあって、実際に温泉地の方たちは「お客さんが来ない」「動かない」という話をしています。ですが、そういうことだけではなく、つまり「温泉地に行ってお金を落としてくれ」ということではなくて、温泉というものを再評価してもらって、温泉に浸かって元気をもう一度チャージし、心をもう一度リセットし、新しい日常生活にまた戻っていくという「リセットの環境・空間としての温泉」として貢献できるならば、これからの温泉の未来像にとって、大きなきっかけになっていくように感じています。

森　なりますよ。

合田● また、そうしないといけないんじゃないかと思います。

森▒ そうですね。リセットと言われたんですけれども、被災地の人たちも変わりたいんですよ。変わりながら現場にいたい。自分の生まれ育った、家族の記憶のあるところに。その時に、どうやって自分が変化し、飛躍していくためのステップを踏むきっかけをもらえるか。それは、温泉という日常とは別の空間にいることで体も心も癒され、もう一度、生命の力の充満を自分で実感できるようになってはじめて、「俺もやれるかな?」「よし、やれるな」という心持ちが生まれてくるのかもしれません。ですから、もう少しケ(日常)の時間を溜めていく時間軸を復興しなければいけないのではないでしょうか。何年間で復興が達成されるとかといったことではなくて、温泉に入ることによってコンパクトに、短時間にそういうことは果たせるかもしれません。温泉はそれだけの効果や力を持っているものでもありますし、災害国に生きる日本人はそのようにして自然に向き合ってきたんだと思うんです。とりわけ太平洋側の人たちは、湯治で内陸の温泉地にずいぶん骨休めに来ていましたからね。

だからそういう意味でもう一度、循環性を考えていく必要があります。経済の循環も含めて、東北という地域が地理的な空間で限定されたものではなくて、お互いに循環しあう流れの中に自分の生の位置があって、そこの一人として今、あるんだという実感を温泉の中ではたしかめることができるんです。それは転地療養[39]の一つの効果でもあるでしょうし、生命の新たなよみがえりをたしかに実感できることでもあると思うんですね。私たちは震災後、むしろ謙虚に温泉に向き合えるようになったのかな、という印象がすごくしています。

合田● 人間の体は一つの宇宙だといわれていますけれども、本当にナイーブな仕組みだと思うんですね。たとえば緊張してアドレナリンが出ると、外的なものが来ても出血しないように血管が収縮する。そういう人間のナイーブさ、人間の体のナイーブさと正面を向いてつきあってくれるのが温泉ではないだろうかと思います。非常にナイーブな、それぞれの人に合わせてくれるもの、母のようなものだと思うんですけれども、そういう生命の源として、誰にでも平等に、その人の体調や状況に対応してくれる天の恵みなのではないでしょうか。ですからそれを曲げることなく、そのままで人々に提供できるような一つの方向を考えていかなければなりません。塩素の問題だとかいろいろなものが多すぎて、誤解が生じて見えにくくなっていますけれども、原点に戻って素のものを提供することによってナイーブな人間が再生されていくんだということを、もう一度問い直したいと思いますし、そこにこれからの日本における温泉の進化の方向があるように思います。そのためには、先生のおっしゃるような「制度としての温泉」「贈与としての温泉」といったいろいろな考え方とその意味を若い人たちに伝えることは、私たちの責務だと思います。こうしてお話ししている内容が記録として残るということも、私にとってみればたいへんよろこばしいことですが、やはり「3・11」を含めて、われわれの世代が体験したことを次の世代の人たちにきちんと伝えるということも、私たちがしないといけないことだろうと思います。

現場の学問としての温泉学を

森▒ 対談も最後の締めくくりになってきました。「3・11」後の温泉経営の方向性を語り合う、とても充実した時間だったと思っています。私は「3・11」の体験を通して、「日本の温泉地は、大地震や大津波を経た後も、こんなにも人々の生活に入り込んで、こんなにも人々を元気づけていたんだ」とあらためて実感させられました。さきほど、リセットと言われましたが、生命を再生させるための一つの装置として、日本人は温泉を生活の中に取り入れていたということです。

これからのフォーラムの未来像について言いますと、「3・11」後に取り組んでいかなければいけない一つのキーワードとして、温泉の持っている自然観をもう一度再認識して、それをどう

❖39 **転地療養**［てんちりょうよう］……住み慣れた場所を離れて、気候や環境のよい土地に移り住んで療養することで、病気を治すことをいう。とりわけ高原地域や海辺などに、別荘や療養所などの受け入れ施設が設けられている。

やって伝えていったらいいか、温泉経営者自身が熟考し、学んでいく必要がある。「個としての温泉」ということを言い続けてきたのは、そこに尽きてくると思うんです。もう一つは、日本人がこんなに豊かに持っていた、自然からの「贈与としての温泉」というもの、これをどうしても若い世代の人たちに伝えていく役割が私たちにもあると思うんですね。そこで合田さんに、フォーラムのこれまでの二五年の経験を次の二五年のステップにしていくために、温泉を学ぶことができる機関の創設をぜひとも考えていただきたいんです。「温泉大学があるじゃないか」「温泉学部も観光の学科もあるよ」と言われますが、対談でずっとお話ししてきたように、日本の学問は分断され、専門化され、現場を回収できないでいます。専門知が袋小路に陥り、横断性を欠いています。この大地震や大津波の惨禍に、もっと根源的な実践性を持った視点での方向性、知恵というものを提出できないでいるわけですね。そうではなくて、人間の英知の結集としての温泉を、人々の拠りどころとなる現場の学問として横断的にとらえていかなければならないのです。そういう温泉学と温泉大学を、フォーラムの次のマニフェストとしてぜひとも考えていただきたいと思っているんですよ。

合田◉ そうですね。フォーラム設立当初に構想していた「大島フェローシップ」もしくは「大島アカデミー」というものが二五年経って、まだ道半ばの遠い目標になってしまっているわけですけれども、その必要性をこの対談を通してあらためて認識しました。ただ、私たちがこれまで二五年続けることができたのも、先達のいろいろな支援があり、理解があって、よちよち歩きであってもなんとか歩いてきたというのが実情なんですね。けれども、これからのこととしては、温泉関係者というものを温泉旅館の経営者、温泉を担当している行政、健康をつかさどる温泉病院の先生たち、さまざまな産業の人たちということに限定せずに、日本のみならず世界の人々が共有する財産として温泉をとらえて、もっと広いステージで温泉についてより深く知っていく。そして、その知っていくプロセスというものが非常に大事ではないかと思っています。若い人たちにそういう興味を持っていただいて、総合的な共有財産として温泉をとらえていくためには、一分野の観光地理学だけではなく、また歴史学や文化論だけではなく、総合的な課目としての温泉アカデミー、もしくは温泉の大学というものが非常に大事になっていくとあらためて感じましたので、これはこれからの私たちの向かうべき方向として、大きなマニフェストとして言えるような環境をつくっていければと思います。

森▒ 本当に、震災のおびただしい死を通過して、温泉に関わっている人たちがなしうる追悼ということで、ぜひ実現していただきたいし、私もできるかぎりのことをやっていきたいと思っています。

合田◉ はい、ありがとうございます。

安喜◈ 長い時間にわたり、本当にお疲れさまでした。どうもありがとうございました。

森▒ ありがとうございました。

合田◉ 温泉のお湯に一緒にゆったり浸かりに行きましょう(笑)。お疲れさまでした。

ふたつのこととの遭遇から

森 繁哉

あとがきに、ふたつのこととの遭遇を綴らねばならない。そうしたことが、この対談本の成立に触れることにもなるし、温泉がなにごとかの始まりを促していく一種の運動態であることを確認することにもなる。

はじめに、対談者の合田さんとの出会いのことである。山形県大蔵村の吏員として働いていた私のもとに一本の電話があったのは、一九九一年のことである。地方の研究誌に発表していた地域と温泉に関する私の論文を読んでいてくださり、山形県天童市で開催される「健康と温泉フォーラム」にパネラーとして出席してもらいたいという依頼であった。ほんのわずかの部数しか発行していない地方の研究誌を、よくも丹念に読んでいるものだと感心した記憶がある。

当時の合田さんの印象は、随分と精力的な方だと感じる一方、海のにおいのようなものを漂わせ、どこか懐かしい雰囲気の人であった。その後、私は山形市の大学に移り、民俗学を主軸にした地域研究に入るなどしたため、疎遠にもなっていた。

三年ほど前に大学の研究室にまた電話があり、「やあ、ご無沙汰。また論文書いてよ。今度は〝生命記憶〟で行ってください」という話であった。温泉と地域と生命記憶、このテーマを繋ぐ「間《あいだ》」をどう埋めていけばいいのか、一瞬とまどったが、やはり懐かしい声に促され、再びフォーラムで話すことになった。

そのとき私は、合田さんが関わってきた温泉を巡る長い思考の果てに、合田さん自身が「温泉と生命記憶」という問いに辿り着いたのだなあという印象を持った。温泉は、生命への記憶を宿しているモノとして人々の前に存在している。人はだから、湯に入り、自身の記憶に触れ、自身を回復させるのだ。合田理論はとてもシンプルで、明快であった。そうしたやりとりのなかから民衆史のなかに生命記憶の痕跡を辿っていくのが、私の役割であった。

「山の宗教があります、合田さん。人々は山に入り、山に触れ、死と生が巡り合う接触面に、確かに生命の記憶を感じ取っているのです。温泉と山は、決して切り離されていません」

合田さんに誘われて私は、山の本来性に近づいていたといえるのだ。

人々にとって、山は自然の別名でもあった。対談で何度も語り合ったように、温泉を商いにするということは、自然の在り様を顕現させるということである。温泉関係者は、温泉と呼ばれている自然の刻々の変化の状態(膜状の)を、やってくる人の前で揺らしてみたり、破ってみたり、また包んでみたりして、その不可思議な様相をその場に顕わしせしめるのだ。そうしたことには、知恵もいる。技術ももちろん必要になる。だから温泉経営者は専門知の所有者で、それを使いこなす技術者でもあるのだ。合田さんと私は、こんな怪しい論理を振り回して、それを広めましょうなどと語り合っていた。

そのひとつめの仕事が、この本である。企画当初、この本には「健康と温泉フォーラム」二五周年の報告集という役割があったが、オーガナイザーとしての合田さん自身が単純な報告集に満足するわけはない。啓蒙者として、運動する人として、合田さん自身の振る舞いの結果にこういう本ができたのだ。いずれにしても、対談の相手方を務めさせてもらった光栄に、私は浴した。

合田さんはきっと私たちに、温泉の持つ媒介的役割を示したかったのではないか。なにかとなにかを結びつけたり、人々を始まりの時に誘おうとする温泉。温泉の、そうした中間者的存在を知り尽くしている合田さんは、密かに、この対談にそうした知の顕現を忍ばせたと思えるのだ。対談中、合田さんは温泉そのものとなり、温泉のさまざまな相をひっくり返したり重ね合わせたりしていた。私にはそのことが、とてもよく見えていた。「健康と温泉フォーラム」という組織にあって、自身が、常に、繋ぎの役割（本人は黒子と言っているが）に徹しようとしてきた人の言葉に、私は深い実践の知を感じていた。

温泉は、真に結び付けの力を持たなければならない。人と人の、人と地域の、自然と人の、そして、治療と名付けられたからだの充満と不足の空間を、慈悲と無慈悲に揺れ動く天地の振幅を、記憶の折り畳まりと意識の立ち上がりを……、互いが互いを補おうとするものの間を、繋ぎ合わそうと、促していく、そうしたことの運動態として温泉は、今も私たちの前にある。

そしてもうひとつのこととの遭遇がある。「3・11」のことである。対談中にも述べたが、大津波、原発事故の地域には多くの縁者、友人がいた。多くの人が被災し、何人かも命を落とした。山形という遠く離れた場所に在った私であっても、この数カ月は、苦しみの日々であった。いや、まだまだ引きずっているのだし、現実は重い層となって私の身体に堆積していく。たくさん考え、たくさん痛んだ。たくさん思い、たくさん悲しみもした。そうしたことに輪郭を与えたくて被災の地のお手伝いもした。この間、舞踊活動の折々に、私の身体から立ち上がってくる生なもののスガタを摑みたくて、作品の、一歩前を、歩いてもみた(「マリア観音・安置」という舞踊作品を初演した)。

そうした経過のなかで、温泉のことも考えた。温泉という物を考えたというより、温泉という、湧出してくるモノのことを考えたというべきであろう。湧いてくるものは、どこから来て、いったいそれはなんなのだろう。被災の人たちをこんなにも癒し、こんなにも吸い寄せられる。生きていくという過程に添いながら、私たちにとってなくてはならないものになっているありきたりではあるが、身体ごと包含されるようなモノ。記憶の底に沈み込んで、その記憶をかけがえのないものに置き換えようとするモノ。そしてそのモノは、私たちの身体そのもののようであり、また、自然と名付けた宇宙のひとつの様相とも思えるのだ。私たちに不思議を与え、妙を与え、恵みや糧さえ与え続けているモノ。このモノのことを私は、震災後、特に強く考えるようになっていた。直な、温泉のことだけではない。温泉を生み、温泉を現し続けているモノ・自然の実態のことを、私は考えていたのだ。

今年(二〇一一年)の年始から春にかけての大雪に始まり、大地震、大津波、そして人為の災害である原発事故。この膨大な時の推移は、決して切り離されていない。災害という極・面にある様相は、一個一個の出来事として私たちに浮上してくるのだが、流れが切断されていたことは決してないのだ。いやむしろ、これらのことはひと繋がりの帯となって、私を射抜いている。私は、そう考えていた。この射抜く、帯のような、膨大であり、執拗なものの本当のスガタを見たい。こんなにも人を痛め、こんなにも人を追いやり、こんなにも人を悲嘆させものに、私はどうしても繋がってみなければならない。大雪の季節に、そう考えていた。私はスコップひとつで、冬の獰猛《どうもう》な雪に向き合っていたのだが、やがて、安堵のやわらかな光さす春の季節に入ろうとした矢先の「3・11」であった。だから私には、大雪と大地震と大津波と、そして原発事故は同じものの襲来と思えている。そして私は、温泉もきっとこの同じものが産出し続けているもうひとつの慈悲のモノとして、人々の前にあるのではないだろうと考えた。

たくさんのことを伝えたい。たくさんの人々の、たくさんの思いをどうしても綴りたいと気も急いでいる。たくさんの悼みのなかで、寄り添うという言葉の吟味にも立ち会っている。しかしこの本のあとがきに、たったひとつのことを書き留めておきたい。対談でも述べたことだが、震災後に届く言葉というものの野蛮さについてである。

みんなが、復興を願っている。だれもが、無残に引き裂かれていくひとりの人間のさまを見て、駆り立てられるようにして復興を思うのだ。そしてそのことは、とてもありがたい。私は被災の人ではないが、被災の人と寄り添わねばならない生活を送る者として、手の差し伸べや、思いの援助はとてもありがたいのだ。私も、被災の人たちの復興を心から願っている。ひとりひとりが生活を立ち上げ、そうして、日常の連鎖に身を置いていただきたい。それは切実な願いだ。そして私も、そうした小さい立ち上がりを埋めていく、細部に届いていくさらに小さな言葉を携え、被災の地に向き合おうとしている。

しかし一方で、被災の人を覆っているもうひとつの言葉がある。もうひとつの復興の言葉がある。大きな復興を描き、大きな転換を誘う言葉がある。その言葉は、いやがうえにも被災の地に注がれる。被災の人を絡めようとする。被災の地を、被災の人を覆おうとする。覆うことが、思想や主張や計画や構想の否応ない方途であるなら、せめて言葉は被災の人が立ち会っている細部の現実に拮抗してほしいと願うのだ。

ひとつの憤怒を示しておきたい。この一連の災害で最も醜悪な事態に付随して感じたことだ。

(ほんの一例なのであるが)福島第一原発の事故は、驚愕の出来事であった。人類が原子核を手にし、それを制御して、膨大なエネルギーに変換しようと意図したときから、私たちは認知の自然の外に出ることになった。人類は、もうひとつの生命・自然をつくり出し、私たちを許容してきた自然を征服、括ろうとしたのだ。その結末は見えていたのだが、人類は決して、自身が為そうとしている非対称の禍いを認めることができなかった。そうした道筋のなかで、今回の事故は起きた。しかし私の憤怒は、そうしたことに対する怒り、憤りではない。もちろん、制御できない異種生命をつくり出していく所業を決して認めることはできない。原発を容認することはできないのだが、この原発を巡る言論のなかに私は、この機を逃さんと意図する性急な自己露出(過剰な建前と言っていいだろう)を感じてならなかった。そしてその自己露出は、未来や転換という言葉の抑えに置き換えられ、被災の地と被災の人を覆っている。

エネルギーの未来(反・原発)を考えることが無謀なことだと言っているのではない。しかし、眩《まばゆ》い光線を放ちつつ、この世のものとは決して思えない過剰熱を発し続ける原発は、私たちの思いや主張の根を、常に現実に引き戻す機能を持って稼動していたのではないか。私たちは、原子力発電が稼動していたという現実から逃れられない。稼動していたということは、他人事ではないものを私たちは抱え、一切、免責されない現実に、私たちは今もいるということなのだ。そして私たちの言葉は、原発事故の前で、当然のように地殻変動を起こさなければならない。事故が起きたことによって、より現実の原発の方へ、原発に関わる当事者の方へ、原発を抱えていた地域の本音ともいえる事情の方へ言葉がずれ、私たちは原発と一体にならなければならないのだ。

しかし事故後に発せられた多くの言葉は、ひとりひとりの原発に、地域の原発に、糧の原発に、個人史の原発に、生活の原発に近づいていくというより、原発を抽象的なものにしてしまい、言葉の具にしてしまった感がある。もちろん原発は言葉である。原発は言葉に支えられ、言葉によってその存在を保障されてきた。そして、原発にノンを放つのも言葉である。原発は言葉であることを十分承知してなお、原発は、今も稼動している、生きていくことの本音に属している具体なのである。身体の一部がそれによって構成される私たち自身なのである（私は転換を求めている。しかし転換は、すでに在ったものを包含する視点で動くものでなければならない）。

福島第一原発に勤めるひとりの男性を、私は知っている。勤めていた大学の仕事で、農村の職場が現在、どのような形で存続しているのかを聞き書きした際に出会った六五歳になる大熊町の農民のことである。緑深い山村に新築された真新しい家の茶の間で、その男性に福島原発に働くことになったきっかけを聞いていたのだが、最後に、男性の語った言葉の深さに、身を射抜かれる思いであった。

「森さん、あなたは原発を特異な目で見ていますが、私にとって原発は職場なのです。子どもを育て、高校まで出した貴重な収入の基です。そうした考えに立ってみてください。そうすればもう少し、原発の見方も変わるかもしれません」

そういう主旨だった。私は、地域住民の生活を支えてきた原発の効果を語っているのではない。

ましてや原発を迎え入れた、地域の事情などに肩入れしているのでもない。ただ原発を語るとき、この農民を帳消しにするような言葉を発してはいけないと自身に言い聞かせてきたのである(このことは私にとって、小さな門なのだ)。この農民の生きることとの決定や、そのことによって養われてきた家族という命のかたまりの華やぎや沈静を自分の言葉の外に置いて、自分の、自分だけの思想、主張を紡いではならないとしてきたのだ。そして「3・11」を通過して、多くの言葉が原発の無謀さを告発しているのだが、あのひとりの農民との距離を縮めようと意図する言葉に、私はいき当たらなかったように思えるのだ。

言葉は間《あいだ》を埋めるために発せられるのだ。生きるぎりぎりの選択を為していく生活人の現実と、原発に象徴される、抽象化されていくことで進展する文明との間を、計画され、執行される意図と、その計画を身体によって体現しなければならない労働との間を、変革を促されることと、変わらなければならないものを変わらぬものとして受け止め、それに慣れ親しんでいかなければならないことの間を、なにより原発の現場で働く人と、原発の是非を論じる人との間を、言葉は補い、埋めていかなければならないのだ。震災後の言葉は、そのように発せられることを始まりにしなければならないのではないか。間を埋めるための言葉が不在であったがゆえに、あのおぞましい原発事故を誘発してしまったのではないか。言葉は、原発によって生きてきたひとりの農民とその家族のかけがえのない生活を回収するものとして働いて初めて、実践的であり得る。私たちは細部の事情(本音)を引き受け、私もまたひとりの農民となって原発を論じなければならない。

農民の言葉は、私たちの立ち位置へのぎりぎりの問いとして、今、あるのだ（ある高名な小説家の、原発へのコメントには一種の悪意さえ感じた。言葉は「綱領」の、一歩前ではないかと思える印象であった。こうした言葉こそ、間を作ってきてしまったのではないか）。復興は、転換は、間へ向けた目線から生まれるのだ。

温泉とはなんの脈絡もないことを書いてしまった感がある。しかし、「温泉からの復興」を問うには、どうしてもこのことにこだわる必要があった。温泉というモノが私たちの意識を沈殿させ、言葉以前の言葉の種子を育てようと機能するものであるなら、私たちには沈黙したり、歩みの歩行を自分自身のリズムに取り戻していく本来性もまたあることを温泉が知らせてくれた。湯船の湯によってからだそのものが揺り動かされ、緩やかに、じっくりと、密かな私の言葉が私の中から生まれてくることを温泉は促しているのである。

この本の成立に関わってくださった多くの方々。音楽家の星憲一朗さんには、註釈作成の協力なども含め、大きな力添えをいただいた。「音楽湯治」という、温泉への新しい芸術の試みを果敢になさってはいるが、この方の魅力は地を這うようにして生きていく、その音楽的姿勢だ。常に、音の発生の現場に身を置いて、即座に、確かに音を生かし切っていこうとする。私も多くのことを、星さんから促されている。新泉社編集部の安喜健人さんも、地を這う人だ。こういう方が、出版の現場を地味に丹念に守っていてくださることを、私は大きな慰めにしてきた。本は書く人、語る人によって出来上がるのではない。日々、重ねていくという作業の現場に在る人の、実は作品でもあるのだ。間《あいだ》のことを書いたが、震災後を生きるということは、こうした間に在る方々と私たちが、思想課題としてどれだけ繋がれるかということでもある。そのことを吟味して始めて、復興は私たちの、私たちの地域のものになる。

そして、合田さん。ひとつひとつ、温泉を温泉たるものにするための活動を互いに。本当にありがとうございました。大雪、大地震、大津波の被災の方々。温泉的なモノが、傍らにたくさんあります。ぜひ浸り、沈んでみてください。

（二〇一一年七月二七日、山形県大蔵村にて）

「土の人」と「風の人」の邂逅

合田純人

健康と温泉フォーラムの創立二五周年を翌年に控えた、昨年(二〇一〇年)の夏ごろだったか、森繁哉先生となにかの機会に出会い、ふと、「土」と「風」の対談が面白いと思った。東北の大地に根を張った森先生という人をアンカーに、なにかわけのわからない気ままに漂う風のような思いを結び、温泉を自由に語りたいと思った。実現したのはそれから数カ月後だったが、二日にわたる対談では、森先生の巧みな、いや強烈とでもいえるような強い概念のなかに、思わず引きずり込まれ、あるときは化学反応のように、またあるときは万力《まんりき》のように絞り込まれた。

その後、「3・11」を体験し、三回目の対談で森先生の地元の肘折温泉でお会いした。先生は滋養に富んだいで湯のようにやさしい眼差しで迎えていただき、対談後、一緒に湯浴みを楽しませていただいた。「土の人」と「風の人」はお互いの異質なものを感じながらも、「水」と「火」という自然を前に、お互いの引力で本質に近い感覚に至ることができたのではないか。

この夏、瀬戸内の赤穂温泉から吉備路、出雲街道を経て大山、松江、玉造温泉、出雲大社と巡礼し、穏やかな瀬戸内海での潮湯から霊峰での水行、山陰の鄙《ひな》びたいで湯を体験し、森先生との対談で反芻していたさまざまな思いを抱いて、滋味あふれる時間を過ごすことができた。沈下していく思いとは別に、あらためていで湯との会話に新しい章が加わった感じだ。


本書は二五周年記念としては異色の本となってしまったが、千年変わらず滾々《こんこん》と湧き出る温泉と真摯に対峙した二人の人間の思いを、毎日温泉を護っていらっしゃる全国の湯守の皆さんや温泉地で奮闘されている旅館主、地域のリーダーの諸氏、そして温泉を愛する全国のファンの皆様などと分かち合えればと思う。今秋、福島県いわき市で3・11震災復興支援温泉フォーラムを地元関係者と共催し、二五周年記念として、全国のフォーラム関係の温泉地代表が支援に参集する。森先生には基調講演をお願いする予定だ。「温泉からの復興」はもう始まっている。

あらためて、健康と温泉フォーラムの二五年の活動を支援し、支えていただいた故大島良雄先生、齋藤幾久次郎先生をはじめ、実に多くの先輩諸氏に感謝の意を表し、先人の思いが少しでも後世に引き継がれ、日本のいや世界の温泉があるべき役割を社会の中で実現できる日が来る日を念じたい。
最後に、周回軌道が偶然、不思議と最接近し、本書の対談のパートナーとしてお付き合いいただくことになり、対談中は忍耐強くご指導いただいた森繁哉先生をはじめ、森先生にご紹介いただいた星憲一朗氏、新泉社編集部の安喜健人氏、そして装画をお願いした武田修二郎氏のほか、制作に関わっていただいた皆さんのお陰で本書ができました。ありがとうございました。

（二〇一一年八月五日、岡山県・湯原温泉にて）

◉著者略歴

合田純人［ごうだすみと］
NPO法人「健康と温泉フォーラム」常任理事.
1949年，香川県生まれ.
1986年の設立当初より1995年まで「健康と温泉FORUM実行委員会」
（現・NPO法人「健康と温泉フォーラム」）事務局長，その後は常任理事.
世界保健機関（WHO）と公式関係を持つ「国際温泉気候連合（FITEC）」の
「アジア・太平洋協議会（FAPAC）」事務局長も，1988年の設立から2002年まで兼任.
アジア・太平洋地域の温泉の健康利用と温泉保養地の啓蒙・普及に務めている.
国内では自治体等のまちづくりアドバイザーなどを歴任.
編著に『Thermalism in Japan』（1988年），『名湯百選』（1990年），
『新・湯治のすすめ』（2009年）など.

森 繁哉［もりしげや］
民俗学者，舞踊家.
東北芸術工科大学教授，こども芸術大学副学長を歴任，以後，作家活動に入る.
1947年，山形県最上郡大蔵村生まれ.
1968年より大蔵村職員として行政に関わりながら，舞踊・芸術活動を展開する.
1991年，茅葺き屋根の古民家を改装して，大蔵村に「すすき野シアター」を開設.
2000年より，東北芸術工科大学に教員として関わる.
2001年，廃校になった小学校の分校を改装して，大蔵村に「南山村芸術学校」を開設.
大蔵村を芸術活動の拠点として，さまざまな土地のダンスを創作する.
また，民俗学の研究者として，基層文化の継承に努めている.
現在，「南山村地域人大学校」「地域哲学研究所」代表を務める.
著書に『踊る日記』（新宿書房，1986年），『東北からの思考』（共著，新泉社，2008年），
映画に「大蔵村，踊る男」（鈴木敏明監督，1999年）などがある.

温泉からの思考
温泉文化と地域の再生のために

二〇一一年九月三〇日　初版第一刷発行

著者　**合田純人**
森　繁哉

発行所　株式会社　新泉社
東京都文京区本郷二―五―一二
電話　〇三―三八一五―一六六二
ファックス〇三―三八一五―一四二二
振替　00170-4-160936

印刷・製本　萩原印刷

ISBN978-4-7877-1107-6　C0036